中外著名江河史传丛书

陈梧桐　陈名杰　著

万里入胸怀
黄河史传

华东师范大学出版社

谨以此书献给中华人民共和国成立 70 周年

中外著名江河史传丛书

杭州电子科技大学融媒体与主题出版研究院　组编

主　编

韩建民　任文京

编辑委员会

陈梧桐　蔡桂林　陈名杰　王　焰　韩建民

张俊玲　龚海燕　黄诗韵　黄劲草　李雪铭

李　婷　卢　锟　祁文娟　肖　真

韩建民　任文京

　　《中外著名江河史传丛书》是一套以中外著名江河为"传主"，以跨学科视野系统呈现中外著名江河历史发展的传记体丛书。这些"传主"有些是天然河流，有些是人工河流，但它们都在历史进程中与人类的发展有着普遍而深刻的联系，重新认识和理解它们也即重新认识和理解人类自身发展的历史。

　　江河孕育了人类文明。许多江河被人们称作"母亲河"，如黄河之于华夏文明，尼罗河之于古埃及文明，幼发拉底河与底格里斯河之于古巴比伦文明，恒河之于古印度文明等。江河的历史比人类的历史要早，河流和民族的发展与兴盛息息相关。江河支撑着有机生命体，也支撑着人类社会，承载和积累了很多智慧和文化。许多国家的发展都离不开其背后河流的支撑与催化，例如德国的莱茵河、英国的泰晤士河、法国的塞纳河，等等。这些河流的历史往往也是其所在国家历史的缩影。

　　江河是流动的，所以它本身就承载了信息的交流、文化的交流，更带来了许多统一和融合的东西。直到今天，水运依然是重要的货运方式，我们的经济带依然是按照江河来命名的。中国的南北运河不仅曾是南北物资的集散通道，还对中华文明的统一起了很大的作用，运河的兴盛与繁荣也积累了大量的风俗雅趣、历史故事和深层文化。运河的历史也正是运河两岸人们的生活史。

江河都是连心的，江河都是连亲的。江河有源头，有入海口。从源头到入海口的路途中，江河往往跨越许多国家和地区，因而常常被人为切分，不同的河段拥有不同的名字。然而，当我们给江河著史立传时，它被纳入整体的视野中，得以被全面地认识和理解。发源于中国的澜沧江到了越南成了湄公河——这条河在不同国家至少有三个以上的称呼。类似地，西欧第一大河莱茵河有 1000 多公里，流经多个国家。当我们为这些跨越多个国家的河流做整体研究时，全景的视角会让我们对它们有一个全新的认识，这有助于唤起不同国家人们的人类命运共同体意识。因此，这套图书的出版对于国际上形成人类命运共同体是有促进意义的。

回到中国传统文化观念的世界，可以发现那些自然存在的江河、湖泊并不完全是自然的存在，也是人类生活的榜样。人们相信"上善若水"，相信水"润物细无声"。古人相信江河是有生命的，大概未曾想到今日世界上会有很多江河断流抑或消失。此套为江河立传的丛书还将引领人们反思科学技术与江河的关系，思考经济发展与江河保护的矛盾。那些被认为有利于经济发展、有利于物质文明积累的行为，在长时间无节制的实施之后，对江河意味着什么？进而对人类文明意味着什么？这些值得我们掩卷深思。

尽管前些年也有过江河传记的图书，但时代不同，内容也被赋予了新的角度。本丛书的作者都是各个领域的资深专家，以丰沛的史料为基础，复活江河的生命史。本次所选江河既有国内，也有国外，研究相得益彰，很有比较意义。系统地出版中外著名江河史传，在改革开放发展40年后的今天，中国已经成为全球第二大经济体的今天，有更深层次的意义。

近年来，中国政府致力于建立和完善全面的生态保护制度，但真正的人与自然和谐关系的建立有赖公众的理解和参与。此套丛书即是将江河作为生命来对待，探讨人和江河的生态关系，思考人与江河之间历史性依存这一时代的新课题的产物。丛书的出版不仅有历史意义，还有现实意义。中国的发展模式也在转变。今天，我们要保持良性、健康、可持续的发展，要更讲究生活和生存的质量，就要正视江河这一人类社会中的重要元素。我们要追求江河在更高层次的地位和作用。江河不仅给了我们躯体和物质，还给了我们灵魂和精神，更给了我们修养和品位。现在，随着环境污染的加剧和保护失当，许多与江河相关的美好人文图景逐渐成了想象。江河不只是一个物理存在，还代表一种境界。今天，我们出版这套丛书，就是在呼吁历史的江河重现。

华夏五千载，江河万古流。《中外著名江河史传丛书》的出版将是一个新的标志。江河是人类的母体，而图书恰恰是人类文明的载体。为江河立史立传是一件非常有意义的事情，它不仅让我们换个新的角度思考，更能让我们换个新的角度生活。历史在江河中跳舞，让我们期待《中外著名江河史传丛书》的精彩！

目录

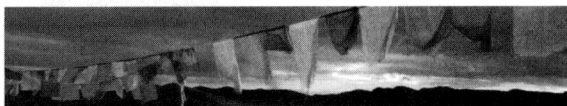

自序

水是生命的源泉，生命得益于水的滋润。河流是文明的摇篮，文明孕育于江河之畔。缺少了水，任何生命都将枯萎。没有河流，就没有人类悠久辉煌的文明历史。

自西向东流淌奔腾在祖国北方大地上的黄河是我们中华文明孕育和发展的摇篮。早在180万年以前，黄河就以甜美的乳汁哺育了中华民族的先民西侯度人，后来的蓝田人、北京人、陈家窝人、大荔人、丁村人、许昌人、河套人、山顶洞人等，无一不是在她温暖的怀抱里繁衍生息。被后人尊奉为华夏始祖的炎帝、黄帝也在黄河流域留下了他们活动的印记。在中原黄土地上建立的夏王朝则开始主宰中国历史的走向。在此后长达3000多年的时间里，黄河流域一直是中国政治、经济、文化发展的中心之一：夏、商、周、秦、汉、唐和北宋都在这里立朝建都；中国传统思想体系的基本框架在这里形成；从《诗经》到唐诗宋词，从《史记》到《资治通鉴》，许多不朽的辞章典籍在这里诞生；以"四大发明"为代表的大量重要科技成果的涌现也与黄河的哺育分不开。一代伟人毛泽东说得好："没有黄河，就没有我们这个民族啊！"因此，黄河在炎黄子孙的心目中具有极其崇高而神圣的地位，被尊为"百川之首""四渎之宗"。

黄河不仅是我们的母亲河，同时也是我们民族精神的象征。"巨灵咆哮劈两山，洪波喷流射东海。"正是滔滔不绝的黄河水，以她那劈山斩石、百折不回、汹涌磅礴、一往无前的雄伟气魄和接纳百川、汇聚千流的恢宏气度，熏陶、濡染着一代又一代的中华儿女，铸就了他们自强不息、蓬勃向上、兼容并蓄、厚德载物的性格。基于这种民族性格，数千年来，中华儿女不仅以勤劳灵巧的双手创造出昌盛发达的中华文明，为人类文明的发展作出不可磨灭的贡献，而且以其血肉之躯，对黑暗与邪恶的腐朽势力展开英勇顽强的斗争，推动着历史的发展、社会的进步。"风在吼，马在叫，黄河在咆哮……"一曲激昂雄壮的《黄河大合唱》唱出了中华民族不能忍受压迫和侵略，勇于为争取自由、维护民族尊严而搏斗的英雄气概。正如毛泽东所说："你们可以藐视一切，但是不能藐视黄河，藐视黄河，就是藐视我们这个民族。"

黄河又是一条强悍暴躁、桀骜不驯的河流，她不仅带给中华民族欢乐和骄傲，同时也带给我们灾难和痛苦。多少年来，由于自然原因，更主要是人为的破坏，她频繁地发生溃决泛滥。从先秦到国民党统治时期的3000多年里，仅黄河下游就决徙1593次，大的改道26次。每当决口泛滥，她便如同脱缰的野马，横冲直撞，将两岸的一切无情地淹没在滔天的浊浪之中。中华人民共和国建立以后，黄河的治理取得了巨大的成绩，60多年来，伏秋大汛岁岁安澜。但洪水的问题还没有得到彻底的解决，20世纪70—90年代又出现了缺水断流加剧和水污染严重等新问题。黄河的洪水威胁仍然是我们民族和国家的一个心腹之患。

可以说，从久远的年代开始，黄河就与我们民族的历史和生活结下了不解之缘，渗入到每个炎黄子孙的血脉之中。从这个意义上来说，黄河不仅是一条流淌在中国北方黄土地上的自然河流，更是一个跳动着脉搏的伟大生命，一位哺育千千万万炎黄子孙、塑造我们民族灵魂的伟大母亲。一部黄河的历史就是一部中华民族的史诗、一首悲壮激昂的歌。为母亲河树碑立传乃是我们义不容辞的责任。

我从小生长在闽南晋江支流西溪的一段——蓝溪岸边安溪县城附近的一个小村子，早在抗日战争时期的乡村小学里就听到过《黄河大合唱》的颂歌："黄河，你是中华民族的摇篮，五千年的古国文化，从你这里发源……"从此在幼小的心灵里涌起了一股对这条母亲河的无限崇敬和景仰之情。1958年夏，从厦门大学历史系毕业分配到北京工作，乘火车路过济南，从车窗外看到一条浑黄的大河，自西往东浩浩荡荡地向前奔流，第一次目睹了她雄浑壮阔的形象。当年秋冬之际，我被下放到革命圣地延安劳动锻炼，又得以在延水河畔聆听老乡诉说当年抗日、反蒋的斗争故事，并有机会参观枣园的领袖旧居和中央大礼堂旧址，感悟到黄河母亲在中国历史转折关头的伟大贡献。后来，我奉命到宁夏银川参加"四清"运动，暇时观览玉皇阁、西夏王陵等名胜古迹和仍在发挥灌溉效益的汉唐古渠，特别是漫步在黄河岸边，面对那汹涌澎湃的滚滚波涛，又进一步领略到母亲河那悠久的历史和丰厚的文化底蕴。再往后，几次开会或出差到过太原、西安、咸阳、兰州、济南、泰安、西宁、新乡、郑州等地，相继倘徉在黄河和汾河、渭河、大夏河、大汶河、湟水、伊洛河等众多支流的岸边，谛听那轻轻拍岸的涛声，更深刻地感受到母亲河里涌动的历史和文化、欢乐和忧伤。所有这些感性的印象，再加上在阅读史籍、研究史学中逐渐积累起来的理性认识，最终促使我接受出版社的约稿，为母亲河黄河撰写这部传记。

为河流作传，对我来说是初次尝试，临开笔时感到千头万绪，不知从何着手。几经斟酌之后，决定既把黄河作为一条自然河流，更当做一个历史巨人、一位养育中华民族的母亲，以时间为经，以空间为纬，来抒写她那悠久灿烂的历史和文化。一方面力求写出黄河形成、发育、演变的自然史，包括有人类活动以来河道的迁徙以及流域山川形胜的变化等；另一方面是更主要的，则力图展现黄河母亲哺养的中华儿女出世后在黄土地上创造的文明史，包括他们的生产劳动、政治活动、军事斗争、文化建设以及他们在这个漫长的历史过程中所表现的聪明才智和创造活力、所取得的辉煌成就和崇高荣誉、所蒙受的种种屈辱和深切痛苦，还有生态环境的破坏和治理，等等。全书采用以点带面、点面结合的写法，描绘出一幅幅形象生动的画面，连缀成一轴波澜壮阔的历史长卷，以展示黄河形成演变的历史，表现我们中华民族从童年到青年到壮年的成长、壮大、成熟的风貌。希望广大读者借此走进黄河的深处，不仅观赏到她两岸雄伟壮丽的自然风光和人文景观，而且能从那滚滚向前的波涛中领略她久远深刻的历史变迁和博大精深的文化内涵，进而激发民族的自信心和自豪感，继承和发扬自强不息、百折不挠、蓬勃向上、勇往直前的民族精神，为黄河的进一步治理开发，为中华民族的振兴富强，为中国的社会主义现代化建设，积极贡献自己的力量。

众所周知，现在的黄淮海平原是由黄河的泥沙堆积起来的，这个冲积平原如今还在继续向海域延伸。黄河在历史上又多次发生过摆动改道，下游河道的摆动范围北抵河北、天津，南达江苏、安徽，除曾通过大清河、淮河入海，还一度由里下河区（江苏省淮河故道以南、里运河以东、范公堤以西、通扬运河以北地区）汇入长江，通过长江入海，整个冲积平原都受到过黄河摆动改道的影响。同时，就黄河对中华文明的缔造及其对中国现代经济的发展而言，无论是水资源的泽惠还是自然灾害的贻患，都远远超出现今黄河流域的范围。为了反映黄河发展变化的真实历史和她的完整形象，本书所写的内容并不局限于现今黄河流域的范围。这就是说，书中表现的黄河是一个历史的、地域的概念，而非严格科学定义上的"流域"概念。这一点是需要特别加以说明以提醒读者注意的。

陈梧桐

2018 年 8 月 5 日

改定于北京市海淀区民族大学西路寓所

第一章

一个伟大生命的 诞 生

远古的地质运动与黄河的形成

河源高悬云天外

横跨三大阶梯

汇聚百川，东流入海

中国有句成语，叫"沧海桑田"。这种沧海桑田的现象是地质运动的产物。地球上原先并没有黄河，正是这种持续不断的地质运动促成了黄河的诞生。

我们居住的地球同宇宙间的一切物质一样，是处在不断的运动变化之中的。一方面是来自地球内部的力量，主要是放射性物质蜕变产生的热能引发地球岩石圈的运动，使地层受到挤压、扭转、拉曳，产生歪曲乃至断裂，造成地面的隆起或沉降，或者出现水平方向的移位；另一方面是来自地球外部的力量，主要是太阳的辐射能和重力能，又促使大气、水和生物等发生变化，破坏着地面的隆起部分，并将破坏后的产物搬运到低洼之处，把低处填平，或者堆起新的岩石。

地球内部的结构分为地壳、地幔和地核三个圈层。地幔的上部存在一个软流层。地幔软流层以上和地壳是由岩石组成的，合称为岩石圈。这个岩石圈的运动对地球表面形象的塑造起着决定性的作用。

岩石圈是怎样运动的？目前，学者大都采用板块构造理论来解释。经典的地质理论认为，大陆是固定不动的。1912年，德国地质学家魏格纳在法兰克福地质学会上做了以"大陆与海洋的起源"为题的讲演，正式提出大陆漂移的假说。1915年，他出版《海陆的起源》一书，对这种假说作了系统的阐述和论证。他认为，在距今3亿年的古生代，地球上只存在一块大陆，名叫冈瓦纳，位于南极的附近。后来在某个时期，这块泛大陆开始分崩离析，并且分散漂移开来。但是，老一代的地质学家认为他无法说明大陆漂移的动力，坚决不予承认。在一片反对声中，决心为科学献身的魏格纳踏上了艰苦的求证之道。在北极风雪茫茫的格陵兰冰盖之上，他怆然倒下，壮烈地以身殉职。

但是，科学并未因此而止步。1961年，美国地质学家赫斯等人归纳海底运动的现象，提出海底扩张学说，认为地球内部的热能积累到一定程度，灼热的熔岩在强大的内压力作用下就会在大洋中脊地壳薄弱的部位喷发出来，在两侧凝固为岩石，形成新的洋壳；新的洋壳推动着先前形成的旧洋壳，缓慢地插入大洋两侧的大陆地壳，这样，大陆和海底便一起随着地幔之上的软流层漂移。不久，人们想起魏格纳的假说，承认他的理论是正确的，并用海底扩张说来解释大陆漂移的动力问题：由于海底的扩张，推动了大陆的漂移。

1965年，加拿大地球物理学家威尔逊提出"板块"一词，在海底扩张说的基础上建立了板块构造学说。1968年，法国地质学家勒比雄在前人研究的基础上提出了六大板块说。后人加以修正补充，形成现在的八大板块说，认为地球岩石圈主要存在欧亚板块、北美板块、南美板块、努比亚板块、太平洋板块、印度洋板块、澳洲板块和南极洲板块。在这八大板块之间还镶嵌着阿拉伯板块、婆罗洲板块、可可斯板块、印度支那板块、胡安·德·富卡板块、华北板块、纳兹卡板块、鄂霍茨克板块、菲律宾板块、斯科合板块、索马里板块等14个小的板块。这些板块漂浮在地幔的软流层上，随着软流层的运动而运动，不断发生碰撞和张裂。在不断的撞挤和张裂过程中，有些古老的岩层消失了，有些新的岩层诞生了，造成地面的升降起伏，塑造着地球的表面形象。

就是在地球岩石圈的不停的运动之中，华北地台大约在17亿年以前隆起了。随后，它持续抬升，形成中国范围内最早而且面积最大的一块古陆。此后，华北地台两次下沉，受到海水的浸泡，到二叠纪（距今28500万年至23000万年）再次抬升，重新露出水面。

接着，在侏罗纪（距今19500万年至13700万年）与白垩纪（距今13700万年至6700万年）发生了被称为燕山运动的造山运动。与现今山西高原原本连为一体的今华北平原地区转而沉降，先形成盆地，以后逐渐发展成为一片大平原。山西高原陆续抬升，形成了东低西高的局面。进入新生代（始于距今6700万年）时期，又发生了喜马拉雅运动，促使喜马拉雅山脉从海底崛起，青藏高原急剧抬升。受到这次造山运动的影响，山西高原产生了两条近乎平行的大断裂带，从北向南穿过高原的中部。断裂带的断块程度不一地向下陷落，形成狭长的槽谷。槽谷的南端与关中所处的沉降带相接，形成汾渭盆地。后来，一些抬升的山脉受到风化剥蚀，逐渐夷平，成为高原；下沉的盆地则贮积起水，成为湖泊。此后，这个地区先后经历两次规模较大的冰川活动，气候变得寒冷干旱，那些大湖逐渐萎缩，或被分割成许多小的湖泊，形成若干个大型湖盆和许许多多小的湖泊及湿地。地面上的流水从高处向低处流动，逐渐汇聚到古湖盆当中，并发育成若干各自独立的内陆湖水系。在青海高原巴颜喀拉山的北麓，一条流水从这里向东南流淌，由于积石山即阿尼玛卿山与巴颜喀拉山南北夹峙，它便流向当时正在下沉的今若尔盖草原地区，形成古若尔盖湖。源出于西倾山和阿尼玛卿山之间的另一条流水，则在两山的峡谷中自东南向西北方向流淌，汇集到今青海共和县的古盆地。古共和盆地的东面，当时另有一条流水，沿着拉脊山南麓的峡谷向东流进今甘肃，经过今日的兰州后，北折流向今宁夏地区，至贺兰山旁汇集到因断层陷落而产生的银川盆地，形成古银川湖。东鄂尔多斯高原的东缘又有一条河流经由一连串的小湖泊，注入汾渭盆地，形成古汾渭湖。汾渭盆地的东面耸立着一座高大的中条山。山脉东侧的流水由于受到山东丘陵的阻挡，则分由丘陵南北不同的河道，东流注入大海。这样，从西部的青藏高原到东部的山东丘陵，便逐渐形成了四段各有源头、互不连接的河流。古黄河就是在这些独立的水系的基础上逐步演变而成的。

在地质年代第四纪（始于距今 250 万年前）的早期即距今 100 万年前后，这个地区冰川融化，气候变得温暖而湿润，降水量充沛，河水迅速暴涨，流水的冲刷下切作用不断加剧，使下游日益向下延伸。此时，中国中西部的高原继续处于上升的阶段，益发加强这种流水的下切侵蚀作用。流水的溯源侵蚀和下切侵蚀终于将两条河流中间的分水岭打通，使各个封闭的湖盆有了出口，使各自独立的河段连接起来，古黄河至此已初露端倪。不过，此时的古黄河还是一条内陆河，其东端止于浩瀚的三门古湖，因为东面的中条山还阻挡着它通向大海的道路。但是，古黄河继续以顽强的毅力，发挥其溯源下切的侵蚀作用。当上游的来水大量进入三门古湖，水位升高，超过三门地垒的高度，湖水就向东漫流，并不断下切。经过漫长的岁月，她终于切穿三门峡，流入华北平原，而与中条山东侧的流水连接起来，浩浩荡荡地向东奔流，投入大海的怀抱。一个伟大的生命从此诞生了！

黄河最后冲过三门峡、全线连接贯通的具体年代，学者的意见不一。但有一点应该是可以肯定的，即当生活在距今 70 万年至 20 万

三门峡（彭山 摄）

一个伟大生命的诞生

年以前的北京猿人出现在周口店时，发源于青藏高原的这条大河已经连接起来。不过，此时她的下游是从河北东部穿流而过，东入渤海。以后下游的河道曾发生过几次变动迁徙，变为绕山东丘陵之南入海，但上游的河道则已基本定型。而且由于流水的溯源侵蚀、延伸的属性，她的上源和下游仍在继续延长，最终形成今天的面貌。

今日的黄河，干流河道全长 5464 千米，是长度仅次于长江的中国第二大河。她流经青海、四川、甘肃、宁夏、内蒙古、山西、陕西、河南、山东等 9 个省区，在山东垦利县注入渤海，流域面积达75.3 万平方千米。如果加上鄂尔多斯内流区 4.2 万平方千米，则为79.5 万平方千米，是全国国土面积的 8.3%。黄河流域现有耕地 1627万公顷，农村人均耕地 0.23 公顷，是全国农村人均耕地的 1.4 倍，流域内现有林地 3020 万公顷、牧草地 2793 万公顷。林地主要分布在中下游，牧草地主要分布在上中游。黄河流域至 2012 年总人口为11368 万人，占全国总人口的 8.6%。据 1956—2000 年系列统计，流域内人均水量 473.3 立方米，为全国人均水量的 22%；耕地亩均水量230 立方米，仅为全国耕地亩均水量的 15%。考虑到还要远距离地向流域外的地区供水，实际上人均、亩均占有的水资源数量就更少了。此外，黄河流域还有可开采的地下水 112.21 亿立方米（含内流区的8.74 亿立方米）。

"君不见，黄河之水天上来，奔流到海不复回。"唐代大诗人李白《将进酒》中这一传诵千古的诗句写出了黄河源出西部高原，一泻千里，东流入海的雄伟气势。由于西部高原海拔很高，上接云天，黄河从这里发源东流，就仿佛是天上的银河倾泻下来似的，所以有人说她是"高源云外悬"。

黄河是我们中华民族的母亲河，人们对她的源头很早就产生了强烈的兴趣。但是，由于那里距离中原地区较远，而且海拔很高，人迹罕至，古代的人们只能根据传闻作出种种猜测。中国最早的一部地理著作《山海经》说："昆仑之丘……河水出焉。"古人展开想象的翅膀，将昆仑描绘成一座非常高大而又充满神秘色彩的神山、仙山，上面住着一个戴着首饰、长着虎齿、拖着一条豹尾的半人半兽的西王母，掌管瘟疫刑罚。战国时成书的《穆天子传》则将西王母说成气象雍穆的天帝之女。传说，周穆王西游时还见到过这位西王母。到了西汉刘安的《淮南子》，西王母又成了掌管不死药的吉神，传说射日除害的英雄人物羿曾从西王母那里求得不死药，还未来得及服用，他的妻子嫦娥就偷偷服下，变成神仙，飞奔入月，化成了月精。道教兴起后，西王母又被奉为女仙之宗，居昆仑之丘，掌管着不死药和"三千年一着子"的仙桃。昆仑成了中国古代神话的一个中心。

"河出昆仑"的说法产生之后，许多人深信不疑。不过，也有人对此持审慎态度，如与《山海经》差不多同样古老的另一部地理著作《禹贡》，写大禹治水时就只写他"导河积石"，即从积石山开始治理水患，而未写黄河究竟源出何处。这里所说的积石山，指的并不是今青海果洛藏族自治州境内的阿尼玛卿山，而是指今甘肃临夏西北、青海循化东南的积石山，一般称"小积石山"，那里距离黄河的源头尚有很远的距离。西汉时张骞出使西域，穷河源，回长安后向汉武帝提出了一个"河源出于阗"的报告，说："于阗（今新疆和田一带）之西，则水皆西流，注西海（今黑海或里海）；其东水东流，注盐泽（今罗布泊）。盐泽潜行地下，其南则河原出焉。多玉石，河注中国。"汉武帝便按照古人的"河出昆仑"之说，"命河所出山曰昆仑"，意为"河源之山"。东汉时，中西交通更加频繁，有关西域的见闻日益增多。班固根据这些见闻，特别是其弟班超出使西域的见闻，在《汉书·西域传》里又将"潜流复出"说进一步发展为"伏流重源"说，认为"其河有两原，一出葱岭山（今帕米尔高原和喀喇昆仑山），一出于阗。于阗在南山（昆仑山）下，其河北流，与葱岭河合，东注蒲昌海。蒲昌海，一名盐泽者也。……

积石山（彭山 摄）

其水亭居（静止），冬夏不增减，皆以为潜行地下，南出于积石，
为中国河云"。

魏晋时期，中原人民与崛起于青海和新疆南部的吐谷浑有着密切
的交往，从吐谷浑那里逐渐了解到黄河的源头不在新疆，而在青海
境内。晋代张华的《博物志》首次提出了"源出星宿"的说法。隋
炀帝大业五年（公元609年），观王杨雄和宇文述等统帅大军平定
吐谷浑后，在吐谷浑故地设置河源（今青海兴海县东南）等四郡，用"河
源"作为郡名，显然是对黄河源出青海南部的一种确认。不过，当
时还没有弄清河源的确切地点，故《隋书·地理志》在河源郡下注曰：
"有曼头城、积石山，河所出。"这里的积石山指的是阿尼玛卿山，
黄河实际上只是从这座山下绕过而已，其源头应在河源郡西边的另

一个伟大生命的诞生

一座山脉。

隋朝末年，吐谷浑乘中原大乱重新崛起，不时骚扰内地。唐贞观九年（公元 635 年），唐太宗派大将李靖、侯君集、李道宗率兵出击。侯君集、李道宗所率的一路大军曾"转战过星宿川，至于柏海，频与虏遇，皆大克获。北望积石山，观河源之所出焉"。这里的柏海是指今扎陵湖，星宿川指此湖西面的星宿海。不久，吐谷浑为雄踞于西藏的吐蕃所灭。吐蕃王松赞干布（藏名弃宗弄赞）几次向唐朝求婚。贞观十五年（公元 641 年），唐太宗命李道宗送文成公主入藏与之成亲。松赞干布"率其部兵次柏海，亲迎于河源"。这是中原地区的人到达星宿海及扎棱湖、鄂陵湖最早的几次记录，史书虽说他们"观河源之所出焉"，其实还是没有到达真正的河源地。长庆元年（公元 821 年），唐穆宗派大理卿兼御史大夫刘元鼎等与吐蕃会盟。"是时元鼎往来，渡黄河上流，在洪济桥西南二千里，其水极为浅狭，春可揭涉，秋夏则以船渡。其南三百余里有三山，山形如鳌，河源在其间。"洪济桥在今青海共和县南边的黄河岸边，三座山中间的那座山，据《新唐书·吐蕃传》的记载，名"曰紫山"，就是今日的巴颜喀拉山。这说明唐代的人已经知道黄河发源于巴颜喀拉山，但他们还是将此山指认为"古所谓昆仑者也"，而且也未能弄清河源究竟出自巴颜喀拉山区的什么地方。

元世祖忽必烈统一中国，首次将西藏纳入中原王朝的管辖之下。招讨使都实奉元世祖之命，三入吐蕃探寻河源。都实的弟弟跟随他一起探察河源，曾向翰林学士潘昂霄透露考察的过程，潘昂霄据此撰写《河源志》一书。书中说，根据都实一行的探察，"河源在土蕃朵甘思（今西藏昌都地区东部与四川甘孜自治州西北部）西鄙，有泉百余泓，或泉成潦，水沮洳（低湿）散涣，方可七八十里，且泥淖弱不胜人，逼视勿克，旁履高山下瞰，粲若列星，以故名火敦脑儿，火敦译言星宿也。群流奔辏，近五七里，汇二巨泽，名阿刺脑儿"。"火敦脑儿"与"阿刺脑儿"都是蒙古语，"火敦脑儿"意为星宿海，"阿刺脑儿"意为花海，所指的二巨泽即扎陵、鄂陵两个姊妹湖。书中接着指出，河水从二巨泽继续向东奔流，又汇合了来自西南、南方、东南方向来的三条水流，水量逐渐增大，始称黄河。与此同时，地理学家朱思本得到元朝帝师所藏的藏文图书，从中找到有关河源的资料，译成《河源志》一书。书中指出："河源在中州西南"，"水从地下涌出如井。其井百余，东北流百余里，汇为大泽，曰火敦脑儿。"这两本《河源志》内容互有详略，但都认为河源是在星宿海西南七八十里或百余里的地方，星宿海并不是黄河的源头，而只是一个"加油站"，这种说法更加接近事实。

　　明朝初年，明太祖朱元璋派南京大天界寺高僧宗泐出使吐蕃，招谕阿里地区的俄力思军民元帅府和巴者万户府。洪武十年（公元1377年）冬，宗泐衔命西行，途中曾路过河源，饮过河源水，并在那里的山中过夜。完成使命返回京师后，宗泐撰写了一部《西游集》，记述沿途的所见所闻。此书在清代已失，但他途经河源地区所作的《过河源》诗至今犹存。在诗序中，宗泐对河源地区作了较为详细的记述，并首次阐明黄河与长江源头的关系，指出："河源出自抹必力赤巴山，番（藏）人呼黄河为抹处，牦牛河为必力处，赤巴者，分界处。其山西南出之水，则流入牦牛河；东北之水，是为河源。"这里所说的抹必力赤巴山是指巴颜喀拉山，牦牛河指今长江上游通天河，说明巴颜喀拉山既是黄河与长江上游通天河的共同发源地，也是黄河与通天河的分水岭。诗序还批驳了"河出昆仑"的错误说法，指出："中国相传以为（黄河）源之昆仑，非也。昆仑名麻刺……番书载其境内祭祀之山有九，此其一也。"遗憾的是，宗泐的正确观点并没有引起人们的重视，许多人仍然继续弹着"河出昆仑"的老调。

清朝统一全国后，为了治理黄河，决心"探河源以穷水患"。康熙四十三年（公元1704年），清圣祖玄烨命侍卫拉锡及内阁侍读舒兰等人往探河源。但是，他们只走到星宿海未再前进，并没有寻到河源。乾隆四十七年（公元1782年），黄河在河南青龙冈决口泛滥，清高宗弘历命侍卫阿弥达赴西宁祭告河神，探寻黄河真源。阿弥达这次走到星宿海，见到三道溪流，"自北面及中间流出者，水系绿色；从西南流出者，水系黄色……西面一山，山间有泉流出，其色黄。询之蒙、蕃等，其水名阿勒坦郭勒，此即河源也"。他又循阿勒坦河上溯，在星宿海以西三百里处找到噶达素齐老山，认为那就是阿勒坦河的源头。阿弥达的考察比前人前进了一大步，将河源推移到星宿海以西的巴颜喀拉山北麓的某座山峰。不过，他所说的噶达素齐老乃是一块孤立挺拔的岩石，并不是一座重要的山峰。而且，他所撰的《河源纪略》一书也还沿袭"河出昆仑"的传统观点，说黄河源于新疆的帕米尔高原，流经罗布泊后潜入地下，至青海再冒出地面。黄河的正源问题仍有待后人的探索。

对黄河源头展开大规模的科学考察并真正穷尽河源，那是中华人民共和国成立以后的事。

1952年8月，黄河水利委员会组织了一支黄河河源查勘队，对河源地区进行实地考察。他们查阅了大量的历史文献资料并访问了世世代代在当地游牧的藏族牧民。藏民习惯上将流入星宿海的三条河流自北向南分别称为"扎曲""约古宗列渠""卡日曲",而把夹在中间的那条约100多千米长的约古宗列渠称为"马曲",把其上游部分叫做"马曲曲果"。"马曲曲果"是藏语黄河源头的意思。黄河河源查勘队根据藏民的传说,沿着约古宗列渠西行,寻找黄河的源头。这次考察历时4个月,行程约万里,查明约古宗列渠发源于巴颜喀拉山中部雅拉达泽山东北麓约古宗列盆地的西南缘。在那里,从地下涌出的许多泉水汇成细流,串连盆地中星罗棋布的湖泊,形成一条宽2~3米的小河,缓缓地流淌在约古宗列大草滩上,向东流经马涌滩,注入星宿海,在巴颜与欠山的北侧同卡日曲汇合,再向东注入扎陵、鄂陵两个姊妹湖。黄河水利委员会认为,历史上所指的约古宗列渠即马曲,是黄河正源。

不过,有人对此持有疑议。注入星宿海的三条河流,除北边的扎曲长70千米左右,流长远不及其他两条河流,水流量也不大,经常处于干涸状态,从未有人把它当做黄河的正源外,也还有人将最靠南边的卡日曲视为黄河的正源。据考证,明代宗泐出使吐蕃,过河源区,夜宿的山中就在卡日曲河边。清代阿弥达确认的黄河正源阿勒坦河也是卡日曲。时至今日,当地藏民中还有人把卡日曲当做河源看待的。于是,1978年,黄河水利委员会南水北调查勘队、南京地理研究所和南京大学地理系湖泊查勘队再次前往河源地区进行调查研究。与此同时,青海省人民政府和青海省军区也邀请有关单位组成一个考察组,深入河源地区进行考察。他们经过一个月的考察后,认为黄河的正源应是卡日曲。因为从长度看,卡日曲比约古宗列渠长25千米;从三条河流汇合处看,卡日曲比约古宗列渠大一倍多;从源头的出水量看,卡日曲的泉水比约古宗列渠旺盛,旱季仍不干涸,约古宗列渠在旱季河床多干涸；从流域面积看，卡日曲比约古宗列渠大 700 多平方千米；从历史文献看，古人把卡日曲作为入藏孔道的记载较多，却不把约古宗列渠作为入藏的孔道。对于这种不同的看法，黄河水利委员会经过研究，根据历史传统和各家意见，于 1985 年作出答复，仍确认约古宗列渠即马曲为黄河正源，并在约古宗列盆地西南隅的马曲曲果，即东经 95° 59′ 24″、北纬 35° 01′ 18″ 处，树立了河源标志。

当然，作为一个学术问题，黄河河源不论是现在还是将来都允许有不同的看法。不过，经过多次实地查勘，人们对源头地区的面貌毕竟有了真实的了解。据考察，在黄河的上源，不论是被确认为正源的约古宗列渠还是卡日曲和扎曲，三条河流都是源出于巴颜喀拉山脉北麓的约古宗列盆地，因此当地的蒙古牧民就总称这三条河为"古尔坂索尔马"。约古宗列盆地是一个多水的草地，面积约 150 平方千米，海拔 4500 米。盆地周边多为山岭丘陵，各地涌出的地下泉水都向那里汇聚，贮积在一些低洼的地方，形成众多的湖沼和一条条宽狭不等的细流。这些细小的水流就是卡日曲、约古宗列渠和扎曲的源头。所以，这个约古宗列盆地就成为大家公认的黄河发源地。

那么，作为黄河之宗的那些细小的泉水又是从哪里来的呢？它们来自约古宗列盆地南边的巴颜喀拉山。巴颜喀拉山是昆仑山脉向东延伸的部分。山上终年积满皑皑的冰雪，是一个巨大的天然水库。冰雪消融之后，慢慢渗入地下，再逐渐涌出地面，成为黄河和长江常流不断的泉源。其中，在巴颜喀拉山的北麓涌出的泉水汇聚到约古宗列盆地，成为黄河的源头，在南麓涌出的泉水则成为长江上游通天河的源头。两大水系只有一岭之隔，可谓是近在咫尺。中华民族的两条母亲

马曲（彭山 摄）

鄂陵湖（费金成 摄）

一个伟大生命的诞生

河，可以说是巴颜喀拉山哺育出来的一对孪生姊妹。

约古宗列盆地的细小水流最后逐渐汇合到一起，顺着一条宽约千余米、深不足 1 米的明显河道，缓慢地流入星宿海。这个"海"实际上也是一个盆地。它比约古宗列盆地低 200 米左右，东西长约 30 千米，南北宽几千米至十几千米不等。盆地中散布着许多大大小小的湖泊，在天高云淡、月色清朗之时，从高处往下望去，恰似繁星闪烁。黄河就从这些湖泊中穿流而过，看不出哪里是主河道。蒙古语把这个盆地称为"火敦脑儿"，即星宿海，真是再恰当不过了。不过，当地的藏民却把星宿海比作孔雀展开的尾屏，而把穿过星宿海的黄河叫做"马曲"，意思是孔雀河。

黄河流经星宿海这个中转站，再往东流淌时已经变成一条清澈的小河，水大时河面宽至约 50 米，深达一二米，再往东流 20 多千米，便注入扎陵湖与鄂陵湖。这两个湖泊的海拔在 4260 米以上，皆呈宝葫芦形状，中间隔着巴颜朗马山，由黄河的 20 千米水道连接在一起，像一对孪生的姊妹。扎陵湖平均水深 9 米，最大水深 13.1 米，蓄水量 47 亿立方米。黄河从西南方向流来，将泥沙带入湖中，遇到风起浪涌，泥沙从湖底泛起，湖水呈灰白色。鄂陵湖比扎陵湖要深，平均水深约 17.6 米，最大水深可达 30.7 米，蓄水量 108 亿立方米，进湖泥沙较少，湖水呈现青蓝色。两湖的水面面积虽然不算太大，扎陵湖 526 平方千米，鄂陵湖 610 平方千米，但两湖的水面海拔高度却达到 4200 米左右，比《吉尼斯世界纪录大全》中被认为是世界海拔最高的南美洲的的的喀喀湖还要高出 300 多米。每当春季来临，岸边草泛青绿，花洒荒滩，藏民驱赶着牛羊来此放牧，大雁、棕颈鸥、鱼鸥、赤麻鸭等南来的候鸟在湖中的小岛上互相追逐，在湖面上上

黄河源头纪念碑（费金成 摄）

下翻飞，呈现出一派蓬勃的生机。

　　黄河通过两湖，由鄂陵湖的东北流出后，折向东南，流至玛多。有人把从黄河源头直到玛多的这段黄河总称为河源段。事实上，从黄河源头直到玛多，我们都可以把它看作是一个盆地。其间地势虽有起伏，但东西的高度相差不大，因而水流滞缓，河宽而浅，在一些地段水流分散，河汊很多，有的地方甚至看不到明显的干流，而一些低洼的地方则积满各处的来水，不断为黄河提供水源的补充。因此，我们在广义上也可以把巴颜喀拉山北麓这个低洼的盆地看作黄河源头。1986年9月，青海省玛多县人民政府在果洛藏族自治州玛多县西南扎陵湖和鄂陵湖之间的措哇尕泽山顶竖起一座"黄河源头纪念碑"。碑身由青铜铸就，3米高的两只牦牛角直抵蓝天白云，气势非凡，令人肃然起敬。

横跨三大阶梯

　　黄河流域位于东经 95° 53′ ～ 119° 05′、北纬 32° 10′ ～ 41° 50′，其地势呈现西高东低的阶梯状分布的特点。因此，黄河自河源地区流出后，尽管因一波三折、几多弯曲而有"九曲黄河"之称，但她总是朝着东方流去，最后奔向大海的。

　　中国的大陆自西向东倾斜，沿着两条边界陡然跌落，形成三级阶梯。第一条边界自祁连山迤逦转折向南，至滇西的横断山脉一线，即青藏高原的前缘。这条边界以西的地区是号称"世界屋脊"的青藏高原，平均海拔在 4000 米以上，分布在上面的山脉峰峦的海拔高度更是远远超过这个数字。边界以东地区大部分为高原和盆地，地势骤降，海拔一般在 1000 ～ 2000 米。第二条边界沿大兴安岭、太行山、巫山、雪峰山至滇东高原的东侧，边界以东多为海拔 1000 米以下的丘陵和平原交错分布区。黄河流布在中国大陆的三大阶梯上，整个黄河流域的地势自然也就形成青海高原、内蒙古高原和黄土高原、下游冲积平原三个自西向东逐级下降的阶梯。

最高一级阶梯是流域西部的青藏高原，海拔3000米以上。这里有三座自西北走向东南的山脉：北面的祁连山将青海高原与内蒙古高原隔开，南面的巴颜喀拉山则成为黄河上源与长江上游通天河的分水岭，而阿尼玛卿山横亘在两山之间，它那海拔6282米的主峰玛卿岗日便成为黄河流域的最高点。黄河流经玛多后，绕阿尼玛卿山南麓，向东南方向流去。穿过甘肃南部四川西北部500千米的高寒山区之后，因受岷山阻挡又折向西北，流过诺尔盖草原北部，与白河、黑河汇合，到达甘肃玛曲。然后沿阿尼玛卿山北麓，向西北再流入青海省，形成第一个巨大的河曲。在青海湖南面，黄河又折向东北，穿过青藏高原的边缘而进入黄土高原，形成第二个巨大的河曲。黄河在这段流程中拐了两个大弯，呈现出一个巨大的S形。

"S"形的黄河（彭山 摄）

第二级阶梯以太行山、嵩山与熊耳山为界，海拔1000~2000米。黄河在青海湖南面折向东北，穿过青藏高原的边缘后便进入黄土高原。黄土高原西起青海的日月山，东抵太行山，北至长城，南界秦岭，横跨青海、甘肃、宁夏、内蒙古、陕西、山西、河南七省区的大部或一部分，面积41万平方千米。其东缘太行山，最高岭脊海拔2000~4500米，是黄土高原与华北平原、黄河流域与海河流域的分水岭。南缘的秦岭是中国亚热带和暖温带的南北地理分界线。秦岭向东延伸的崤山、熊耳山、伏牛山等，海拔大都在1000米以上，则是黄河与长江、淮河流域的分水岭。

黄土高原并不是一块平整的高原，而是由一系列褶皱断块山岭与陷落盆地组合而成的高地，海拔一般在1000~2000米。高原上覆盖着一层厚厚的黄土沉积层，其厚度一般在50~100米，有的地带，如六盘山以东至吕梁山西侧，厚度达到100~200米，而兰州竟达到300米以上。无论就黄土覆盖的面积还是厚度而言，都堪称是世界之冠。这块浩瀚的黄土高原是经过漫长的地质运动逐渐形成的。原来，黄土高原西北面的亚洲内陆存在着一片寸草不生的戈壁——流沙滚滚的腾格里沙漠、乌兰布和沙漠和鄂尔多斯高原的毛乌素沙地。这片不毛之地，温差变化很大，使岩石发生热胀冷缩，导致崩解。经过长年累月的崩解，这里遍地散布着粗细不均的岩石碎屑。自250万年前第四纪初以来，由于青藏高原和喜马拉雅山的迅速抬升，挡住了印度洋温暖季风的北上，而蒙古高压气团又在不断增强，形成了干燥寒冷的西北气流，由西北向东南运动。随着西北气流的运动，亚洲干旱内陆的岩屑便被挟带着向东南飘洒。其中，粗粒的岩屑较重，飘洒的距离较近，纷纷掉落在戈壁东南的外围地区，成为沙漠、沙地；细粒的岩屑较轻，飘洒的距离较远，便降落在沙地的东南地区，逐渐堆积成现在的黄土高原。

一个伟大生命的诞生

千沟万壑的黄土高原（刘刚 摄）

　　黄土高原的黄土呈灰黄、红黄色，颗粒比较均匀，既不呈沙性，也不黏重，且多孔隙，渗透性强，便于植物的根系向下生长。在古代，这里的草本植物长得比较茂盛，土壤中的腐殖质较多，腐殖层较厚，加上黄土结构比较疏松，对使用石器等较原始的生产工具的古人类来说也比较容易耕作。所以，黄土高原便成为中国古代农业的起源地之一，并在很长的时期内成为中国古代农业最发达的地区。但是，正由于黄土疏松、渗透性强，它的抗风蚀、水蚀的能力也就弱。经过流水和风力的长期侵蚀，整个黄土高原沟壑纵横，坡陡沟深，地面支离破碎，成为黄河泥沙的主要来源地。黄土高原正值黄河的中上游干流河道河段，这段干流河道长达 3472 千米，约占黄河全长5464 千米的 63.54%。黄河水系是黄土高原形成的动力，而黄土高原的大量泥沙又把它染成了黄色。

黄河进入黄土高原后，在甘肃刘家峡汇纳了大夏河和洮河。洮河每年向黄河输入 2900 万吨泥沙，黄河开始挟裹着泥沙向东流动。到兰州以下，黄河沿着黄土高原的西北缘向东北流去，沿途接纳祖厉河、清水河，出黑山峡后进入宁夏平原，沿贺兰山北上。宁夏平原又叫银川平原，它是由黄河的泥沙沉积而成的，也是黄河上游的第一大冲积平原。这里气候虽然比较干旱，但得益于黄河之水的灌溉，又有贺兰山以其高大魁梧的身躯为之阻挡腾格里沙漠以及高天寒流的入侵，自秦汉起就是一个富饶的农业区，早在明代便有"天下黄河富宁夏"之说。

黄河穿过银川平原，到石嘴山继续向北，进入内蒙古，在鄂尔多斯高原与乌兰布和沙漠之间游动，西侧是沙漠，东侧为高原。鄂尔多斯高原北部为库布齐沙漠，东南为毛乌素沙地，东部多草原，自古是北方游牧民族的天然牧场。"天苍苍，野茫茫，风吹草低见牛羊"，呈现出一派与宁夏平原河渠纵横、稻花飘香迥异的景色。

在内蒙古的磴口，黄河向北进入河套平原，至临河市受到阴山的

黄河出黑山峡（彭山 摄）

贺兰山下的黄河（彭山 摄）

阻挡折而东行，到托克托的河口镇，结束了其上游的流程。在河口镇，黄河受到大山的阻挡，遂掉头南下，沿晋陕峡谷南流，进入黄土高原的东部。这样，黄河自宁夏沿贺兰山北上，至托克托的河口镇掉头南下，形成了一个马蹄形的大弯曲，这就是人们所说的"河套"，河套平原因此而得名。河套平原也是黄河上游的冲积平原，它以包头市西面的乌拉山为界，分成东西两部分，西面称后套，东面称前套。由于有黄河的灌溉之利，河套平原也成为盛产粮食的富饶之地，人们称赞说"黄河百害，惟富一套"。

黄河沿吕梁山西侧南下，进入中游的多沙粗沙区。这个区域的面积达 7.86 万平方千米，包括陕北、晋西、内蒙古南部和甘肃东部的 44 个县，其中 55% 的多沙区集中在陕西省。大量泥沙，特别是粗泥沙，通过皇甫川、窟野河、无定河、延河、泾河、渭河、岚漪河、蔚汾河、湫水河、三川河、昕水河、汾河、涑水河竞相泻入黄河，使河水的含沙量剧增，成为黄河泥沙的主要来源。其中，粒径大于 0.05 毫米的粗泥沙占到三门峡库区和下游河道淤积泥沙的将近一半。大量泥沙，特别是粗泥沙泻入黄河，使河水如牛负重，行进艰难。然而，无坚不摧的黄河仍以顽强的毅力，将黄土高原一分为二，至潼关遇到秦岭的阻挡，又折而向东，走出第二阶梯，进入第三阶梯。

第三阶梯为太行山、崤山、熊耳山以东直至海滨的平原和丘陵地区。黄河在潼关绕了一个大弯，向东穿过中条山与崤山之间的晋豫峡谷，出峡谷后经小浪底至郑州桃花峪，流过一段低山黄土丘陵区，结束了中游的流程，然后便进入下游冲积平原。黄河下游冲积平原是华北平原的主要组成部分，包括豫东、豫北、鲁西、鲁北、冀南、冀北、皖北、苏北等地区，面积约 25 万平方千米。这是黄河由黄土高原带来的大量泥沙沉积而成的，也是黄河最大的一块冲积平原。冲积扇的顶部沁河口海拔 100 米左右。整个平原地势平缓，略微向海洋方向倾斜。从新石器时代开始，冲积平原周边的山麓已是人类活动比较集中的地区。从春秋战国时期开始，铁制农具广泛使用之后，这块坦荡的大平原更进一步得到开发，成为中国重要的粮棉油产地和经济发达的地区。到达海口之前，黄河便迸发出所有的力量，气势磅礴地直奔大海。如在洪水季节，滔滔浊浪劈开万顷碧波，直冲入几十千米远的海洋深处，形成一股壮观的"出河溜"，发出雷鸣般的巨响。黄河的万里征程至此终告结束。

黄河自西向东，穿越中国的三大阶梯。三个阶梯复杂多变的地形固然制约着黄河的流向与流速，影响着黄河的活动；同时，黄河的活动本身也反过来不同程度地改变着地貌的形态。

众所周知，河水对地面具有侵蚀作用和搬运作用。这种侵蚀作用和搬运作用使黄河流经的地区形成了一系列各具特色的地貌景观。

在黄河流过的第一阶梯和第二阶梯，由于海拔很高，水流湍急，形成了许多峡谷。特别是当黄河穿过青藏高原的边缘进入黄土高原时，由于两个地形单元的高度非常悬殊，落差大，水流急，经过河水数十万年的冲刷侵蚀，再加上青藏高原的不断抬升，便形成了一系列的峡谷和瀑布，著名的有野狐峡、龙羊峡、李家峡、松巴峡、积石峡、刘家峡、盐锅峡、八盘峡、桑园峡、红山峡、黑山峡、青铜峡等 20 多个峡谷。龙羊峡是其中最为壮观的峡谷，它在青海共和县境内，海拔 2600 米，两侧的高原面更在海拔 4000 米以上。两岸峭壁陡立，站在岸边向下俯视，黄河就像是刻刀在谷底划出的一道细线，蒙蒙的水汽升腾而上，哗哗的水声隐约可闻，令人感到心惊肉跳、头晕目眩。这些峡谷由于落差巨大、水流湍急，蕴藏着极为丰富的水力资源。

晋陕峡谷与晋豫峡谷也是如此。晋陕峡谷从河口镇一直延伸到禹门口，全长725千米，落差300多米。常在这段峡谷河段航行的黄河艄公有句口头语："上有天桥子，下有碛流子。""天桥子"指的是位于陕北府谷与晋西北保德两县之间的天桥峡，长达20千米，河道狭窄，水流激荡，枯水期河面宽仅30余米，冬季积冰成桥，河水在冰桥下滚滚而过，发出雷鸣般的涛声，故有"天桥"之称。"碛流子"指的是陕西宜川与山西吉县交界处的壶口瀑布，是黄河上最

壶口瀑布（张飞天 摄）

一个伟大生命的诞生

险峻的瀑布。黄河从岩石的河床上侵蚀出一道仅有 30~50 米宽的深槽，自上而下倾泻而出，犹如一个巨大的壶口向外倾倒着奔腾的河水，形成一道数十米高的飞瀑。浪花四溅，响声震天，冲击着人们的心怀。晋陕峡谷最南端的龙门距壶口约 65 千米。龙门山与梁山在这里互相靠拢，形成一个只有 100 多米宽的狭窄口门。黄河通过峡谷时宣泄不畅，在洪水季节，峡口中的水位迅速壅高，而出了口门，河谷突然变宽，水流通畅，水位骤然下降，形成明显的水位差，呈现一幅"龙门三跌水"的奇妙景观。古代人们对龙门的这种自然景观感到不可思议，把它想象为大禹所凿开的一道峡口，所以龙门又被称为"禹门"。

晋豫峡谷是黄河的最后一段峡谷，西起三门峡，东至河南孟津，全长约 150 千米，谷底宽 200~800 米，其中以三门峡最为著名。这里两岸的岩石突向河中，使河谷变得十分狭窄，在狭窄的河谷上方又巍然屹立着两个岩石小岛，把湍急的河水分成三股，人称"鬼门""神门""人门"，"三门峡"之名即由此而得。峡口的下方还有一座高出水面 20 多米的高大柱石矗立河口，人称"中流砥柱"。黄河湍急的流水分成三股，在峡口汇合成一股滚滚激流，咆哮着冲向中流砥柱，发出震天撼地的巨响，激起一丈多高的浪花，急速向前奔流。然而，无论狂涛恶浪如何冲击咆哮，中流砥柱始终岿然不动，不被淹没。这种坚强刚正、不屈不挠的性格正是黄河精神的体现、中华民族的象征。当代著名诗人贺敬之歌颂说："黄河中流——树万古不朽民族脊梁。"古人传说，三门峡也是大禹劈石开凿而成的，故也称之为"禹门口"，和龙门的禹门口遥相对应。黄河中游的这些峡谷也同上游的峡谷一样，由于落差大、水流急，蕴藏着极为丰富的水力资源。

当黄河通过晋豫峡谷，到达河南孟津，出宁嘴峡，进入中国最低

中流砥柱（岳青云 摄）

一级阶梯的平原地区后，由于地势比较平坦，再也不受峡谷的约束，河面突然变得开阔起来，从宽 300 米剧增至宽 3000 米，最宽处的河南长垣大车集河道，两岸相距达 20 千米。流速因此大大减缓，泥沙一路淤积，使河床不断抬高。这个河段，滩面一般高出堤外地面 3~5 米，部分河床甚至高出堤外地面 10 米，成为世界上著名的"悬河"。因此，黄河下游常常出现决口泛滥的现象，造成河道游荡摆动，迁徙不定。正因如此，黄河下游支流极少，较大的支流仅有三条而已。

到了河口地段，黄河将沿途淤积所剩的泥沙大量输入大海，淤积在口门附近和三角洲海域，形成陆地，使河口不断向海中推进，河道不断向前延伸。据统计，黄河每年平均输入河口的泥沙约达 16 亿吨，最高时为 33.6 亿吨，从 1855 年大改道直到 1984 年的 130 年间共填

一个伟大生命的诞生

海造陆 2530.4 平方千米，形成一片平坦开阔的新陆地。

　　黄河流经的三大阶梯，地形多种多样，既有山地、高原，也有盆地、平原和丘陵，而几种地形又往往互相交错。因此，三大阶梯的高度并不是呈均匀递降的状态，黄河也不可能笔直奔流，而是经过许多的曲折，并以一个大"几"字形呈现在中国的大地之上。据测算，从黄河发源处到大海的直线距离大约是 2160 千米，而黄河的实际长度却是 5464 千米，是直线距离的 2.5 倍以上。但是，不管遇到什么样的艰难险阻，黄河总是以她顽强的毅力，劈开重重山岭，冲破种种障碍，以摧枯拉朽之势向东涌流，浩浩荡荡地奔向大海。从古代起，黄河的这种坚忍不拔、奋勇拼搏的精神就极其有力地鼓舞和激励着她所哺育的中华儿女，并融入到他们的血脉之中，从而成为中华民族精神的象征。

黄河的干流从河源区流出后直到入海的河口，依据区域地质环境、河谷地貌特征、水资源条件、流域社会状况、治理开发要求等各种因素，分为上、中、下游三大段。从青海巴颜喀拉山北麓的源头开始到内蒙古自治区托克托县的河口镇是黄河的上游，干流河道长 3472 千米，流域面积 42.8 万平方千米；从河口镇到河南郑州的桃花峪是黄河的中游，干流河道长 1206 千米，流域面积 42.8 万平方千米；桃花峪以下是黄河的下游，干流河道长 786 千米，流域面积 2.3 万平方千米。黄河还拥有众多的支流，其中流域面积大于 1000 平方千米的一级支流有 76 条，43 条汇入上游干流，30 条汇入中游干流，只有 3 条汇入下游干流。

黄河上游是全河最长的河段，也是汇注支流最多的河段，成为黄河水量的主要来源区。黄河的水量有 61% 来自兰州以上地区，这一河段的支流以湟水最为著名。

湟水（费金成 摄）

湟水发源于青海湖东北海晏县大坂山南坡，向东南流经西宁市，沿途汇合大通河等支流，在甘肃永靖县上车村注入黄河，全长374千米，流域面积32863平方千米。湟水的河谷地带覆盖着一层深厚而肥沃的黄土，又因地处青藏高原的边缘，降水量较多，加上有河水可供灌溉，具有发展农业生产的良好条件，成为古代黄河流域农耕民族活动的最西部地区。

湟水源头的大坂山附近，土地平坦，土壤肥沃，是个宜农宜牧的地方，有金滩、银滩之称。青海湖东南的日月山古称赤岭，它把外流区的湟水流域与内流区分开，山以西是一片开阔坦荡的草原，自古是游牧民族的天然牧场；山以东适于农业生产，历史上很长时间是农耕民族的定居地。今天的日月山是青海农牧区的分界线。在古代，日月山是羌中道、唐蕃古道的必经之地，内地与西域交往的丝绸之路

日月山（彭山 摄）

在河西走廊受阻之后，绕道青海的又一条丝绸之路也经过这里。唐代，这里成为唐与吐蕃的分界，双方常在此地开展茶马互市。文成公主远嫁松赞干布，就是通过这里西行的。据说，她在贞观十五年（公元641年）离开长安时，唐太宗叫工匠用黄金铸造了两面能照见中原河山的日月宝镜送给她。文成公主来到此地，在山上往西一望，见到一片莽莽苍苍的雪山草原、帐篷牛羊，勾起思乡之念，拿出日月宝镜一照，现出长安城里的繁华街景、八百里秦川的烂漫春光，不觉恋恋不舍，潸然泪下。她马上想起自己肩负着促进汉藏和好的重任，便将日月宝镜扔到地上，毅然踏上吐蕃的地界。只听"咣当"一声，两面宝镜落地之时，那里竟隆起两座高高的山岭。后人为了纪念文成公主，就称之为日月山。又传说，当文成公主跨入吐蕃地界时，不觉失声痛哭，点点泪滴霎时化成一条河流，自东向西流淌，引领她向西行进，于是便有了这条倒淌河。还有人说，这条河原本就有，只是不向西淌，而是往东流的。文成公主当年走到这里，仰天长叹："天下河水尽向东，唯我一人却向西。"话音刚落，河水突然转而向西流淌。公主大为惊讶，意识到自己肩负的重任，便义无反顾地向西行进。从此，人们就称这条河为倒淌河了。

湟水流域特殊的地理位置使之成为众多民族交会融合的地区。历史上，羌、月氏、吐蕃、吐谷浑、蒙古等族都曾向这里迁移。现今，这里的居民除汉族外，还有藏、回、土、东乡、撒拉、蒙古等诸多民族。各族不同的民族文化包括汉文化、藏传佛教文化、伊斯兰文化，都在这里交叉并存、互相渗透、彼此融合，形成多元文化的格局。湟中县鲁沙尔镇的塔尔寺是一座负有盛名的藏传佛教寺院，始建于明嘉靖三十九年（公元1560年），是藏传佛教格鲁派（黄教）的六大

西宁东关塔尔寺（孙旭东 摄）

西宁东关清真大寺（赵子平 摄）

寺院之一。因该地为格鲁派创始人宗喀巴的出生地,原先建有纪念宗喀巴的宝塔,故而得名。整个寺院的主体建筑是大经堂和大金瓦寺。大经堂呈藏式双层平顶式,屋顶装饰着金轮、金幢。殿内深13间、广13间,可供3000名僧人打坐诵经。大经堂后边是金碧辉煌的大金瓦寺。寺高19米,是藏汉合璧的宫殿式建筑。底层墙面用碧绿的琉璃砖砌成,近似藏民的碉堡墙,上面两层为藏式或汉式的建筑,屋顶皆覆以金瓦,在阳光的照耀下金光四射、灿烂夺目。殿中耸立着一座2丈多高的宝塔,供奉着宗喀巴像。西宁东关的清真大寺是中国西北著名的四大清真寺之一,初建于明洪武年间,因地处西宁东关大街的中心而得名。整个大寺采用汉式四合院布局,院落循序渐进,建筑物重重叠落而又井然有序,突出主要建筑的高大雄伟的气势。主体大殿外形为汉式的殿宇结构,大殿四壁青砖到顶,殿顶呈凤凰单展翅式,脊顶中央竖立三个金碧辉煌的镀金鼎。大殿内部雕梁画栋,熔阿拉伯、波斯和中国古典图案纹饰于一炉,可容3000余人在此进行礼拜。大殿坐西朝东,"圣龛"(即米哈拉布)朝向圣地麦加。这种建筑风格成了全世界伊斯兰建筑的独有特色,而与其他地区的礼拜寺建筑区别开来。

黄河中游的支流数量虽不及上游,但在中华民族的发展史上却具有重大的意义。其中的无定河、渭河、汾河与伊洛河都对中华民族历史的发展产生过深刻的影响。

无定河是黄河中游较小的一条支流。它的上源叫红柳河,又名萨拉乌苏河,源出于陕北白于山的北侧,向北绕过内蒙古自治区南端,穿过毛乌素沙地,向东折回陕西境内,汇合榆林河后,转向东南经绥德县,到清涧县河口注入黄河,干流全长491千米,流域面积3026平方千米。这里是陕北黄土高原与内蒙古鄂尔多斯高原的接邻处，古代的自然条件比较优越，适宜人类居住。在旧石器时代，这里就有了人类活动的遗迹。著名的萨拉乌苏人（即河套人）化石就是在这里发现的，它在中国古人类发展史上具有重要的地位。直到十六国之时，那里仍然"临广泽而带清流"，是一片水草肥美的草原。东晋末年，匈奴赫连勃勃称天王，建国大夏，曾征发各族10万人，在此修建都城，定名为统万城。此后很长的时间里，统万城一直是北方的重镇之一。

渭河是黄河支流中水量最为充沛的河流，每年输入黄河的水量占到黄河总水量的17.3%。干流全长818千米，流域面积134766平方千米，发源于甘肃渭源县西南10多千米处的鸟鼠山（又名鸟鼠同穴山），流经甘肃的天水盆地与陕西的关中平原，在潼关注入黄河。天水盆地与关中平原之间隔着险峻的高山，渭河从中间穿过，形成一条峡谷。峡谷之间经常发生山崩和滑坡，人马难以通行。古人从

无定河（彭山 摄）

关中平原前往天水盆地、河西走廊直至西域，大多经过其北面的陇山或经平凉地区的六盘山绕道而行。所以，陇山成为古代兵家的必争之地。

关中平原又名渭河平原或关中盆地，也是由黄河的泥沙沉积而成的一块冲积平原，西起宝鸡，东至黄河，南依秦岭，北界陕北高原。这一西狭东宽的长条形平原长约 360 千米。因其为战国末年秦国的故地，称为"秦川"；又因地处函谷关、散关、武关、萧关等众关之中，也称"关中"。

关中平原南面的秦岭山脉雄伟高峻、景色优美，古称南山或终南山。秦岭的最高峰太白山海拔 3767 米，自下而上垂直分布着暖温带侧柏林带、温带栓皮栎林带、寒温带锐齿栎林亚带、辽东栎林亚带、桦木林亚带、亚温带落叶松林带、寒带灌木丛草甸带等多种自然景观，山林中生活着金丝猴、大熊猫等珍稀动物。秦岭山脉的另一山峰华山是中国五岳之一的西岳，位于秦岭主脊之北，在华阴县南。华山山势陡峭，群峰竞立，《山海经》说"远而望之，又若华状"，故称华山。华山海拔 2100 米，东峰（朝阳）、南峰（落雁）、西峰（莲花）三个主峰直插苍穹，中峰（玉女）、北峰（五云）环侍拱卫。五大山峰中，只有沿崖壁之上一条极为狭窄的陡峻小径可以登上北峰，称为"自古华山一条路"。人们历尽艰险登上峰顶，放眼四周景物，真是美不胜收。韩愈诗说："太华峰头玉并莲，花开十丈藕如船。"李白诗云："西岳峥嵘何壮哉，黄河如丝天际来。"相传北宋道士陈抟与宋太祖曾在华山的东峰下棋，东峰上的"下棋亭"据说就是他们的对弈之处。陈抟获胜，从皇帝手里为道教赢得了华山。因此，华山长期成为道教的一处圣地，留下了仰天池、炼丹炉、莲花洞、紫气台等许多道教胜迹。

渭河的两侧排列着两级阶地，阶地上散布着许多第四纪时因风力积尘形成的黄土台原，著名的有北岸的周原、洛川原、董志原，南岸的白鹿原、少陵原、乐游原等。周原在岐山之下，周人曾在这里定居，从事农业生产，后势力壮大，再东移至西安附近的丰京和镐京。董志原位于渭河支流泾河上游的平凉地区，古代曾是一个面积很大的原，有"八百里秦川不如董志一原"的说法。不过，后来几经流水的侵蚀，董志原和周原均已被沟壑切割成若干块，变得支离破碎了。白鹿原位于渭河支流灞河与浐河之间，据说周平王东迁时曾见有白鹿在此觅食，故而得名。汉文帝的灞陵就建在白鹿原上，故又称"灞陵原"。它地势高亢，可居高临下地控制灞河，历来为兵家必争之地。当代著名作家陈忠实著有长篇小说《白鹿原》，更使它声名远播。少陵原位于渭河支流浐河与潏河之间，本名鸿固原，因为汉宣帝的杜陵与其许皇后的陵墓均在此地，因而称杜陵原或少陵原。出生在河南巩县的唐代大诗人杜甫的先祖京兆杜氏原是聚居此地的望族，他后来在长安做官，为了表示不忘本，也在这里置了一些薄产，并自称"少陵叟"或"杜陵野老"。少陵原风景秀美，"恍入江南水村图画中"，古来多有迁客骚人登临游览，流连忘返。五丈原南靠秦岭，北临渭河，是一处著名的古战场，最狭窄处只有五丈的距离，故而得名。原东南的斜峪关是由汉中进入关中斜谷的北口。三国时，诸葛亮统率10万蜀军伐魏，扎营于此，与司马懿率领的魏军相对峙。司马懿坚守不出，诸葛亮用尽一切计谋，仍无法诱使司马懿出战。双方对峙100余天，诸葛亮最终病逝于五丈原，演出了一场"出师未捷身先死，长使英雄泪满襟"的悲剧。元初在五丈原上建造了一座武侯祠，祠内有抗金英雄岳飞手书的前后《出师表》，有明太祖朱元璋题写的"纯正不曲，书如其人"的题词碑刻。

渭河拥有众多的支流，北侧有葫芦河、千河（古称湃水）、漆水河、泾河、石川河、洛河等。其中，泾河流经广大的黄土区，挟带大量泥沙，与泥沙含量相对较少的渭河汇合后，形成浊清分明的两股水流，奔流相当一段距离仍互不相融。《诗经·谷风》描写这种景色说："泾以渭浊，湜湜其沚。"杜甫的《秋雨叹》曰："浊泾清渭河当分。"渭河南侧有田峪河、涝河、浐河、滈河、沣河、沪河、灞河等支流。这些支流均发源于植被较好的秦岭山脉，泥沙较少，短而湍急。渭河及其支流泾、灞、泸、沣、滈、潏、涝诸河皆绕长安而过，形成"八水绕长安"的格局，对长安的兴起和发展具有重要的意义。

渭河及其支流长期的冲积泛滥，从黄土高原刮过来的西北风又源源不断地送来尘土，给渭河两岸的阶地和台原盖上了一层厚厚的黄土和次生黄土。因此，这里成为古人类的重要活动场所，是中华民族的发祥地之一，留下了大量的文物古迹。

陕西蓝田县的泄湖镇曾出土过中国年代比较久远的蓝田猿人头盖骨。西安市东郊浐河东岸发现的半坡遗址是中华文明形成史上的一个重要里程碑。而与传说中的华夏始祖炎、黄二帝有关的文物遗迹更显示出关中地区在中华文明发展史上的重要地位。炎帝是传说中华夏的一位先祖。古史的记载说他生于常羊（今陕西宝鸡市郊神农乡常羊山），成长于姜水，故而姓姜。姜水为渭河支流岐水下游的一段，现在叫清姜河，源出于陕西的岐山，从南向北流进宝鸡市区，汇入渭河。为了纪念炎帝的历史功绩，后人在宝鸡市南5千米处的濛峪建有神农祠，在市南20千米处的天台山建有传说中停放炎帝灵骨的"骨台寝殿"等。这些古建筑今已大多毁损，20世纪90年代初，在宝鸡市又重建了炎帝祠和炎帝陵。黄帝是华夏民族的又一先祖。传说，黄帝带领他的部落与西部的炎帝部落联合，共同打败东方的蚩尤部落，炎黄部落联盟逐渐发展壮大，成为华夏民族的雏形。黄帝死后，相传就葬在关中平原北部渭河的支流洛河的岸边，后来经过历代的修缮扩建，形成一个面积约4平方千米的庞大建筑群，这就是位于陕西黄陵县城北桥山顶的黄帝陵。远远望去，参天的松柏青翠玲珑、郁郁葱葱，黄帝的衣冠冢即耸立其中。炎帝陵和黄帝陵每年都吸引着海内外无数的炎黄子孙前来拜谒祭祀、寻根问祖。

进入文明时代之后，关中平原是周、秦、汉、唐等朝代的政治、经济、文化的中心区域。周灭商后，沣水河畔的丰京和镐京（均在今陕西西安市长安区）便成为号令全国的都城。秦朝建都咸阳，秦始皇在位时即在这里发号施令，首次创建中国统一的多民族国家。他不仅仿效六国的宫室，在咸阳营建新宫，还"营作朝宫渭南上林苑中"，谓之阿房宫。阿房宫虽然在秦始皇生前未能建成，但始皇陵从葬的兵马俑坑至今犹令世人惊叹不已，被赞为"世界第八大奇迹"。秦始皇陵及兵马俑坑今已被列入《世界文化遗产名录》。尔后，西汉、新莽、前赵、前秦、后秦、西魏、北周、隋、唐先后在长安建都，雄踞1000余年之久。经过历代王朝的营建，长安宫阙高耸，街市井然，成为闻名海内外的世界大都会。如今，汉城、唐城、未央宫、长乐宫、大明宫遗址，大雁塔、钟楼、骊山华清池、法门寺以及长安附近的汉唐帝王陵和名人墓仍然牵动着人们的思绪，让人们领略到汉唐的鼎盛辉煌。

关中平原的东口潼关位于黄河大拐弯处的南岸，雄踞陕、晋、豫

一个伟大生命的诞生

三省交界的要冲之地，向有"鸡鸣三省"之称。它西接华山，南依秦岭，北傍黄河，中间只有一条狭窄的羊肠小道，容一车一马通过，进可窥视中原，退可设防坚守。东汉建武年间在此修建了潼关，"关门扼九州"，成为拱卫关中最为险要的东部关隘，历来是兵家必争之地。三国时，曹操曾在此地智破马超；北朝时，西魏的宇文泰曾在此击败东魏军队。唐代安史之乱爆发后，封常清与高仙芝率领唐军撤至潼关，凭借天险坚守半年，令安禄山一筹莫展。若不是唐玄宗强令哥舒翰主动出关与叛军交战，安禄山的叛军根本无法入关攻占长安。

渭河流域地处中国东部地区和西北干旱半干旱地区的中间地带，在古代中国东部与西北地区乃至西域文化交流中有着特殊的作用。汉代的张骞就是从长安出发西行，开辟了横贯中西的丝绸之路。唐代的玄奘也是从长安起步，沿着丝绸之路赴西天取经的；西域的许多大德高僧同样是通过丝绸之路来到长安，再奔赴中国各地弘法。频繁的东西方文化交流在渭河流域留下了许多文物古迹，如甘肃天水盆地的武山拉梢寺、甘谷大象山、天水麦积山等石窟。麦积山石窟是其中最大的一处石窟，始建于西秦，经历代不断开凿修建，洞窟连山，联珠叠翠，蔚为壮观。后经风雨侵蚀和地震破坏，现存洞窟194个，有泥塑和石胎泥塑佛像7200余身，壁画1300多平方米，被誉为"东方泥塑之宫"。

汾河是黄河中游的第二大支流，干流全长694千米，流域面积39471平方千米。它源出山西宁武县的管涔山脉，河流两侧夹峙着太行山脉与吕梁山脉，因此缺乏较大的支流，年径流量只占黄河年径流量的3.5%，在黄河诸支流中仅居第七位。夹在两条山脉之间的汾河谷地由太原盆地、晋中盆地、临汾盆地、侯马盆地等串联而成。

每个盆地面积都不很大，但都较为宽广平坦，土层也较深厚。汾河谷地的南面在山西的西南角，有黄河的另一条较小的支流涑水，穿过运城盆地，在万荣县庙前村注入黄河。涑水的南侧则是中条山。太行山、吕梁山和中条山把汾河流域与涑水流域包围起来，使之形成一个单独的地域单元，称为汾涑流域。

古代的太行山、吕梁山和中条山植被覆盖较好，气候条件比较优越，山前地带川土宽平，有众多的溪流和清泉，加上运城盆地著名的盐池——解池盛产食盐，为古代人类的活动提供了良好的生存条件。从远古时代起，中华民族的祖先就在汾涑流域繁衍生息，创造原始的文化。中国北方黄河流域重要的旧石器时代遗址丁村人遗址即位于晋西南汾河下游襄汾县的河边高台地上。此后，新石器时代各个时期的文化遗存在汾涑流域都有相当数量的发现，形成文化发展的序列。

炎、黄二帝之后，传说中的尧、舜、禹三帝都以汾涑流域为活动中心，汾涑流域因此出现了许多同他们的传说密切相关的名胜古迹。据《帝王世纪》载，"尧都平阳"。古时的平阳在今山西临汾市。早在北魏，这里就有纪念尧帝的尧庙。唐显庆三年（公元658年），又在平阳城南8里修建了规模宏大的尧庙。史载，舜帝曾在历山耕作，在雷泽捕鱼，在河滨陶城制陶，后在蒲坂建立都邑。历山是中条山的别称，雷泽在今芮城县北，陶城在今永济市蒲坂北，蒲坂即今永济市蒲州镇北，皆在汾涑流域。至今，晋南地区还流传着许多有关舜帝的传说，在山西运城市安邑镇鸣条岗还可以见到古人所建的舜帝陵、舜帝庙。

值得注意的是汾河下游的稷山县及其附近纪念后稷的几座庙宇。

后稷是传说中的尧、舜、禹的大臣，主管农业生产，以官名行世。据说，他曾在今稷山县境内的稷山教民稼穑，后世祀以为稷神，故稷山又叫稷神山。稷是中国古代的主要粮食作物，被称为"百谷之长"。后稷教民稼穑的传说不一定可靠，但稷神山和众多纪念后稷的古迹遗存都表明汾涑流域很可能是中国古代农业的发源地之一。

汾涑流域后来在中国历史的发展中长期扮演着重要的角色，留下了许多著名的名胜古迹。位于太原市西南 25 千米的悬瓮山下的晋祠是纪念晋国开国之君叔虞的祠庙。晋国在西周初年受周天子之封，着力藩屏周室，春秋时期又变法图强，尊王攘夷，长期称霸中原。为了纪念叔虞的历史功绩，北魏前期开始在悬瓮山下的晋水发源处建造晋祠，后经历代不断增筑修缮，形成了规模庞大的建筑群，殿阁巍峨。为纪念叔虞的母亲邑姜而建的圣母殿始建于北宋天圣年间（公元 1023—1032 年），是晋祠的主殿，整个大殿无一明柱，由山墙内的暗柱和廊柱支撑着屋顶。殿内塑有秀丽多彩的 43 尊侍女塑像，展现了宋代雕塑的高超艺术。

在汾河注入黄河之处，今万荣县城西南 40 千米的黄河东岸有一座西汉修建的后土祠。后土圣母娘娘是传说中炎黄的祖先、地皇女娲氏。大约在元鼎四年（公元前 113 年），汉武帝行幸河东祭祀后土，在舟中和群臣宴饮时曾赋《秋风辞》一首："秋风起兮白云飞，草木黄落兮雁南归。兰有秀兮菊有芳，怀佳人兮不能忘。泛楼船兮济汾河，横中流兮扬素波。萧鼓鸣兮发棹歌，欢乐极兮哀情多。少壮几时兮奈老何！"

后土祠后面，原来建有一高耸的阁楼，因此辞而命名为"秋风楼"。秋风楼后来被毁，清光绪元年（公元 1875 年）复建，高 32.6 米，共

3层。游人登上楼顶，凭栏远眺，汾河和黄河的壮观景色尽收眼底。

涑水注入黄河之处是古代的晋西南重镇蒲州城（在今山西永济市境内），北周曾建有一座三层的塔形楼阁，因楼上常栖鹳鹊而名为鹳鹊楼。登楼远眺，西面的黄河似一条白练飘荡在天地之间，东面的中条山云蒸霞蔚。唐宋时代的文人骚客常在此会友赏景，凭吊抒怀。唐代诗人王之涣曾在此写下《登鹳鹊楼》一诗："白日依山尽，黄河入海流。欲穷千里目，更上一层楼。"

鹳鹊楼在元初毁于战火，蒲州城后来也因黄河泛滥而被冲毁殆尽，令人望河而兴叹。近年来，为了满足人们对鹳鹊楼的悠悠思念，永济市在蒲州古城的黄河之滨复建鹳鹊楼。现今，人们又可以重睹鹳鹊楼昔日的风采，登临观赏"白日依山尽"的壮丽景观。

此外，净土宗名刹交城玄中寺、以众多古代彩塑闻名的平遥双林寺、藏有珍贵历史文物《赵城金藏》的洪洞广胜寺、吸引许多海外华人前来寻根的洪洞大槐树、被誉为武庙之祖的运城解州关帝庙以及元代的建筑精品芮城永乐宫等，无不让人领略到汾涑流域在中华民族历史文化发展史中所占有的重要地位。建有双林寺的平遥古城已被列入《世界文化遗产名录》。

伊洛河是黄河中游较小的一条支流，但其流域也在中华民族历史文化的发展史上起着重大的作用。伊洛河的主干流洛河发源于陕西华山南麓蓝田县灞源乡，向东南流入河南省，在卢氏县折向东北，在偃师市杨村附近接纳伊河后称伊洛河，到巩义市洛口以北注入黄河，全长477千米，流域面积18881平方千米。洛河沿途接纳伊河、涧水和瀍水等支流，其中以源出滦川县伏牛山北麓的伊河较大，全长240千米。伊洛河中段穿过洛阳盆地。盆地北面有邙山，东面有五岳之一的中岳嵩山，南面和西南面有外方山、熊耳山和崤山，群山环绕。这里土质肥沃，物产丰饶，也是中华民族的发祥地之一。考古工作者曾在豫西卢氏县锄沟峪发现过距今约10万年的包括4块头骨残片和2枚牙齿的古人类化石，在洛阳西北渑池县仰韶村发现过新石器时代的文化遗址。

伊洛河流域是夏族的活动中心，史称"有夏之居"。传说，舜帝的继承人禹当年在治水时，曾从熊耳山开始疏导洛河，使之流向东北，与涧水、瀍水汇合，再向东与伊水汇合，向东注入黄河。伊水通过洛阳市南的伊阙时受到两侧夹峙的香山、龙门山（又称伊阙山）的阻挡，宣泄不畅，常泛滥成灾。禹凿开山口，伊水才得以畅通无阻地向下宣泄。伊阙又称龙门，据传就是禹凿龙门的地方。禹在公元前2070年建立中国第一个奴隶制国家——夏朝，标志着中华民族开始跨入文明社会的门槛。在洛阳东面偃师二里头夏文化遗址，经过考古学者多年的发掘和研究，证实那里曾存在一个以高耸的宫殿为中心的封闭而成组的威严建筑群，是夏朝早期的都城遗址。

偃师二里头夏宫遗址（陈红宇 摄）

龙门石窟（陈红宇 摄）

洛阳关林（陈红宇 摄）

一个伟大生命的诞生

伊洛河流域的洛阳地处中州腹地，历史上有"十省通衢"之誉。从夏朝开始直到北宋的3000余年，历代王朝在此建都（包括陪都）总计达2000年以上。这在中国七大古都中是首屈一指的。洛阳市南的龙门石窟是中国佛教艺术的精品，与敦煌莫高窟、大同云冈石窟并称中国的三大佛教艺术宝库。它始凿于北魏，历北朝、隋唐直至北宋，今存窟龛2100多个、佛像1万余身、佛塔40余座。造像艺术呈世俗化趋势，特别是奉先寺窟那尊高达17.14米的卢舍那佛像，面容丰满秀丽，两目宁静慈祥，姿势端庄肃穆，衣纹简洁流畅，更有"东方维纳斯"之称。如今，龙门石窟已被列入《世界文化遗产名录》。洛阳南郊的关林则是三国时期蜀汉名将关羽首级的埋葬地，始建于唐，现存建筑为明清时重修，有正殿、二殿、三殿、戏楼及坟冢等。

说到伊洛河流域，不能不提到少林寺。少林寺坐落在河南登封县嵩山西侧的少室山阴，是北魏孝文帝太和十九年（公元495年）为安顿印度高僧佛陀而敕建的住锡地。稍后，南印度高僧菩提达摩也来到此寺，首传佛教禅学，此寺遂被尊称为禅宗的"祖庭"。少林寺后经历代扩建，最盛时的殿宇房舍多达5000余间，僧人达1800余人。萌生于安阳的一种用于健身的拳术后来传到少林寺，逐渐发展为少林拳术，今已闻名天下。

在河南巩义市东北不远处的武陟县又有一条支流沁河。沁河发源于山西沁源县霍山南麓，向南流入河南，在武陟县南贾村注入黄河，干流全长485千米，流域面积13532平方千米。在沁水西面、中条山之东，即今河南北部济源市，有一座王屋山，曾流传着愚公移山的故事。传说在古代有一位名叫北山愚公的老人，他家的南面被太行山、王屋山挡住出路，他决心率领儿子们用锄头挖掉这两座大山。有个

嵩山少林寺塔林（陈红宇 摄）

名叫智叟的老头嘲笑他愚蠢，说他们父子数人根本挖不掉两座大山。愚公回答说，他的子子孙孙是没有穷尽的，而山却挖一点就少一点，为什么挖不平呢？愚公和儿子们每天挖山不止，感动了上帝。上帝于是派两个神仙下凡，把两座山背走了。愚公这种不畏艰难、不怕牺牲的顽强拼搏精神成了中华民族精神的象征。道教兴起后，许多著名的道家、道士，如魏华存、葛洪等，都曾入王屋山修炼。唐代道教茅山宗第四代宗师司马承祯被唐玄宗尊为全国道教首座，在王屋山自选形胜，创建宫观。后来，玉真公主拜司马承祯为师，入王屋山修道。司马承祯著《上清天宫地府经》，首次提出洞天福地说，王屋山被他定为第一洞天。在唐代三百年间，王屋山的著名道士都曾受过皇帝的封赐，王屋山相继建起了紫微宫等一批规模宏大的宫观，成为全国道教的活动中心。许多著名诗人，如李白、杜甫、韩愈、

一个伟大生命的诞生

白居易等，都曾到此访道吟诗，李商隐还两次到此学道隐居。在金代，王屋山则是全真道的发迹兴起之地。这里至今犹存留许多道教宫观与碑文古迹。

黄河下游的三条较大的支流中，山东省中部的大汶河算是较大的一条。它源出沂源县松崮山南麓，向西南流到泰安大汶口与柴汶河（即小汶河）汇合。下游分成两支，北支注入东平湖后流入黄河，长约200千米；南支原来流入大运河，1960年筑坝后被堵塞。大汶河是一条相对较小的河流，干流河长仅239千米，流域面积也不很大，只有9098平方千米。但它流经的大汶口土质肥美，加上有河水的滋润，为古人类的生存提供了优越的环境。著名的新石器时代大汶口遗址就是在这里发现的。大汶口流域的北缘矗立着"五岳之尊"的泰山，其主峰天柱峰海拔1545米，在峰顶观日出云海为千古一大奇观。从秦始皇到清高宗，先后有12位皇帝来到这里祭告天地，历代名家也几乎都到过这里，历史遗迹极为丰富，现已被列入《世界文化遗产名录》。以大汶河为中心的鲁西地区还是儒家文化的发源地。儒家学派的创始人孔子就诞生在距大汶河不远的泗水之滨曲阜。距离曲阜不远的邹县是仅次于孔子的大思想家孟子的故乡。此外，京杭大运河开通后，大汶河还为大运河的济州河段提供了水源。小小的大汶河为中华民族历史文化的发展作出了不可磨灭的贡献。

黄河因沿途接纳百川、汇聚千流，才得以从源头的涓涓细流变成一条年径流量达到580亿立方米的滚滚洪流，奔腾入海。黄河也因其宽广的胸怀、兼容并蓄的气度，沿途接纳在各支流两岸涌现的众多民族文化，汲取域外传入的各种优秀的文化成果，汇于一炉，才得以熔铸出博大精深、辉煌灿烂的中华文化。

黄河全线贯通后，用她滔滔不绝的河水浇灌着中国北方的大片沃土。辽阔的黄河流域成为孕育我们中华民族原始文化与历史文明的摇篮。

黄河流经的大部分地区处在暖温带，不仅一年有四季，而且变化非常明显。黄河流域的冬季最冷月即每年的1月，现在的平均气温在0℃～-16℃。-16℃的等温线沿着内蒙古大青山一线延伸，0℃的等温线沿着黄河流域南部的秦岭、淮河一线延伸。0℃的等温线以南属于亚热带，以北属于暖温带。暖温带的土地可以种植冬小麦，也适宜苹果、桃、梨的生长。古代的气候比现在温暖，当时亚热带的北界在秦岭、淮河一线以北，黄河流域的很大一部分地区处在亚热带，气候条件比现在优越。黄河流域的夏季最热月即每年的7月，现在的平均气温在18℃~20℃，北部的大青山地区在18℃左右，南部的淮河流域在20℃左右。黄河流域大部分地区处在这种暖温带气候，适于作物的生长。黄河流域的年平均降水量在 400~600 毫米。淮河以北地区年降水量可达 1000 毫米，400 毫米的等雨线则大致沿兰州、榆林、呼和浩特、张家口、锡林浩特一线延伸。年降水量在 400 毫米以下的只能维持草本植物的生长，400 毫米以上的则可维持农作物的生长。黄河流域的年降水量又主要集中在夏秋两季，这两个季节正是全年当中气温最高、光照最强、作物生长最旺盛的时期，多雨与热季的结合对作物的生长最为有利。加上黄河上中游黄土高原的土壤是以黄土为母体发育而成的，质地疏松，也较肥沃，特别是古代植被未遭破坏，含有较多的腐殖质，腐殖层较厚，有的呈现黑色，被称为"垆土"或"黑垆土"。黄河下游冲积平原的土壤基本上是由黄土高原被侵蚀冲刷下来的黄土沉积而成，也比较疏松肥沃。黄河流域这些得天独厚的自然条件为我们的祖先提供了优越的生存环境。

黄河流域的自然条件十分优越，然而就黄河流域的各个地区来说，情况却是千差万别的。远古人类的生产工具极其简陋，生产力水平极为低下，他们只能选择同他们的生产力水平相适应的地方居住、活动。黄河干流有的地段从高山峡谷中穿过，那里峭壁林立、崖陡谷深、水流湍急，既不便于人们提取用水和交通往来，也不便于开展生产活动；有的地段从开阔的平原上流过，那里又常常发生洪水泛滥，河流改道使人类的生命遭到严重的威胁，人们避之唯恐不及。而黄河许多支流的两侧往往有较大面积的冲积平原和较为宽广的台地。这些平原和台地多沿山麓分布，依山傍水，既便于人们进行生产活动，洪水到来时也可以跑上台地或登上附近的山岭去躲避，往往就成为远古人类首选的居住地。因此，从青海的湟水河两岸到山东的大汶河流域，黄河的众多支流两侧便分布着数以万计的古人类活动遗址。

根据考古学家和古人类学家的研究，远古人类出现在二三百万年以前，约相当于地质年代的第四纪（包括更新世和全新世两个时期），先后经历直立人、早期智人和晚期智人三个阶段的发展进化过程，才最终形成现代人的体质特征。人类发展进化的这三个阶段分别称为猿人阶段、古人阶段、新人阶段，它们同考古学上旧石器时代文化的早期、中期、晚期相对应。迄今为止，黄河流域发现的旧石器时代早期文化遗址，年代最早的当属山西芮城县境内的西侯度文化，距今已有180万年。创造西侯度文化的西侯度人是我们目前已知的黄河母亲所哺育的第一代儿女，也是我国境内已知的最早的人类。

关于人类的起源，中国的古籍记载着古人许多神奇有趣的传说。盘古开天辟地和女娲抟土造人、炼石补天就是流传极广的故事。许多地方为此还兴建了纪念女娲的建筑物，如河北涉县凤凰山有娲皇宫，河南西华县有女娲城、女娲坟，山西洪洞县赵城镇有女娲陵、女娲庙，陕西临潼骊山有女娲祠，甘肃天水秦安传说是女娲的出生地，建有女娲庙。骊山的女娲祠始建于唐，历代屡加修葺，香火不断。每年农历六月，当地百姓都要在这里举行庙会，祭祀女娲。每年的正月二十日还要过女皇节，又称女娲生日、女娲补天节。过节时，家家要做"补天饼"，抛到屋顶，象征补天，抛到地下、井里，象征补地。直到今天，临潼还有"补天饼""女娲包子"等小吃，洋溢着追怀女娲的无尽幽思。

神话故事毕竟不是真实的。确凿无疑的事实是，人类是由类人猿进化来的，而类人猿又是由曙猿进化来的。曙猿是生活在距今约4500万年以前的灵长类动物，主要活动在热带或亚热带地区的温暖湿润的林地里。继 1994 年在江苏溧阳市发现"中华曙猿"化石后，1995 年古人类学家又在山西垣曲县黄河北岸寨里村发现众多的"世纪曙猿"化石。从溧阳和垣曲发掘的化石看，当时的曙猿已具有高等灵长类动物的许多特征，是高级灵长类的祖先。

在发现"世纪曙猿"化石的垣曲西边不到 200 千米之地，便是西侯度。西侯度人是由曙猿一步步进化而来的，属于猿人。猿人虽然还保留着许多猿类的体质特征，但他们和猿类已有本质的区别，即他们能够劳动并能制造工具。西侯度遗址中出土了 30 余件石器。这些石器是使用直接打击法，从石材上获取石片，再将石片加工制作成用来刮削木棒和割剥兽皮的刮削器、砍伐树木的砍斫器、挖掘植物块根的三棱大尖状器。西侯度人就是使用这些粗糙的石器和木棒来集体采集植物的根、茎、果实和可供食用的嫩叶，有时也猎取一些野兽。西侯度人已经懂得用火，在遗址中留下了一批用火烧过的颜色特殊的兽骨化石和鹿角、马牙化石。这是世界上用火的最早记录。火的使用使人类开始熟食，不仅扩大了食物来源，而且可增强人的体质，促进人类的进化。火给人类带来光明和温暖，可以照亮居住的洞穴，抵御寒冷，吓退凶禽猛兽的袭击，扩大了人类的活动范围和生存空间。从此，人类的生活便离不开火。正如孟子所说，"民非水火不生活"。

由于火的使用对人类社会的发展具有重大意义，后人便编出燧人氏钻木取火和阏伯盗取天火的神话故事来加以颂扬。据说，上古之时，民少兽多，人们不仅敌不过野兽和虫蛇，而且都生吃瓜果蚌蛤，腥臭难咽，伤害腹胃，时常生病。有个圣人巡游到一个叫燧明国的地方，在一种叫燧的大树下歇息。他受到鸟啄树干、迸发火星的启发，发明钻木取火，教会人们熟食。人们选他做领袖，号燧人氏。

又传说，远古时代，帝喾在商地做部落联盟的首领时派他的儿子阏伯担任"火政"，掌管火种。还有一种传说，说阏伯原是天上的火神，他看到人间没有火，偷偷向人间投放火种，天帝就把他贬到人间为民。他便将火种藏在身上，带到人间。天帝于是发了一场洪水，企图扑灭人间的火种，淹死阏伯。人们吓得四处逃散，阏伯却筑起高台，在上面搭起棚子，独自一人看守火种。洪水退后，人们赶回一看，高台上的火种还在燃烧，阏伯却已饿死在火种之旁了。后来，人们就将这座高台称为"朝台"，也叫"阏伯台"或"火神台"。这座阏伯台就在河南商丘市的西南郊，台上建有敬奉火神的阏伯庙，台西北不远处还建有一座高大的燧人氏陵，用以纪念燧人氏和阏伯的历史功绩。

继西侯度人之后，黄河又用她丰足甜美的乳汁养育了一批儿女。他们主要分布在黄河的中游地区，留下了许多旧石器早期的文化遗存，主要有距今100万年左右的陕西蓝田县灞河东岸王公岭遗址、距今约20~70万年的北京周口店龙骨山北京人遗址、距今约60万年的山西芮城县西侯度南的匼河遗址、距今约50万年的陕西蓝田县灞河西岸陈家窝遗址等。其中，在蓝田王公岭发现了蓝田人化石，在陈家窝发现了陈家窝人化石，在北京周口店发现了北京人化石。蓝田人只发现了一个不完整的中年女性头骨，保留着比较明显的猿类体质特征。北京人不仅留下了完整的头盖骨，还有包括从幼年到老年的不同年龄段的代表人体各个不同部位的一批骨骼。研究表明，北京人的男性身高1.56米，身材比现代人略矮。他们的四肢与躯干基本上同现代人一样，尤其是上肢更接近于现代人，只是腿部和背部稍有弯曲，骨壁也比现代人厚些。但头部及面部特征与现代人存在明显的区别，头盖骨低平，前额后倾，面部较短，吻部突出，眉脊粗壮，缺少下颏，脑容量约1043毫升，比蓝田人要大，比现代人要少1/3。猿人身体发育的不平衡现象是人类从事劳动的必然结果。

迄今为止，在所有旧石器时代早期的文化遗址中，北京周口店遗址发现的人体化石数量最多，以石制品为主的文化遗物也最为丰富，成为一个极为难得的远古人类的文化宝库。如今，周口店北京人遗址已被列入《世界文化遗产名录》。通过在这个遗址发现的人体化石和文物，我们可以大体了解当时的生活状况。北京周口店处于山地与平原交接的丘陵地带，那时候气候温暖，森林茂密，杂草丛生。剑齿虎、豹、狼、熊和野猪在丛林里出没，大象、犀牛和猕猴在山间觅食，成群的肿骨鹿、三门马和羚羊在平原上奔驰，骆驼和鸵鸟在附近的干旱地区活动，水牛、水獭和河狸在河水和沼泽中生活，各种飞禽或盘旋于蓝天之上，或穿梭于密林之中。动物之间经常互相搏斗，或者对北京人发动袭击。在这种险恶的环境里，仅仅依靠个人的力量，使用简单粗糙的石器和木棒，根本无法生存下去。北京人就几十人一起，以血缘关系为纽带组成血缘家族，共同劳动，共同分享劳动果实。由于采集和狩猎的生活很不稳定，食物没有保证，加上猛兽的袭击、瘟疫和疾病的威胁，北京人的生命都很短，大约有一半人未到成年就已夭折了。

进入旧石器时代中期，远古的黄河儿女已走完自己的"童年"即猿人阶段，进入发展中的新阶段即早期智人阶段。考古工作者在黄河流域的许多地方发现了旧石器时代中期的文化遗存，其中以距今18~23万年的陕西大荔县甜水沟遗址、距今10~15万年的山西襄汾县丁村遗址、距今约10万年的山西阳高县许家窑遗址最为著名。大荔人的头顶相当低矮,前额扁平,眉脊粗壮,眉脊上方有一道横脊,这些特征与北京人十分接近。但大荔人的顶骨相对较大,吻部不甚突出,脑膜中动脉分支印痕丰富,脑容量达 1120 毫升,又显得比北京人进步。这些文化遗址都发现了大量的石器和骨器,反映早期智人生产力水平的提高。以石器的制作为例,不仅种类增多,还呈现类型化的趋势,有刮削器、多边砍斫器、尖状器和石球等。

到了旧石器时代晚期,随着生产经验的积累、生产力水平的提高,黄河远古儿女的活动范围大大扩展。东起山东,西到甘肃、青海,北到宁夏、内蒙古,南至河南,整个黄河流域都遍布着他们的足迹,留下了许多文化遗存。其中比较重要的有河南许昌市灵井遗址、宁夏灵武市的水洞沟遗址、内蒙古乌审旗的萨拉乌苏河大沟湾遗址即河套人遗址、山西朔州市峙峪遗址、河南安阳市小南海洞穴遗址、陕西韩城市禹门遗址、甘肃环县刘家岔遗址、北京周口店龙骨山山顶洞人遗址、内蒙古呼和浩特市东郊大窑遗址、山西沁水县下川遗址等。河南许昌发现的许昌人化石距今 8~10 万年,萨拉乌苏河大沟湾遗址发现的河套人化石距今 3.5~5 万年,北京周口店发现的山顶洞人化石距今为 1.8 万年。他们已进入人类进化过程中的最后一个阶段,即晚期智人阶段,属于新人了。他们的体质特征虽然保留着一些原始因素,但与现代人已相当接近。山顶洞人脸形平扁,颧骨明显突出,鼻阔,门齿呈铲形,被认为是原始蒙古人种的代表,当是中国人的远古祖先。

晚期智人在石器的制造中除继续使用直接打击法,还采用间接打击法,出现了用间接打击法制作的器形细小的石器。这种细石器在山西朔州峙峪、河南安阳小南海、陕西韩城禹门、内蒙古萨拉乌苏、山西沁水下川等遗址都有发现。细石器的采用对狩猎和采集经济的发展起了很大的作用。晚期智人还发明了磨制和钻孔技术。宁夏灵武水洞沟出土过用骨片磨成的骨锥，而北京周口店遗址出土的山顶洞人的骨针则是最为精致的一件，它的针身微微弯曲，表面磨得相当光滑，尖锋磨得颇为锐利，尾端有个已残的钻孔。石制的小件装饰品也多采用磨制技术。

弓箭的发明是这个时期的一项突出成就。山西朔州峙峪遗址出土了一件用燧石长石片加工而成的石镞，它尖端周正，肩的两侧变狭，形似铤状，说明当时的人已经掌握了弓箭的制造和使用方法。有了弓箭，狩猎就成为正常的劳动部门之一。弓箭的发明与火的使用对远古的人类来说都是具有重大历史意义的事件。

在众多的旧石器晚期文化遗址中，山顶洞人遗址出土的人类化石和大量的文物为我们了解晚期智人的社会生活提供了丰富的资料。山顶洞人居住在北京周口店龙骨山北京人遗址顶部的洞穴里，洞里有上下两室和一个地窖。当时洞穴周围的自然环境同现在大体相似，人们主要从事渔猎和采集。在遗址中发现了大量野兔和几百个北京斑鹿个体的骨骼，显然是他们猎获食用后留下的东西。在遗址中还发现了一块大鲩鱼的上眼骨，这种鱼身长达到80厘米左右，说明当时已有捕捉大鱼的能力。捕捉和食用鱼类扩大了人类的生产领域和活动范围。从此，人们便可沿着河流和海洋，散布到各处去，而不必固守着原来的那块居住地。

随着生产技术的改进与生产力水平的提高，往日那种不稳定的松散的血缘家族便被氏族公社所取代。氏族制的产生是以族外婚的实行为前提的。由于实行族外婚，夫妻分别在自己的母系一方参加经济活动，这样就逐渐形成了一个以某个老祖母为首的、以血缘关系为纽带的、有着比较牢固的经济生活的社会单位，就出现了氏族。这种以某个女性长者为首的氏族是母权制的氏族。氏族的人口增多了，又分离出新的氏族，由两个或两个以上的近亲氏族组成部落。有时，在氏族与部落之间又组成胞族。这种氏族公社是母系氏族公社。氏族成员集体共同占有生产资料，共同劳动，共同消费，人人平等，民主地生活在一起。他们死后遗留下来的生产工具归氏族集体继承，他们的尸体也埋入氏族的公共墓地。

斗转星移。大约距今 17000 多年前，黄河流域进入地质年代第四纪晚期的全新世。那时候，地球上最后一次冰期结束，气温迅速上升，山川地貌已与现今基本相似，各种动植物也都基本进化成现代的种群。在辽阔的黄土高原和黄河中下游的冲积平原上，到处覆盖着厚厚的植被，草丰林茂，动物种群非常繁盛。这为原始农业的产生创造了条件。距今约 1 万年前，远古的黄河儿女开始从旧石器时代大步跨入以农业生产为主要标志的新石器时代。

我国的新石器时代始于距今约 1 万年以前，迄于距今约 5000 年前后，划分为早期（约 1 万年前至耜耕农业出现之前，耜耕农业出现的年代目前尚难确定）、中期（耜耕农业出现至距今约 7000 年左右的发达的耜耕农业之前）和晚期（即发达的耜耕农业阶段，距今约 7000 年后至距今约 5000 年前）。黄河流域新石器时代早期的文化遗存有北京门头沟东胡林村遗址、河北徐水县南庄头遗址、青海贵南县拉乙亥遗址；中期的文化遗存主要有分布于中原地区的裴李岗文化、冀南和豫北的磁山文化、渭河流域和陕西汉中地区的老官台文化、鲁西地区的后李文化；晚期的文化遗存主要有分布于北京地区的上宅文化，渭河流域、陕西汉中地区、河南大部、晋南、冀南的仰韶文化，陇东山地、陇西平原、宁夏清水河流域、青海贵德盆地和甘肃武威以东的马家窑文化，甘、青境内黄河沿岸及其支流渭河、洮河、大夏河和湟水流域、宁夏南部与内蒙古西部的齐家文化，鲁西地区的北辛文化，山东大部和苏皖的淮北地区的大汶口文化。

新石器时代早期，打制石器仍在使用，但已开始将磨制技术应用到石器的制造上，并逐渐用磨制技术取代打制技术。石器的种类不断扩大，用途也更趋专一。

远古的黄河儿女开始在黄河支流岸边，特别是两河交汇处的高台地定居下来，从事原始的农业生产。考古发现证实，远在距今七八千年前，黄河流域已经普遍种粟，有了比较成熟、初具规模的粟作农业。粟俗称谷子，在古代曾被统称为稷。距今已有7300年左右的河北磁山遗址曾发现364个长方形窖穴，其中88个窖穴的底部都堆积着粟食，有的已腐烂变质，化为绿色的灰土，有的颗粒形状尚完整清晰。这是中国年代最早的粟的实物，也是世界上最早的粟的实物遗存，证明黄河流域是粟的起源中心。此外，磁山文化的河北武安牛洼堡和西万年遗址、裴李岗文化的河南新郑裴李岗和沙窝李、许昌丁庄遗址、老官台文化的渭南北刘遗址、仰韶文化的陕西半坡遗址等都有粟出土，说明粟在这个时期已成为黄河流域一带居民的主要粮食。除了粟，粟的另一个品种黍也在某些地方开始种植。老官台文化的甘肃秦安大地湾遗址、仰韶文化的陕西姜寨遗址、河南新郑大河村遗址等都曾发现过黍的实物遗存。

黄河远古儿女的原始农业在这个时期经历了从刀耕到耜耕农业的发展过程。起初，他们实行刀耕火种，先用石斧砍伐树木，清除荆棘，用火焚烧，用石铲将土地稍加平整，就用尖木棒刨坑播种。秋天庄稼成熟了，便用石刀、石镰收割谷穗。后来发明了耒耜，就进入了耜耕阶段。用耜翻地，不仅提高了翻地的效率，而且可以增加翻地的深度，便于农作物的发芽、生长。此时，人们还实行休耕和施肥，从而使粮食的产量得到明显的提高。随着农耕技术的改进，黄河流域除了种植粟和黍，一些邻近长江流域、气候比较温暖潮湿的地方还从长江流域引进了水稻。仰韶文化的陕西西乡李家村和何家湾遗址就发现过稻作的迹象，陕西华县泉护村与河南新郑大河村遗址也曾发现过稻壳的遗存，裴李岗文化的河南舞阳贾湖遗址更出土了水稻标本。此外，黄河的远古儿女还开始种植白菜、芥菜之类的蔬菜和油菜等油料作物。原始农业的发明与发展使远古的黄河儿女有了比较稳定的生活来源。从此，他们终年在黄土地上辛勤劳作，开垦种植，造屋居住，成了黄土地的真正主人。

在原始农业发明的同时，家畜的驯养也在狩猎经济的基础上出现了。家畜的驯养为人类提供了稳定的肉食来源。每逢新婴儿诞生，或是谷物丰收，或是猎获了大的动物，人们就杀猪宰羊，喜气洋洋地庆贺。

原始手工业的发明也是这个阶段的突出成就。玉器制造业是在石器制造技术的基础上发展起来的。山西朔州峙峪旧石器时代晚期遗址中发现的水晶石刀是中原地区出土的最早的一件玉器。进入新石器时代以后，裴李岗文化遗址中发现了绿松石珠。至仰韶文化时期，西安半坡、临潼姜寨、三门峡庙底沟、郑州大河村等遗址都有精美的玉器出土。

当时的手工业以制陶为主。陶器是人类开始过定居生活以后出现的。进入仰韶文化时期，陶器的制作技术又有了进一步提高，同时还改造了陶窑，提高火候，使烧出的陶器更加坚硬。花纹装饰多种多样，有动植物花纹、人面纹，也有几何形图案。器形类型已变得非常丰富，举凡日常生活所需的炊器、盛水器、饮食器、储物器等皆应有尽有，而且造型极为精巧。

彩陶在仰韶文化时期得到迅速发展，出现了许多制作精美的作品。仰韶文化的彩陶，在黄河流域东部以红色最为流行，花纹比较简单，变化较少；西部则以黑色为主，花纹复杂而繁缛，影响较大，成为黄河流域彩陶的主流。如半坡遗址出土的彩陶，流行以直线、折尺、直边三角组成的直线体几何形图案和以鱼纹为主的象形纹饰，富于变化，生动有趣。最奇妙的当属半坡遗址出土的人面鱼纹彩陶盆，盆底绘有一幅人面像，圆圆的脸盘，细长的眼睛，头上顶着高高的发髻，似在倾听耳旁两条小鱼的窃窃私语，又像在观看前面一条大鱼的游动，令人浮想联翩。

这个时期还出现了纺织业。河南新郑裴李岗和陕西半坡遗址出土了陶纺轮，陕西华县元君庙、河南陕县庙底沟遗址出土的一些陶器的底部也发现过一些编织物的印痕，可见当时人们除穿兽皮、树叶外，也开始穿用麻类纤维织成的粗布衣服。值得注意的是，考古工作者曾在仰韶文化的河北正定南杨庄遗址发现两件陶蚕蛹，在山西芮城西王村遗址发现一件蛹形陶饰，在山西夏县西阴村遗址发现一个被截断的蚕茧，在郑州青台遗址墓葬出土过丝织品残块，在山东大汶口文化的许多遗址发现了骨梭以及八角星纹（模仿有架织机经轴两端"滕花"［或叫"羊角"］的形状）彩陶盆，表明这个时期的黄河中下游已有了养蚕与机织业。

人类的精神生活是建立在物质生活基础上的。远古的黄河儿女在同自然界作斗争的过程中逐步发展自己的思维，具备一定的抽象概括能力，原始的美术、音乐、舞蹈也和宗教观念一起产生了。

早在旧石器时代，远古的黄河儿女即已制作、佩戴用兽牙、海蚌壳、石珠、鱼骨做成的装饰品。到新石器时代，随着生产的发展，人们爱美的心理也发展起来，制作的装饰品更加精美了。在山东大汶口的15座墓葬中发现了33件象牙、骨的雕刻品，其中的一个象牙简雕满了花瓣状的镂空花纹，花瓣大小一致，排列错落有致，组成一幅连续的图案。各地的仰韶文化遗址中出土的陶器不仅造型十分优美，而且图案设计非常巧妙。这些图案，除一些象形图外，多数是由各种线条构成的几何形画面，早期以庄重、古朴的直线为主，至中期发展成柔美、含蓄的弧线，到晚期又演化为流畅多变、活泼奔放的多型的线条组合。这种以线条来营造作品意境的做法对后世中国画的创作产生了深远的影响。

黄河远古儿女的舞蹈早在距今万年的内蒙古阴山岩画中就已有形象的表达。如发现于乌兰察布草原德哈达山顶的一幅性爱舞岩画，刻画一对青年男女对舞的场面，其中的女性舞者头顶粗而长的装饰品，以优美的舞姿愉悦对方，突出的乳房随着舞蹈的节拍似乎在微微颤动。原始的舞蹈是与音乐同时并存的。原始的音乐现已没有踪迹可寻，但考古学者却幸运地发现了原始的乐器骨笛和陶埙，多少弥补了这一缺憾。骨笛是在裴李岗文化的河南舞阳贾湖墓葬中出土的，共 16 支。这是迄今为止中国发现的最古老的乐器，其中保存最完整的一支骨笛长 22.2 厘米，表面磨制光滑，钻有 7 个孔，很像现今常见的竹笛。这支距今已有 8000 年左右历史的骨笛，现在的演奏家还能用它吹出悠扬悦耳的笛声，演奏《小白菜》之类哀怨动人的作品。

母系氏族公社的繁荣阶段也正是黄河流域经济文化的大发展阶段。这时候，黄河诸多支流的岸边散布着许许多多的农耕聚落，呈现出一片繁荣的景象。远远望去，在河岸高高的台地上排列着一群群低矮的半地穴式的房子，有的呈方形，有的呈圆锥形，好像一簇簇雨后从地下冒出来的蘑菇。这些聚落布局都很规整，大、中、小型的房屋按不同层次有序排列，组成一个向心的内聚式的封闭的社会。正是依靠这种内聚式的聚落组织和社会结构，远古的黄河儿女紧密地团结在一起，共同劳动，共同消费，运用集体的力量同大自然展开顽强的斗争，才将黄河流域的经济文化推向大发展的繁荣阶段。

黄河的波涛后浪推前浪，历史的车轮滚滚向前。在新石器时代晚期开始出现了铜器，人类社会于是进入铜石并用时代。铜石并用时代大约是距今 5000 年前后至距今 4000 年左右。在这个时期，远古的黄河儿女由母系氏族公社进入父系氏族公社。

在铜石并用时代，黄河流域的文化遗存有主要分布于北京地区的雪山第二期文化，中原地区的河南龙山文化，山东大部分地区的山东龙山文化，陕西境内的客省庄第二期文化，东起泾河和渭河上游、西至黄河上游龙羊峡、北抵宁夏清水河流域、南达四川汶川县的马家窑文化类型，黄河上游及其支流湟水、洮河、庄浪河流域及永昌以东的河西走廊、渭河上游的天水、武山一带、宁夏南部的半山文化类型和马厂文化类型，东起泾河和渭河上游、西至湟水流域、南抵白龙江流域、北抵内蒙古阿拉善左旗附近的齐家文化。通过各地发掘的大量文化遗存，人们可以明显地看到，在原始社会的末期，黄河远古儿女前进的步伐是大大加快了。

这个时期的农业生产工具已有很大的改进。打制石器已经极少见到，磨制石器广泛流行开来，并且磨制得更加规整、更加精细，达到了石器制造技术的顶峰。不少地方出现了大型磨光石斧、石锛，磨光石耜和石锄也普遍增多。农业生产已成为主要的生产部门。农作物的种植，除了传统的粟、黍以及在与长江流域接壤地区种植的水稻外，还有麦和高粱。考古学者在甘肃民乐县东灰山新石器时代遗址中曾发现5000年前的已炭化的大麦、小麦和高粱籽粒，此时这些农作物的种植当更广泛。大豆等许多粮食作物可能也已在某些地方种植。不少地方还种植麻、桑和一些果树。中国传统的六畜——马、牛、羊、鸡、犬、猪在各地的家畜中大都已经俱全。

黄河流域传统的粟作农业在这时得到大面积的推广。不仅土地肥沃的河谷平原种上了庄稼，就连土地贫瘠的偏远山区也开出了一片片粟地。到远离水源的荒原去定居、垦殖需要解决水的问题。黄河的远古儿女又以他们的聪明才智发明了打井技术。考古工作者已在黄河中游的中原地区发现了十余口龙山时期的水井。它们大都是土井，但也有比较先进的木结构的水井，有的水井还发现有破碎的汲水陶罐。它们除提供饮水和制陶用水外，也可能用于小块田地的灌溉。

手工业技术获得了长足的进步。制陶业是这个阶段发展最为显著的一个部门。彩绘的陶器代表这个时期的最高水平，特别是黄河上游的彩陶更进入繁荣阶段。马家窑文化的青海大通县上孙家寨遗址出土的彩陶盆，器表为橙红色，内外壁和口沿都绘有黑色花纹，内壁环绕盆周绘有三组舞蹈场面，用相同的几何图案隔开。每幅画面都有8个舞蹈者,手拉着手,头朝向同一个方向,做着同一个舞蹈动作,脑后的发辫或装饰物也都朝着同一个方向摆动。舞蹈者脚下画着四条平行线,代表着大地。如果盆中盛水,小小的水盆就仿佛变成了黄河,恰似村民在劳动之余,脚踏着黄土地,面对着滚滚的黄河水,并肩携手,在悠扬的歌声中翩翩起舞,优美的舞姿与水中的倒影互相辉映。在龙山文化的山西襄汾陶寺遗址中,考古工作者还惊喜地发现了一件彩绘蟠龙陶盘。它以红色颜料做底色,再用蓝黑色颜料绘出一条盘旋着身子的蟠龙,这是中原地区最早发现的蟠龙图像。中华民族自称是龙的传人,看来对龙的崇拜已有极其久远的历史。

铜器的铸造是这个时期的一项重大成就。早在仰韶文化的陕西姜寨遗址中,考古工作者就发现过一件黄铜片和一件黄铜管状物,经鉴定,其年代距今已有6 000多年,系铸造而成。至距今约5 000年左右,在黄河流域的许多文化遗存中都有残铜器、残铜片和冶铜用的坩埚残片、铜渣出土。马家窑文化的甘肃东乡林家遗址曾出土一把完整的青铜刀,河南龙山文化的淮阳平粮台遗址发现了炼铜剩下的铜渣,临汝煤山、郑州牛砦等遗址出土过坩埚残片,河北武安赵窑的仰韶文化遗址也发现过坩埚残片和炼铜渣。

农业、手工业的发展使黄河流域的社会面貌发生了巨大的变化。人们定居的聚落不再局限于河流旁边的台地,就是那些远离水源的坡地、山冈也有定居的农户,出现了原始的聚落。聚落的房屋建筑的形制与风貌已和仰韶文化时期大不相同。由于过去长期居住在天然的洞穴里,仰韶文化时期人们开始搭建的房子只是模仿天然洞穴,在地上挖开一个方形或圆形的土坑,在四周插入一根根顶尖向内倾斜的木柱,然后覆盖树枝、茅草,抹上泥浆,构成一个半地穴式的房舍。

仰韶文化晚期，就黄河流域的大部分地区来说，一般的房屋都是平地起建，半穴居式的已经为数不多了。到铜石并用时代，房屋建筑更加讲究，几乎都是圆形的地面建筑，半地穴式的已经完全被淘汰。

社会面貌的变化更主要表现在父权制的确立以及由此引起的一系列的变化。那时候，氏族、胞族、部落的组织形式仍然存在，为了保卫本氏族和部落的安全，一些部落还结成联盟，形成更高层次的部落联盟，但父系家族已成为共同的生产和消费单位。到铜石并用时代，以父权制为基础的一夫一妻制的个体小家庭更代之成为共同的生产和消费单位。在父权制确立的同时，私有财产也出现了，造成家族长与家族成员之间财富的差别，导致各个家族之间地位的不平等。氏族内部的分化势必导致原来的家族—氏族结构的瓦解，而为家族—宗族结构所取代，并导致家族—宗族之间不平等现象的出现。

随着生产力和父权制家族的发展，在聚落分化的基础上必然产生阶层与阶级的分化。阶层和阶级不断分化，阶级矛盾逐步加深，中心聚落进一步得到发展，进而出现了城邑。从仰韶文化、大汶口文化时期开始，黄河流域已陆续出现许多用夯土城墙或石头筑成的城堡。在陕西榆林神木石峁，考古工作者发现了一座中国新石器时代规模最大的石构城址，是一座面积超过 400 万平方米，分外城、内城、宫城，形成"金字塔"式的大型人工建筑，出土了数量巨大、品类丰富的陶器、骨器、石器、玉器等文物。在山西南部临汾盆地的陶寺发现了一片面积达 200 万平方米的城址，内有宫殿和"礼天"的祭祀坛遗址，并出土了距今约 4000 年的我国所见年代最早的一批骨制口弦琴，数达 20 余件。1977 年，在河南登封市告成镇西边约 1000 米处的王城岗台地上发现了一座距今约4000多年的城址。它坐落在颍水及其支流五渡河的交汇处，东、南、西三面环水，北依嵩岳，四周都有天然屏障。城址分为东西两个部分，皆呈方形，可见是由东西并列的两座方形城堡构成的。东城大部分已被五渡河水冲毁，只残存西南角的一小部分。西城是利用东城原有的西墙往西修筑的，四面皆有城墙，现今北墙只剩西段不到30米的一部分，西墙和南墙还较完整，均为八九十米长。整个西城周长约300余米。东西两城合在一起周长约600米，面积约2万平方米。另外，考古工作者还在内蒙古包头阿善、凉城老虎山、准格尔寨子塔、河南辉县盂庄、郾城（今济南漯河市郾城区）郝家台、安阳后岗、郑州西山、淮阳平粮台、山东章丘城子崖、寿光边线王、邹平丁公村、临淄田旺村、阳谷景阳冈、王庄、皇姑冢、茌平教场铺、大尉、尚庄、东阿王集等地发现过一批史前城址。这些城址最小的面积为几千平方米，最大的达到30多万平方米。综合各处城址的考古发掘资料，可以看出，这些城邑都有适应某种制度要求的统一规划，表明当时已存在某种组织、协调、管理的权力系统。城里有夯筑的台基遗存，存在着宫室、宗庙之类的建筑物，城内的建筑物划分为不同的等次，说明当时的居民已存在明显的阶级、阶层差别。除了筑有城垣，有些还修有防御性建筑，并挖掘了护城河，反映出当时存在着残酷的战争。张澍补注《世本》引《吴越春秋》说："筑城以卫君，造郭以守民，此城郭之始也。"城邑就是适应新生的奴隶主贵族保护自己、统治平民和奴隶阶级以及强化社会管理职能的需要而出现的。这种城邑往往与附近较小的城堡和周围的村落结合在一起，组成一个酋邦，这就是古籍中所说的"方国"。这种酋邦是国家的前身或雏形。

城邑的普遍出现使黄河流域的聚落形态为之一变。它既是阶级矛盾尖锐化的产物，也是社会发展的重要里程碑。酋邦制的确立预示着原始的氏族社会即将结束，国家的产生和阶级社会即将开始。文明形成的本质是国家的产生。一个全新的文明时代也就到来了。

黄河和她的儿女们是如何从文明初曙走到文明时代的门槛的？要揭开这个谜底，除了依靠考古文物资料外，还要利用许多远古的神话传说。古籍记载的有关炎黄二帝和尧舜禹的传说就反映了黄河及其儿女从文明初曙到文明时代的某些演进轨迹。

炎帝和黄帝其实并不是皇帝，而是古籍记载中黄河流域远古时代的两个氏族部落的首领称号。关于黄帝氏族和炎帝氏族的发祥地有多种传说，其中比较流行的一种说法认为他们的发祥地都在黄河的支流渭河流域。传说，他们都是"有熊国君"少典氏的后裔，"昔少典娶于有蟜氏，生皇（黄）帝、炎帝。黄帝以姬水成，炎帝以姜水成；成而异德，故黄帝为姬，炎帝为姜"。这里所说的少典氏、有蟜氏、炎帝、黄帝都是氏族之名，不是人名。"黄帝以姬水成"是说黄帝氏族崛起于姬水岸边，因而以姬为姓。

姬水当即古漆水，发源于今陕西麟游县西部偏北的杜林，在今武功县汇入渭河。"炎帝以姜水成"是说炎帝氏族兴起于姜水岸边，因而以姜为姓。姜水为渭河支流岐水下游的一段，即今之清姜河，在陕西宝鸡汇入渭河。这就是说，炎黄两个氏族最初的活动地区都在黄河支流渭河的上游地区。

关于炎帝氏族的发祥地，除了姜水即今陕西宝鸡地区外，还有陈（今河南淮阳）、华阳（今河南新郑）、烈山（又称厉山，今湖北随县）等几种说法，甚至有说是在今湖南省的。炎帝氏族是一个较早从事农耕的氏族。经过数百年的发展，由氏族发展为部落，再发展为一个强大的部落联盟，前后历17世。由于实行刀耕火种，加上人口的不断繁衍，需要不断寻求新的适宜耕种的土地，炎帝便率领他的族人不断迁徙。他们先是由姜水所在的陕西宝鸡地区顺渭河东下，到达今河南西南部，再沿黄河南岸向东，到达现在的豫东地区和湖北。传说中的几个炎帝氏族发祥地可能是其迁徙到过的地方。

黄帝氏族虽然与炎帝氏族一样是从少典氏族分裂出来的，不过黄帝氏族的形成时间要比炎帝氏族晚得多。黄帝氏族也是从事农耕的氏族，历经10世的繁衍，由氏族发展成部落，再演变为一个强大的部落联盟。随着农业生产的发展、人口的增加，为了寻找更加平坦、开阔、肥沃的土地，黄帝先是率领族人迁至陕西西北部，后来又沿北洛河南下，到达今陕西的大荔、朝邑一带。那里的黄土地给了他们发展农业的便利条件，但不时出现的干旱又困扰着他们，迫使他们继续去寻找理想之所。于是，黄帝又率领族人从大荔、朝邑东渡黄河，顺着中条山和太行山麓进入汾河谷地，再向东北迁移，到达今河北涿鹿附近。那里有由桑干河、洋河冲积而成的适宜农耕的宽阔谷地，附近还有可供狩猎的山林，他们就定居了下来。关于黄帝氏族的发祥地，除渭河说之外，还有指姬水为渭北之岐水而持今甘肃临夏说，或据《帝王本纪》等古籍的记载而持河南新郑说或山东寿丘说的。这几个地方可能是黄帝氏族在迁徙过程中曾经到达的地方。

那时候，随着私有财产的出现和氏族制度的瓦解，部落首领逐步掌握了一定的特权。部落之间为了争夺生存空间，互争雄长，经常发生战争。一些部落首领为了满足自己的私欲，"内行刀锯，外用甲兵"，也发动掠夺财富、奴役其他氏族部落的战争。面对日益频繁的战争，具有血缘关系的亲属部落便互相联合起来，结成联盟。炎、黄两大部落联盟这时也都使用武力征讨四方，扩大自己的势力，从而引发大规模的冲突。双方在阪泉（今河北怀来）进行了三次大战，黄帝指挥属下的熊、罴、貔、貅、䝙、虎6个部落与炎帝部落联盟杀得天昏地暗，炎帝部落联盟遭到惨败，只得缴械投降。由于这两个部落联盟有血缘亲属关系，黄帝没有屠杀炎帝部落联盟，而是和他们结盟，黄帝便成了这个更强大的部落联盟的

黄帝（东汉画像石拓片）

首领。炎黄部落联盟经过长期的发展，成为日后华夏族的雏形。

后来，定居在山东曲阜地区的九黎首领蚩尤为扩展势力范围，又引发了与炎帝的战争。九黎即九夷，属于东夷族。传说，"蚩尤作冶"，"以金作兵"，制造兵杖、刀、戟、大弩，英勇善战，威震天下。他率领9个部落组成的部落联盟西进豫东，进攻炎帝。炎帝无法抵挡，节节败退，居地尽失。蚩尤紧追不舍，炎帝遂向黄帝寻求援助。黄帝于是率部迎击，与蚩尤在涿鹿展开激战。这场战争进行得极其惨烈，持续了很长时间，最后在冀州进行决战。黄帝派应龙向蚩尤进攻，应龙蓄水，摆下水阵。蚩尤请来风伯雨师，一时风雨大作，冲垮水阵，使黄帝陷入困境。黄帝又请来天女旱魃阻止风雨，使天气突然转晴。蚩尤不知所措，部下惶恐不安，黄帝趁机指挥大军掩杀过去，取得了最后的胜利。黄帝便进入东夷活动的地区，至泰山之顶大会鬼神，演奏了他亲自创作的激越悲凉的《清角》乐曲，以纪念涿鹿之战的胜利。蚩尤后来被杀，一部分九黎人加入了炎黄部落联盟，融入了华夏族；一部分南下，融入了南方的苗蛮之中。

涿鹿战争的胜利进一步扩大了炎黄部落联盟的势力，使之发展成规模更大的部落联合体。黄帝的权威大大提高，集审判权、祭祀权、军事指挥权与生产指挥权于一身。各部落均需听从他的号令，不听从号令的，即出兵进行征伐。他还开山修路，努力打通部落地区的隔绝，增进部落之间的交往。传说，黄帝一生"未尝宁居"，在118岁那年出巡河南时死在荆山，人们将他护送回陕北，葬在今陕西黄陵县的桥山之上，这就是前面提到的黄帝陵。

由于黄帝后来被追尊为华夏的祖先，后人便把远古时代的许多创造发明都归功于他和他的"大臣"们，如说黄帝筑城造屋、开凿水井、缝制衣冠、制造舟车弓弩、炼石为铜、创制乐律，他的妻子嫘祖发明育蚕，他的"大臣"仓颉创文字、伶伦造律吕、大挠作甲子，等等。同样的原因，由于炎帝也被追尊为华夏的祖先，后人也将一些创造发明的功劳算到他的身上，并称他为神农氏。在先秦的传说中，神农氏和炎帝原本是时代不同的两个人物，神农氏生活的时代要早于炎帝。到战国时，人们将两个人合在一起，称为炎帝神农氏，说"神农氏作，斫木为耜，揉木为耒，耒耜之利，以教天下""埏埴以为器""男耕而食，妇织而衣""始尝百草，始有医药""又作五弦之瑟，教人日中为市"。这些发明当然是原始时代人们的集体创造。

尽管炎黄二帝只是传说中的人物，他们的发明创造也都是远古时代黄河儿女智慧的结晶，但是他们作为华夏民族先祖的象征和中华文明奠基者的化身，还是受到后人的无限尊崇与怀念。因此，在黄河流域以及黄河流域之外的中华大地上一直流传着许多有关炎黄二帝的传说，留下了许多同他们有关的名胜古迹。除了前面提到过的陕西黄陵县的黄帝陵和宝鸡市的炎帝祠、炎帝陵外，比较著名的还有山东曲阜的景灵宫、河南新郑的黄帝故里、济源的王屋山天坛、灵宝荆山的黄帝陵、河北涿鹿的黄帝城和黄帝泉、四川都江堰的黄帝祠和轩皇台、盐亭的嫘轩宫和嫘祖墓、安徽黄山的黄山轩辕峰、湖南岳阳的轩辕台、浙江缙云的仙都鼎湖峰、甘肃平凉的问道宫、湖北宜昌的西陵山和嫘祖庙、随州的神农祠、山西高平的神农城和神农井、河南淮阳的神农五谷台、郑州炎黄二帝塑像、湖南炎陵县的炎帝陵等。这些源远流长的传说和名胜古迹对增强华夏民族的认同感、激发炎黄子孙的民族自豪感、增强中华民族的凝聚力产生了不可估量的作用。

黄帝以后，黄河流域又先后出现了几位杰出的部落联盟首领，他们就是尧、舜、禹。这时已处于氏族制度行将崩溃的时代。传说中，尧又称陶唐氏，他的发祥地在今河北中南部，后迁居今山西汾河流域，现在山西临汾市南的伊村有"帝尧茅茨土阶"碑，尧庙村有尧庙，临汾县有尧陵、神居洞。尧的生活非常简朴，古籍说他"茅茨不剪，采椽不斫，粝粢之食，藜藿之羹，冬日麑裘，夏日葛衣"。但尧对百姓很关心，部落里有人挨饿受冻，他说是自己使他们挨饿受冻的，有人犯罪受了处罚，他说这是他平时没有管教好的缘故，自己出来承担责任。舜又称有虞氏，出生于今河北中南部，后徙居河南、山东，再迁居山西南部。舜严于律己，宽厚待人。他曾几次遭到继母和同父异母兄弟象的陷害，好在他贤惠的妻子巧设智计，才使他化险为夷。舜被推举为首领后不计前仇，宽待他的继母和弟弟，使他的一些仇人都受到感动，一心向善。禹的先祖传说住在河套一带，禹出生于今四川北川县禹里羌族乡的禹穴沟剐儿坪，后来迁徙到今河南西部。他以天下为己任，率领百姓治理水患、发展生产，更是受到高度的赞扬。由于尧、舜、禹治理有方，当时的社会获得很大的发展，"天下大和，百姓无事"，他们也因此被后人尊奉为圣贤人物。

　　尧、舜、禹之时，曾大规模南下用兵，与三苗发生旷日持久的战争。三苗属于南方的苗蛮族，他们崛起于长江中游江汉地区，从事稻作农业，后来逐步向北扩展，占领仰韶文化先民世代居住的河南南阳盆地，参与黄河流域部落之间的权力之争。尧和舜曾先后率领中原各部落的士卒与三苗展开大战，但未能使三苗屈服。到禹之时，三苗连续遭受地震、水灾的袭击，气候异常，人心惶惶。禹乘机再次出兵，与三苗展开一场大决战，射杀三苗首领。禹重新夺回南阳地区，打通黄河文化向南传播的通道，并推动华夏的先民大量南迁，与当地的苗蛮杂居一处，促进了民族的大融合。

尧、舜、禹时期，黄河流域曾经发生大规模的水灾。进入全新世后，全球气温不断上升，到距今3000~8000年之时达到高温期。这时，降水量明显增多，空气的湿度明显增大，河水的径流量和洼地的蓄水面积也扩大了。传说，尧担任部落联盟首领时，"鸿水滔天，浩浩怀山襄陵"，住在河畔湖滨的百姓纷纷逃往高阜山陵。尧派夏后氏部落的首领鲧去治水。鲧采用"围堵障水"的办法，挖山取土，用土筑堤，"以障洪水"。这种堤不是构筑在河道两岸的长堤，而是围在聚落或田园四周的土堤，类似于后来的城墙，所以古书上说"鲧作城"。这种办法只能使聚落或农田躲避一时的洪水，无法起到长期防御洪水的作用。因而，他治水历时九载未获成功。尧把鲧流放到羽山（今江苏赣榆西南），后又将他杀死。

大禹（东汉画像石拓片）

舜继任部落联合体首领后，又选派鲧的儿子禹继续治水，并派契、后稷、皋陶等人去协助他。禹办事勤谨认真。他吸取父亲失败的教训，改取"疏川导滞"的办法，利用水向低处流的自然规律，顺应地势疏通壅塞的川流，将洪水引入疏通的河道或湖泊、洼地，最后流入大海。他"身执耒臿，以为民先"，亲自参加治水的艰苦劳动。据说，禹一心扑在治水这件事上，直到30岁还未结婚。后来同女娇结婚，婚后四天又回到工地上。在外治水的日子里，他三过家门而不入，甚至连妻子正在分娩，小儿呱呱坠地，也没有进去看一眼。禹不仅疏导河水，还组织民众开挖沟洫，给大家散发粮食种子，发展农业生产。长江、淮河一带的人民看到他治水的成效，也都纷纷动手治理当地的水患。经过13年的艰苦努力，禹终于率领民众凿通积石峡和青铜峡，劈开龙门和伊阙，使河水"大小相引，高下相受，百川顺流，各归其所"，让百姓过上安居乐业的生活。禹被人民称颂为"大禹"，受到了舜的表彰。大禹治水的业绩一直受到后世的推崇。黄河流域的民众纷纷为他建造有纪念意义的建筑，如山西夏县的禹王城和禹王庙、芮城的大禹渡和禹王庙、河南登封阳城遗址的启母石和启母阙、禹州的禹王锁蛟井、郑州的大禹治水塑像、桐柏的禹王庙、浚县的禹王庙。就是在黄河流域之外，也出现了不少纪念禹的建筑物，如四川北川禹里的禹王庙、湖北宜昌的黄陵庙禹王殿、武汉禹功矶的禹王庙、湖南衡山的禹王城和禹王碑、安徽怀远的禹王宫和禹帝行祠、浙江绍兴的大禹陵和禹庙等。

在中国古史的记载中，尧、舜都以"禅让"而受到赞扬。所谓禅让，就是主动将首领的位置让给贤人，传贤而不传子。原来，在父系家族公社形成之后，每个部落联盟都设有一个议事会来管理日常事务，每个氏族部落的首领都是议事会的成员。部落联盟的首领由议事会通过民主选举产生。部落联盟首领的所有重大决策均需经过议事会的集体讨论，取得议事会的同意。因此，这种首领与通过民主选举产生的氏族、部落首领一样，都是名副其实的公仆。所谓传贤而不传子的"禅让制",就是部落联盟首领由民主选举产生的意思。

后来,随着私有制的日益发展,财富日益受到崇敬与赞美,权力与财富的联系也日益密切,首领传子的世袭制度取代传贤的禅让制也就不可避免地要发生。传说,尧死之后,代摄行政事务8年的舜曾让位给尧子丹朱,但是丹朱得不到各个氏族部落的信任,只得又还位于舜。后来,禹因治水有功,被推举为舜的继承人,代舜处理政务17年。舜死后,禹又根据舜的做法,让位给舜子商。各氏族部落一致表示反对,禹才正式接替舜来主持部落联盟的事务。后来,部落联盟共同推举协助禹治水的皋陶为他的继承人,不几年皋陶先禹而死,部落联盟又推举伯益为后继人。这时候,禹的权力已进一步扩大,远远超过以前。权力越大,转化为财富的机会就越多,数量也越大。禹不希望将职位传给外人,而想传给自己的儿子启。于是,他表面上服从推举伯益做继承人的决定,却不给伯益什么大事干,使他失去锻炼和表现才干的机会,树不起威望。同时,他安排启为"吏",使之逐渐"晓知王事",暗中培植和扩大势力。禹死后,伯益再效法尧、舜的榜样,让位给启,羽毛已经丰满的启继位后没有还位给伯益,攫取了部落联盟的最高权力,这就是历史上所说的"夏禹传子"。

从禅让制到传子制(即世袭制)的演变是中国历史上的一次巨大变革。它意味着建立在极其狭小的生产规模和低下的生产力基础上的原始氏族社会已为生产力更发达、生产规模更大的奴隶社会所代替,标志着一个新的文明时代的到来。

夏禹传子标志着中国第一个奴隶制王朝——夏朝的诞生，宣告了原始社会的结束和奴隶社会的开始，母亲河以喜悦的心情开始迈步跨进文明时代的门槛。

夏朝始建于公元前 2070 年，定都于阳城（今河南登封告成镇）。夏朝从禹始到桀亡，共传 14 代 17 王。其统治中心在黄河中游的河南西部和山西南部，那里依山傍水，不仅形势险要，而且河洛之间地势平坦，物产丰饶，是夏朝的直接控制区。夏朝的王族为夏后氏，他们自认为是出自姒姓的禹后，将先祖上溯至远古的黄帝。这个家族垄断着夏朝王位的继承权。禹的姒姓家族其他成员被分封到各地，作为夏朝的同姓侯、伯，成为夏后氏家族在全国各地的依靠力量。原来部落联盟内的一些氏族部落，只要是支持启继位的，也逐一受到分封，成为夏朝的异姓方国侯、伯。夏朝初建时，最高统治者称为"后"，即君王的意思。

少康在位之时，进一步称"王"。"王"字的三横原本是代表天、地、人，一竖是指贯通于天、地、人的人，以示"天下所归往也"，用以喻示主宰天地人的最高权力。夏王拥有全国军事政治的重大决策权，臣下和侯、伯必须无条件地贯彻执行他的命令。不论是夏朝中心地区的王畿或各个方国，居民都以各级宗族奴隶主贵族为核心聚族而居，平时由宗族贵族指挥从事生产，战时则随宗族贵族出征。

夏王朝统治时期，黄河流域已进入青铜时代。夏朝把大量的人力、物力、财力集中到都城，创造了更高的生产力，特别是陶器、玉器、青铜器制造业获得了迅速发展，从而带动了社会生产的全面提高。但是，夏朝的统治者残酷地压迫和剥削奴隶，并强迫平民服劳役，阶级矛盾也十分尖锐。特别是夏朝末年的几个国王耽于逸乐，不理朝政，更使国势日趋衰落。那时候，夏朝的都城已迁至斟寻（今河南偃师二里头一带）。

夏朝末代国王夏桀以淫虐残暴著称。他继位后继续征发百姓，修建倾宫、瑶台，"作琼室、玉门"，到处征求美女，充实后宫。百姓对夏桀的统治极为不满，他就用残暴的手段加以镇压。百姓咒诅夏桀说："时日曷丧，予及汝皆亡！"夏桀还经常发兵征讨周围的方国，索取美女、财宝。夏朝的一些侯、伯也纷纷叛离。东方的属国商于是乘机起兵攻夏。大约在公元前1600年，双方在安邑（今山西夏县西北）之西的鸣条展开决战，夏桀被商汤击败，逃入安邑之东的中条山，三年后死于南巢（今安徽巢县东南）。

商原是黄河下游的一个部落，子姓，始祖叫契，夏朝建立后成为夏的一个方国。汤是契的第14代后裔，曾遭夏桀的囚禁，被释放后决心取夏而代之。他四处寻找贤才，终于找到伊尹。伊尹向他进献

偃师二里头夏都遗址（陈红宇 摄）

郑州商代遗址（陈梧桐 摄）

灭夏建国的大计，果然获得成功。灭夏后，汤定都亳（今河南商丘北），以相为中央最高行政长官，任命伊尹为相。汤病逝后，伊尹辅佐他的长孙太甲，使商朝兴盛了一段时期。后来，由于王室内部争权，加上水灾连年不断、多次迁都，国势日衰。公元前1300年，商王盘庚迁都到殷（今河南安阳市西小屯村），统治才又趋于稳定。商朝因此又被称为殷朝或殷商。

盘庚迁殷后，商朝的经济有了很大的发展。到盘庚的侄子武丁在位时，商朝的国势达到鼎盛阶段。武丁在傅说的辅佐下，内修文治；并在能征善战的妻子妇好的协助下，出兵征讨北方的游牧民族鬼方和土方、东南方的夷方、西南的巴方、南方江汉流域的荆楚，使疆域不断拓展，成为当时世界上的大国。

武丁以后，商朝又逐渐衰落。到纣王之时，商朝的统治已病入膏

安阳商代妇好墓（陈红宇 摄）

育。纣王能言善辩，文武双全。他曾长期发动对东南夷的战争，加强对东方的控制，为中原文化向东南的发展奠定了基础。但是，纣王刚愎自用，狂妄骄横，横征暴敛，滥施酷刑。他大兴土木，修建离宫别馆，建造"酒池""肉林"，同宠爱的有苏氏美女妲己及一些幸臣日夜寻欢作乐。纣王的暴虐统治导致民怨沸腾，"如沸如羹"。纣王的叔叔比干反复进谏，劝他改弦易辙，他竟残暴地将比干挖心处死。

正当商朝的统治江河日下之际，西方的属国周如日方升般地崛起。周人原先居住在渭河流域，相传其始祖是与尧、舜、禹同时代的后稷，他名弃，姬姓，被舜推为农官"后稷"。他死后，其子不窋继为农官。传到公刘时，迁居到豳（今陕西彬县）。至商代，公刘的后代为避西北游牧民族戎狄的侵扰，又迁居到岐山之下的周原

黄河文明的初曙与勃兴

（今陕西岐山北），在渭河的支流湑河、漆河之滨的岐建筑都城"京"，形成一个小方国，臣属于商朝。到姬昌时，他请贫寒出身却满腹韬略的姜尚（字子牙）做自己的军师，并网罗了一大批贤能之士，实力不断壮大。他逐渐争取到周围一些方国，并出兵攻灭了犬戎、黎（在今山西长治）、崇（在今河南嵩县以西），"三分天下有其二"。于是，他决定起兵灭商，便从岐下迁都于丰（今陕西长安西北沣河以西），加尊王号，史称周文王。

公元前11世纪中期，周文王在迁都的第二年去世，他的儿子姬发继位为周武王。过了12年，即公元前1046年，武王在姜尚和自己的弟弟周公（名旦）的辅佐下，联合西方和南方的诸侯，率兵东向伐纣。周军在牧野（今河南新乡牧野村）与商军展开激战。商军纷纷倒戈，引导周军攻入商都朝歌（今河南淇县）。纣王见大势已去，自焚而死。

武王灭商以后，正式建立周朝，自称天子，定都镐京（今陕西西安市西），史称西周。为了巩固奴隶主政权，西周继续实行夏、商的分封制和宗法制，并进一步加以发展和完善，建立礼乐制度。不久，武王因劳累过度而病逝，其子成王继位，由周公代摄国政。商纣王的儿子武庚乘机在殷地发动叛乱，图谋复辟。周公亲率大军平息叛乱后，考虑到首都距离殷地太远，难以对殷贵族实行监管，于是又在伊洛盆地洛河之滨的洛邑（今河南洛阳）建立东都，将许多殷贵族迁到那里，派重兵监守。洛邑位于黄河下游洛河之畔，居于"天下之中"。它由沣水、渭水、黄河、洛河与关中的镐京连接起来，成为黄河文化发展的中轴地带。从此，西周开始实行两京制度，首都镐京又称西都或宗周，陪都洛邑即东都，又称成周或王城。以这两座城市组成的东西两京制自西周开始一直延续到唐代，表明这块东西走向的黄河中游谷地在周、秦、汉、唐这个相当长的历史阶段是统治中国的中心枢纽，黄河流域起着支配当时中国政治、经济、文化的重要作用。

西周中期，周朝的国力渐趋衰落。周厉王在位时，为了弥补长期对外战争和贵族奢侈生活的消耗，竟宣布山林川泽皆为己有，不许平民百姓用以谋生。他还令人监视百姓，使得"国人莫敢言，道路以目"。结果，只过了三年便发生"国人暴动"，周厉王惊慌逃跑。镐京一时没有天子，大臣于是推举周定公、召穆公共同执政（一说由共伯和执政），叫做"共和行政"。这一年称共和元年，就是公元前841年，这是中国历史上有确切纪年的开始。共和十四年（公元前828年），厉王在彘（今山西霍县）死去，太子静继位，为周宣王，"共和行政"宣告结束。

历史常常惊人地相似，周宣王的儿子幽王走上了前朝末代君王的老路。他即位之初，关中发生大地震，同时又发生旱灾，平民流离失所，奴隶纷纷逃亡。周幽王宠爱褒国进献的妃子褒姒，一味过着荒淫奢靡的生活。褒姒尽管艳若桃花，却冷若冰霜，终日不见一丝笑容。幽王悬赏千金，叫臣民进献能让他的美人展露笑容的妙计。佞臣虢石父建议他不妨"举烽火"试试。幽王竟不顾"军中无戏言"的规矩，带着褒姒登上城郊骊山的烽火台，下令点燃烽火。各地的诸侯见到烽火警报，以为都城遭到敌人的袭击，纷纷带兵兼程赶来。哪知来到烽火台下却不见一个敌人，只见幽王和褒姒在烽火台上饮酒作乐。褒姒看到他们个个气喘吁吁、狼狈不堪的样子，果然露出了笑容。周幽王为了进一步博取褒姒的欢心，还不顾老祖宗的规矩，废掉申

黄河文明的初曙与勃兴

后和太子宜臼，册封褒姒母子为皇后、太子。宜臼逃到母家申侯那里，幽王出兵讨伐申侯，想杀掉宜臼。申侯大怒，联合一些诸侯和西北的犬戎，出兵攻打镐京。周幽王再燃烽火告急，被戏弄过的诸侯都不肯出兵。镐京随即被攻破，褒姒被犬戎掳走，幽王在骊山脚下被杀。

周幽王被杀后，申侯和一些诸侯在申（今陕西、山西间）立宜臼为王，是为平王。当时镐京经过战火的洗劫，已经残破不堪，四周又散布着许多犬戎，对周王室构成严重的威胁。周平王元年（公元前770年），在晋、郑等东方诸侯国的支持下，周平王将国都东迁洛邑。西周的统治至此宣告结束。

　　黄河流域在夏、商、西周三个朝代是全国的政治、文化中心，这是由于那里的经济比较发达，处在领先全国其他地区的地位。

　　夏、商、西周时期，黄河流域的农业生产比原始社会有了进一步的发展，成为当时社会中主要的经济部门。在原始氏族公社末期，土地归父系家族公社所有，一部分划为公有地，一部分平均分配给公社成员耕种，一年或几年重新分配一次，以适应人口的变动和土地的公有性质。进入奴隶社会以后，土地变为奴隶主最高统治者国王所有，形成奴隶主土地国有制。所谓"溥天之下，莫非王土；率土之滨，莫非王臣"，就是这种土地王有的写照。这时，氏族、部落及部落联盟的首领已变成奴隶主贵族，而一般的公社成员一部分破产沦为奴隶，一部分则变为平民，成为奴隶主阶级的剥削对象。国王在分封时，将王畿以外的土地和民人分授给诸侯使用，诸侯又层层分封下去。受田者只能世代使用这些土地，不得转让与买卖，并要向国王交纳贡赋，随国王征战。各地的奴隶主贵族将土地划为一个个大致相等的方块，状似"井"字形，叫做"井田"。井田分为两种，中间的一块叫"公田"，公田四周的田地叫"私田"。公田役使平民和奴隶集体耕作，收获物全归奴隶主贵族所有。私田为劳动者的份地。劳动者使用私田是以无偿为奴隶主贵族耕种公田为条件的，并需缴纳一定的贡物和赋税。这种土地所有制及其耕作制度就叫井田制，它在夏商即已出现，到西周发展成为一种完备的制度。

黄河流域的农业生产技术在这个时期取得了显著的进步。人们已开始使用人工灌溉设施。在西周，人们已懂得实行休耕，"田一岁曰菑，二岁曰新，三岁曰畬"，就是把一大片土地划成三块，每年休耕一块，三年轮休一遍，可以起到利用绿肥、恢复地力的作用。欧洲将这种休耕制叫做"三圃制"，到中世纪才开始实行，比中国要晚得多。人们在农业生产中还注意掌握农时。为了掌握农时，还注意积累天文历法知识。从夏时和《夏小正》的内容来看，夏代的人们已经有了"年"的概念，并把一年分成 12 个月。商代，人们又在夏历的基础上进一步加以完善，如一年 12 个月已有大月、小月之分，并设置了闰月。

夏、商、西周之时，黄河流域一带的粮食作物主要有粟、黍、小麦、大麦、高粱、水稻、大豆等。水稻的种植比以前更加广泛。陕西眉县出土的一个西周初年大鼎的铭文曾记载王姜将三块田地和田地上待收获的稻子一起授给一名叫"旍"的人。由于粮食作物的大量种植和产量的增加，用粮食酿酒和酗酒之风在商代非常盛行。在夏、商、西周时期，手工业完全为官府所垄断。商、周王朝实行"工商食官"制度，设置工官，组织手工业生产，以满足官府和奴隶主贵族的需要。黄河流域的一些主要城市出现了规模较大的手工业作坊，大量使用奴隶劳动，制造出不少精巧复杂的手工业产品。

制陶业仍是当时一个重要的生产部门。精美的白陶和原始瓷器的烧制是这个时期制陶的最高成就。在陕西的扶风、岐山和长安丰镐的遗址，考古学者曾发现大量西周的瓦片和瓦当，表明当时人们已开始烧制建筑用瓦。

黄河流域的纺织业在这个时期又有新的发展。丝织业在商代的社会生活中已占有相当重要的位置。河南安阳武官村大墓出土的三件商代铜戈上留有织花斜纹绢的残片；河北藁城台西村出土的一件商代铜觚上有丝织物残痕；北京故宫博物院收藏的一件商代雷纹玉戈和一件商代铜戈，正反两面也都有织布和平纹绢的痕迹。不过，丝织品成本较高，商周时代只有奴隶主贵族才能享用，一般的平民和广大奴隶主要穿用各种麻葛的织品。

漆器是中国的特产。早在新石器时代，黄河流域即已出现髹漆工艺。到了商代，髹漆工艺除继续用于小件器物外，还被用到大型木棺椁、车具等器物之上。河南安阳殷墟西北冈的墓葬曾出土一批印花土，印痕清晰地显现出簋、豆、敦、彝的形状，这是木质雕花朱漆器朽烂之后遗留下来的痕迹。

黄河流域的玉器制造在商代进入成熟阶段。当时所用的玉料主要是出自河南的南阳玉、密县玉、淅川玉。其中，尤以南阳独山玉最为著名，其产量居中国四大名玉之冠。从发现的器物来看，商代的玉器造型合理，纹饰优美，技法纯熟，线条流畅。特别是一些观赏性的作品，不仅造型美观，而且还善于运用夸张、变形的手法来刻画动物的神态，更显得生动活泼。

　　夏、商、西周时黄河流域手工业最突出的成就是青铜器的铸造。早在新石器时代之末，黄河流域即已出现过红铜、黄铜和青铜等器物。此后经过不断实践，人们逐渐认识到，由铜、锡等元素复合炼成的青铜，熔点较低，硬度较高，具有比红铜、黄铜更好的铸造和机械性能，于是便普遍使用青铜来铸造各种器物。夏代的河南偃师二里头遗址曾出土过青铜小刀、爵、锥、铃等，并发现了铜渣、坩埚和陶范的残片，表明那里已有冶铸青铜的专门作坊。到了商代，青铜冶铸业进入了发达阶段。在河南安阳殷墟、郑州商代遗址都曾出现过铸铜作坊。其中，郑州南关外的一处炼铜作坊遗址面积约达1050平方米，

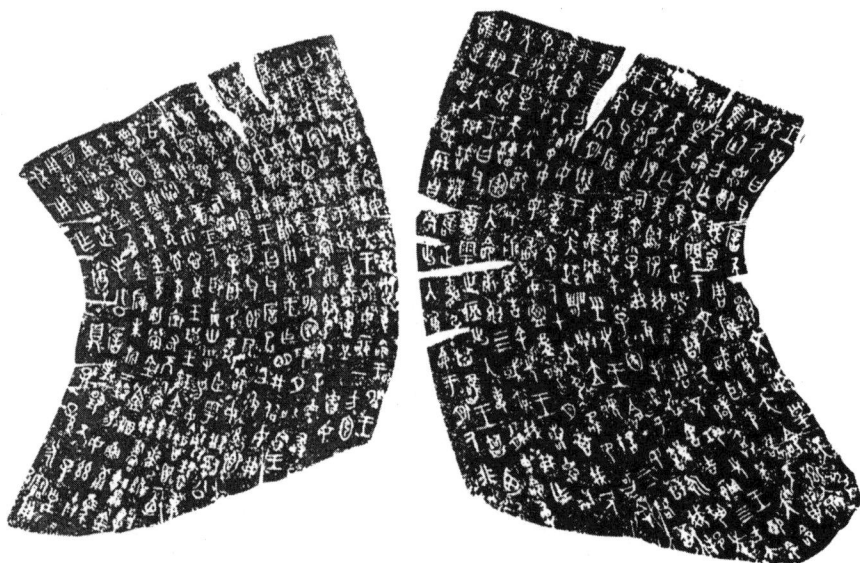

毛公鼎铭文

而安阳殷墟苗圃北地和孝民屯发现的铸铜作坊遗址，面积都在1万平方米以上，并有当时奴隶工匠住的工房棚址。商代青铜器的种类明显增多，有生产工具、武器、礼器及生活用具，而以礼器最为重要。西周青铜器铸造的数量和质量又有明

商代司母戊鼎

显的进步，其突出特点是出现了长篇铭文，有的多达三四百字。西周青铜器的铭文，文字优美奔放，内容丰富，既有祭祀祖先的祭文，也有关于征伐、纪功、册命和赏赐的记载，是研究西周历史极有价值的原始资料。

　　人类社会是由于文字的发明及其被应用于文献记录而过渡到文明时代的。黄河流域跨进文明时代的一个重要标志是文字的出现。

　　关于文字的发明，古代曾流传过仓颉造字的神话。传说仓颉（又作苍颉）是黄帝的史官，他仰视天象之变，俯察鸟兽之蹄迹，穷天地之变化而创制文字，从而震撼了天地鬼神，"天为雨粟，鬼为夜哭，龙乃潜藏"。现今河南新郑市有仓颉造字台，开封市有仓颉墓、造字台；陕西西安市南 15 千米处也有仓颉造字台，汉唐以来曾在此台上屡建寺院，以三会寺最为著名。唐代诗人岑参曾有《题三会寺仓颉造字台》的诗篇："野寺荒台晚，寒天古树悲。空阶有鸟迹，犹似造字时。"

　　其实，任何民族的文字都是人民群众在劳动生活中创造的，是从无到有，从少到多，经多方尝试后约定俗成，逐步孕育、发展起来的。

民族学的研究成果表明，人们在发明文字以前都经历了结绳记事和刻木记事的阶段。中华民族的先人也是如此。《周易·系辞下》云："上古结绳而治，后世圣人易以书契。"书契即在木头上刻画符号，就是刻木记事。许慎《说文解字·叙》也说："神农氏结绳为治，而统其事。"由于绳子和木头都易腐烂，不好保存，所以现今已无法找到先人结绳记事与刻木记事的文物遗存。但参之高山族、门巴族等少数民族遗留的文物来看，这些记载显然是可信的。不过，用以记事的结绳与刻木都只能算做记事的符号，而不是文字。

从目前已掌握的考古资料来看，中国的文字似应起源于黄河流域和长江流域新石器时代的陶刻符号。据《半坡遗址》的发掘报告，在仰韶文化的典型代表半坡遗址出土的陶器中共发现有113个刻画符号标本。这些符号是人们有意识刻画的，代表一定的意义。类似

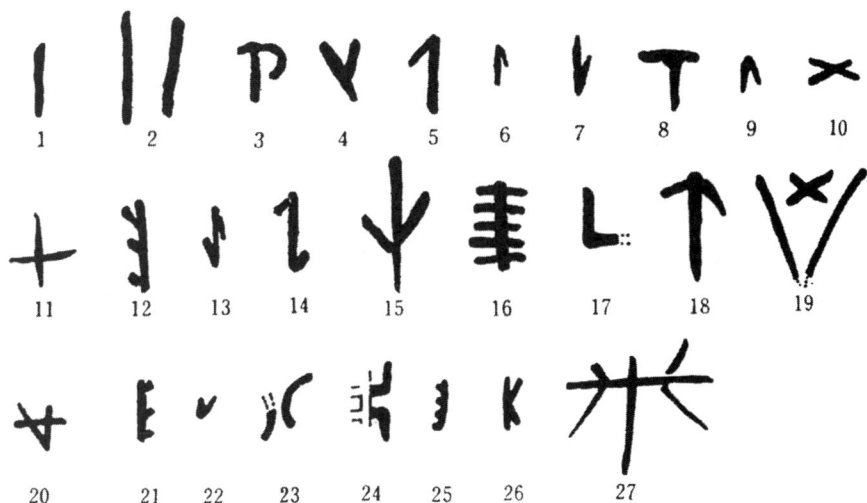

半坡遗址出土的刻画符号

半坡的陶刻符号，先后还在同一文化类型的陕西长安五楼、宝鸡北首岭、铜川李家沟、临潼姜寨等遗址中发现过。这些符号共有50多种。此外，裴李岗文化和黄河下游的大汶口文化、山东龙山文化以及黄河中游的老官台文化和马家窑文化等遗址也都有陶刻符号乃至龟甲符号出现。在长江流域的良渚文化遗址中也发现过类似的陶刻符号。

对于这些陶刻符号，学者们提出了各种不同的意见。有的认为，它们可能是制陶专门化以后氏族制陶或家庭制陶的一种标记，起着原始图像文字的作用。有的认为，它们可能是代表器物所有者或器物制造者的专门记号。有的则认为，这些陶刻符号就是中国文字的起源或者是中国原始文字的孑遗。

中国比较成熟的汉文字是黄河流域河南安阳小屯村的殷墟出土的商代甲骨文。商代是一个充满迷信思想的时代，凡事都要用占卜的方式向神请示。这些甲骨文是商代后半期的帝王利用龟甲兽骨进行占卜时写的卜辞和少量的记事文字，保存在商朝殷都的宫廷里。周武王灭商后，殷都沦为废墟，它们也就跟商朝的宫室一起逐渐被湮埋于地下。在商朝灭亡后的3000多年里，甲骨文一直不为世人所知，古籍里也没有有关商代文字的记载，只有几篇据说是商代的文献保存在经过孔子整理的《尚书》里得以流传。直到19世纪末的清朝末年，由于一些偶然的因素，这些甲骨文才又重新被发现。

甲骨文的发现是中国文化史上一个划时代的重大事件，在国内外的学术界引起了巨大的震动。国内的学者和国外的学者以及图书馆都争相购买，小屯村的村民也竞相挖掘，从1899年到1928年共出土了10万片左右的甲骨。这种私挖盗掘对殷墟遗址造成了严重的破坏，"所得者一，所损失者千矣"。1928年，中央研究院在蔡元培

①
②

甲骨文发现地——安阳（陈红宇 摄）

黄河文明的初曙与勃兴

院长的领导下，在历史语言研究所成立考古组，开始对殷墟进行科学发掘。从 1928 年 10 月至 1937 年抗日战争全面爆发为止，10 年内共进行了 15 次发掘，计出土甲骨 24918 片。1949 年中华人民共和国建立以后，对殷墟继续进行发掘，又先后发现了一批甲骨文。此外，在其他地方也出土了一批甲骨。殷墟因甲骨文的发现而闻名天下，现已被列入《世界文化遗产名录》。

自 1903 年刘鹗整理、出版《铁云藏龟》之后，相关的甲骨书籍相继问世。根据已出土的甲骨统计，商代甲骨文单字近 5000 个。经过国内外几代学者的努力，目前公认能够释读的约 1500 个，不到总数的 1/3。剩下的 3000 多个字，大多属于地名、人名和族名，其意可解，其音却不可读。其中有不少字后世已不再使用，释读十分困难。从已能释读的字来看，甲骨文是以象形字为主，而象形属于"六书"中比较原始的一种造字方法，同时还有不少字形是"合文"（也叫"合书"），将两个字合为一体，实际上却读两个字的音。而且，用甲骨文组成的文句也较短，一般一篇甲骨文只有十四五个字，最长的也只有 150 字。这些都说明这种文字仍然保存着较多的原始性。不过，甲骨文显然已是一种比较成熟的文字，因为它已具有方块字这种汉字独特的书写形式，许多单字的形体也已接近甚至等同于现今的汉字，单字的读音基本上是单音节，即同现在的汉字一样是一字一音，已具备了汉字构成的"六书"原则，语法组织也已具备了后世汉字的语法结构。因此可以说，甲骨文已具备了后世汉字结构的基本形式，是今天中、日、韩等国正在使用的汉字的鼻祖。这是黄河儿女对中华文明乃至东亚文明所作出的一项伟大贡献。

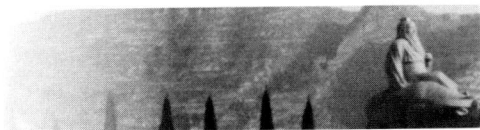

第三章
黄河两岸的动荡岁月

黄土地上的争霸与变法

铁器的应用与城市的发展

黄河河道的变化与航运的发展

黄河流域的"百家争鸣"

　　从周平王东迁洛邑开始，黄河流域进入社会大动荡的东周时期。东周包括春秋（公元前 770—前 476 年）与战国（公元前 475—前 221 年）两个阶段。平王东迁后，"礼崩乐坏"，周王室的权势一落千丈，直接管辖的土地和军队很少，实力还不及一个中等的诸侯国。各诸侯国不再听命于周天子，相反地却拼命兼并邻近的诸侯国，甚至"挟天子以令诸侯"，妄图称霸天下，取天子而代之。列国之间争雄称霸，导致长年征战，干戈不息。黄河中下游地区成为诸侯争霸的主要战场，社会经济遭到严重破坏，百姓的生活极度贫困，黄河母亲的心在暗暗滴血。

　　许多诸侯国为了争当霸主，努力实行革新变法，以求富国强兵，壮大自己的实力。首先实行改革进而称霸中原的是齐桓公。齐桓公姓姜，名小白，即位后任用出身贫寒的颍上（今属安徽）人管仲为相。管仲任齐相 40 余年，在经济、政治、军事等方面进行了一系列的改革。管仲强调："凡治国者，必先富民""仓廪实而知礼节，衣食足而知荣辱"。他首先打破井田制的限制，实行"相地而衰征"，不论公田、私田，皆按照土地的好坏分等征税，这实际上就是承认私人对土地的私有权。他主张义利并重，利用齐国东临大海的优势，实行渔盐出口免税的办法，鼓励渔盐的生产和贸易，并设盐官、铁官，利用官府的力量发展盐铁业。管仲十分重视人才，认为"争天下者，必先争人"。他规定，乡和属都要推荐人才，否则按"蔽贤""蔽明"罪论处，并规定士经过三次审选，可以拔为上卿之赞（辅助）。他就曾提拔和选用出身微贱的替商人赶牛车的宁戚为大司田（农官）。管仲还改革行政机构和军事制度，从而为齐国实现霸业奠定了基础。

此时，在黄河流域中下游地区，以夏人、商人、周人为核心，并融合一些内迁的周边少数民族，已形成华夏的民族共同体。分布在华夏周围的"四夷"也开始形成民族的雏形。他们乘天下大乱，纷纷内进中原。管仲建议齐桓公打出"尊王攘夷"的旗号来参加争霸。齐桓公接受了这个建议，在管仲的协助下，领导各诸侯国抵抗戎狄的侵扰。他曾出兵援救邢、卫和燕国，并帮助安定周室，拥立周襄王。后来，齐桓公还率兵伐楚，阻其北上，从而获得霸主地位。

继齐桓公称霸的是晋文公。晋文公名重耳，早年因受后母的迫害，在外流亡 19 年，62 岁才得秦穆公之助，回国登位。晋文公任用狐偃、赵衰等贤良之士，实行改革，使晋国很快就出现"政平民阜，财用不匮"的局面。晋文公继续打着"尊王攘夷"的旗号图谋霸业，曾出兵帮助平息周室的内乱，使出奔郑国的周襄王复位。周襄王十九年（公元前 633 年）冬，楚国北进中原攻打宋国，宋向晋国求援，

黄河落日（彭山 摄）

晋文公于是出兵相助。他用"退避三舍"之计，诱敌深入，在城濮（今山东鄄城西南）打了个以少胜多的大胜仗。战后，晋文公在践土（今河南郑州北）大会诸侯，周襄王派人命他为"伯（霸）"，晋文公成为中原霸主。

晋楚的争霸持续了百余年的时间。周定王十年（公元前597年），楚晋大军又在邲（今河南郑州北）展开激战，楚庄王大获全胜，饮马黄河，做了中原盟主。随后，崛起于西陲的秦穆公也向东扩展势力，图谋霸主地位，因受阻又转向西方发展。到春秋后期，各诸侯国的

黄河两岸的动荡岁月

旧奴隶主贵族已趋于没落，被国内的阶级斗争弄得精疲力竭，难以再对外发动兼并战争。周灵王二十六年（公元前546年），宋国大夫向戌便约请晋、楚、宋、鲁、郑、卫、齐、秦等14国代表在宋都（今河南商丘）召开"弭兵"会议，共尊晋楚为霸主，宣布停止战争。此后，除长江下游的吴越争霸外，中原地区大约维持了40年的休战。

经过长期的兼并战争，到春秋末年，诸侯国已从原有的100多个减少到20多个。许多转化为新兴地主阶级政治代表的卿大夫在诸侯国相继起来夺取政权。如周敬王三十九年（公元前481年），齐国大夫田成子发动政变，夺取了齐国政权；周贞定王十六年（公元前453年），晋国大夫韩、赵、魏三家分晋，形成韩、赵、魏三国；此外，鲁国大夫季孙、叔孙、孟孙三氏也通过长期的斗争，瓜分鲁君的土地和人口（包括军队），出现了"三桓执政"的局面。于是，便形成秦、楚、齐、韩、赵、魏、燕七国并立的形势，是为"战国七雄"。其中，除楚国位于长江流域外，其余六国都在黄河流域。七国的君主皆自命为王，力图统一全国。他们纷纷实行变法以增强国力，并发动大规模的战争，兼并邻国。一时间，烽烟滚滚，黄河流域又为一片战火所笼罩。

战国前期，七国的争雄主要是魏齐的角逐。魏国是当时七国中的首强，开国君主魏文侯励精图治，广揽人才。他起用法家李悝为相，实行政治、经济改革。李悝是孔子的再传弟子，但崇尚法家思想。他任相之后除大力奖励耕垦，以"尽地力之教"外，还采取了两项影响深远的措施。一是废除世袭爵位制度，以功劳的大小分授爵位和俸禄，叫做"食有劳而禄有功，使有能而赏必行、罚必当"，从而剥夺无功受禄的旧贵族的特权，为新兴地主阶级登上政治舞台、建立封建的官僚制度开辟了道路。后来秦国的商鞅变法用"依军功行田宅"的制度取代世卿世禄制度，就是李悝变法的进一步发展和完善。二是制定《法经》。在奴隶制时代，法律体现奴隶主阶级的意志，不仅"刑不上大夫"，而且不公布成文法，"临事而议罪"，任意迫害奴隶和新兴地主阶级。随着新兴地主阶级力量的增长，从春秋末年以来，先后有郑国子产铸刑书、邓析著竹刑、晋国铸刑鼎，公布了成文法。李悝著《法经》，集春秋以来法典之大成，分盗、贼、囚、捕、杂、具六篇，贯穿"不别亲疏，不殊贵贱，一断于法"的原则，限制与取消奴隶主贵族的特权，保护封建的私有制，成为日后中国封建法律最早的蓝本。经过李悝的变法革新，魏国的势力日盛，除西向攻秦、北灭中山外，还联合韩、赵向东开拓，于周威烈王二十二年（公元前404年）大败齐军。后来，魏惠王把都城从安邑迁至大梁（今河南开封），以庞涓为将，更大肆对外用兵。

齐国原先常遭韩、赵、魏"三晋"的攻击，一度臣服于魏。田氏夺取政权后，日渐崛起。到齐威王时，采纳邹忌的主张，厉行改革，任用田忌、田婴、孙膑等为将，并在稷下学宫网罗人才，势力更盛，决心与魏一争高下，于是演出了一幕孙、庞斗智的活剧。

周显王十五年（公元前354年），魏惠王派大将庞涓率领8万大军围攻赵国的都城邯郸，赵国向齐国求救。第二年，齐威王命田忌为统帅、孙膑为军师，率8万齐军前往救援。孙膑向田忌提出著名的"批亢捣虚""围魏救赵"的作战方针，田忌依计而行，在桂陵（今河南长垣西北）大败庞涓。周显王十七年（公元前352年），庞涓又率领魏、赵军队攻韩，韩国求救于齐。孙膑又与田忌等人制定了因势利导、示弱骄敌、诱敌深入的作战方针，率齐军先佯装攻魏，迫使庞涓迅速回撤。待魏军解除对韩都的包围，齐军再采用"退兵减灶"之计，制造士卒大量逃亡的假象，诱使魏军前来追击，然后在马陵山（今山东郯城）设伏以待。庞涓果然中计，以为齐军已逃亡过半，遂丢下步兵，与太子申带领部分轻锐兼程追赶。深夜时分，庞涓赶到马陵山，看到道旁的大树上挂着"庞涓死此树下"几个大字，才知中计。正要逃去，齐军万弩齐发，庞涓中箭而亡，太子申成了齐军的俘虏。

马陵之战后，齐威王声望日隆，但齐国一时也难以征服魏国，魏齐遂于周显王三十五年（公元前334年）在徐州会盟，魏惠王尊齐为王，齐威王也尊魏为王。

当魏齐在东方争雄时，僻处西陲的秦国也通过革新变法而日趋强盛。秦在周初原是一个附庸小国，居于犬丘（在渭北，今陕西咸阳附近），春秋初年因秦襄公助平王东迁有功，才被周天子封为诸侯，并赐以岐山以西之地，遂在渭水之畔的岐建都定居。秦国的经济很快由以畜牧业为主过渡到以农业为主，势力日益壮大，后迁都渭河北岸的平阳（今陕西岐山县），再迁于雍水之滨的雍（今陕西凤翔南）。周惠王十八年（公元前659年）秦穆公继位后，大力发展经济，使农业生产赶上甚至超过东方某些诸侯国，传统的畜牧业也继续得到发展，涌现了能识千里马的伯乐、方九皋等著名的相马专家。秦穆公还勤于求贤，重用出身低微的百里奚以及蹇叔、由余等谋臣，积极向东方拓展势力。后来因东进受阻，乃转而西进，"益国十二，开地千里，遂霸西戎"。战国初期，秦献公迁都洓水之滨的栎阳（今陕西西安市临潼区栎阳镇东）。秦孝公继位后，以著名的法家人物商鞅为谋主，实行变法。

商鞅（约公元前390—前338年），卫国旧贵族出身，姓公孙，名鞅，后被秦封到商地，故又称商鞅。他自幼"好刑名之学"，即法家学说，先到魏国求仕，未受重用，后来便投奔秦国。秦孝王先用他为左庶长，后提升为大庶长，最后任命为上大良造，相当于中原各国的相国兼将军的官职。商鞅先后两次实行改革，主要内容有：开阡陌，废井田，打破公田和私田的界限，承认土地私有，允许自由买卖；重农抑商，奖励耕织；奖励军功，废除世卿世禄制度；公布法令，申明"刑无等级"，卿相、将军或大夫犯了国法，与庶人犯法一样要受到处罚；推行县制，在秦境内设立31个县，由国君直接派官治理；编定户籍，以五家为"伍"，十家为"什"，实行连坐。为了便于向东发展，商鞅还将都城由偏北的栎阳迁到渭河北岸的交通方便的咸阳。经过商鞅变法，秦国"兵革大强，诸侯畏惧"，为日后秦始皇统一中国奠定了基础。

战国中期，秦因商鞅变法而日盛，齐亦因桂陵、马陵之战而益强，形成两强并立的局面。西秦与东齐为了取得兼并战争的胜利，其余各国为了阻止大国的兼并，都频繁地进行各种外交活动，这就出现了所谓"合纵"与"连横"两种外交策略的交锋。"合纵"是指南北相连，"合众弱以攻一强"，以相对弱小的三晋为中心，北连燕，南连长江中游的楚，西可对付秦，东可对付齐。"连横"指东西联合，"事一强以攻众弱"，由强国拉拢一些弱国，打击、蚕食另一些弱国，或由秦、齐联手共同瓜分天下。一批胸怀韬略、能言善辩的游士政客纷纷游说于各国君主，纵横捭阖，翻云覆雨，人们称之为纵横家。魏国贵族的后裔张仪与东周洛邑人苏秦就是其中的代表人物。张仪曾频繁游说东方诸国，破坏齐楚联盟，削弱它们抗秦的力量。张仪死后，苏秦又游说各国，组织合纵攻齐或攻秦，在一定程度上削弱了强齐的作用，客观上为秦完成全国的统一创造了有利条件。

楚、齐相继遭到削弱而日趋衰落以后，秦国首先将矛头指向邻近的韩、赵、魏三国。三国之中，赵国的武灵王在周赧王十三年（公元前302年）开始推行"胡服骑射"的改革。他学习北方戎狄等胡人的骑马射箭，下令全国改穿胡人的短衣长裤，并亲自组建、训练一支强大的骑兵队伍，不仅打败了过去经常侵扰赵国的中山国，还向北拓地上千里，成为秦国东进的一大劲敌。秦国于是便集中主要力量来对付赵国。

秦昭王利用许多手段，向赵惠文王发起挑衅。他听说赵惠文王得到了一件稀世珍宝"和氏璧"，就写信说愿用15座城池与之交换。赵王和许多大臣怕得罪秦王，又担心他不讲信用。赵国大臣蔺相如自告奋勇，携璧出使秦国。秦王果然没有诚意，蔺相如巧妙地将璧取回，并派人由小道送回赵国，使"完璧归赵"。后来，秦王又约赵惠文王在渑池相会，蔺相如随赵王前往。酒兴正浓时，秦王令赵王鼓瑟助兴，并令秦国史官记下此事，以示侮辱。蔺相如也请秦王击缶助兴，秦王不肯，他跪在秦王面前说，就在五步之内，他可以将颈血飞溅到秦王身上！秦王只得勉强敲击一下瓦缶，蔺相如也叫赵国史官记下此事。秦国的大臣又挑衅地要求赵国拿15城为秦王祝寿，蔺相如也要求秦国拿都城咸阳为赵王祝寿。蔺相如为保卫赵国的尊严立下了大功，赵王拜他为上卿，地位在大将廉颇之上。廉颇很不服气，扬言要羞辱他一番，但蔺相如以国家大局为重，从不计较。廉颇非常感动，登门向蔺相如"负荆请罪"，与之结为刎颈之交。赵国内部因此安定团结，上下同仇敌忾，使秦国在一段时间内不敢出兵来攻。

周赧王五十三年（公元前262年），秦国攻占韩国的野王（今河南沁阳），迫降韩上党郡守。秦国遂发兵攻赵，双方在长平（今山西高平西北）相持了3年，秦军最后击败赵军，秦将白起活埋了赵国降卒40余万。秦军乘胜长驱直入，包围赵都邯郸，赵孝成王与相国平原君赵胜遣使向魏、楚求援。魏安釐王先是派晋鄙率10万大军往援，后因受到秦国使臣的威胁，又令晋鄙驻扎赵魏交界的汤阴，静观变化。平原君忙写信请他的妻弟、魏相国信陵君无忌设法帮忙。信陵君劝其兄安釐王下令进军救赵，安釐王始终不肯下令。信陵君最后采纳门客的建议，凭着曾帮魏王的爱妃如姬报过杀父之仇的份上，求她盗出发兵的虎符，假传王令，命魏军直奔邯郸救赵。秦军大败而去，赵国这才转危为安。

秦庄襄王三年（公元前247年），13岁的秦王嬴政（公元前259—前210年）即位后加快了兼并六国的步伐。嬴政的父亲子楚原是秦国的公子，后被送往赵国做人质。在邯郸经商的卫人吕不韦认为立一国之主比经商更能获利，便把自己已怀孕的宠妾夏姬献给子楚为妻。子楚的父亲是秦太子安国君，其正室华阳夫人无子，吕不韦又花大量钱财进行活动，让安国君夫妻立子楚为嫡嗣。秦昭王死后，安国君继位为孝文王，子楚也就被立为太子。孝文王即位仅3日便一命呜呼，子楚登基为庄襄王，吕不韦被任命为相国，封文信侯，获洛阳食邑10万户。庄襄王在位3年又死去，夏姬所生的儿子嬴政继位，因为年幼，一切政务皆由太后及吕不韦处理。吕不韦不仅位及相国，而且取得"仲父"（次父）的称号，野心日益膨胀。他网罗3000门客，杂糅儒、法、道、农、五行诸家学说，编纂《吕氏春秋》，企图影响和控制秦王嬴政。吕不韦还和太后的亲信宦者嫪毐相勾结，把持朝政。秦王嬴政九年（公元前238年），22岁的嬴政举行加冠典礼，即将亲政，嫪毐发动叛乱。嬴政果断调兵镇压叛乱，车裂嫪毐，随后将吕不韦贬到巴蜀，吕畏罪自杀。亲政以后，嬴政选用贤能，任命李斯为相国，尉缭为国尉，整顿内政，为大规模的统一战争扫除了内部的障碍。

秦王嬴政十年（公元前 237 年），嬴政采纳李斯的建议，着手开始扫灭六国、统一中原的战争。从第二年起，秦军连续四次攻赵，给赵军以严重的打击。韩、魏两国十分恐慌，相继向秦献地。秦国乘韩王献地之机灭掉韩国，然后挥师灭赵。正在这时，发生了燕太子丹派遣荆轲刺秦王的事件。

燕太子丹早年曾在赵国做过人质，同当年随父母生活在赵国的嬴政相处颇好。嬴政即秦王位后，燕太子丹又到秦国当人质，没料到嬴政对他却很冷淡。燕太子丹很气愤，就私自逃回燕国，秦、燕两国从此绝交。赵国灭亡后，秦军兵临燕境。燕国国小人少，力量薄弱，燕王喜惶恐不安。为了挽救危局，太子丹决定派人行刺秦王嬴政。他在燕下都（今河北易县武阳）找到卫人荆轲拜为上卿，要他去完成这个任务。荆轲慨然允诺，并建议太子丹杀掉前来投奔的秦叛将樊於期，割下其头颅献给秦王嬴政作为见面礼。秦王嬴政二十年（公元前 227 年）秋，荆轲带着樊於期的头颅和卷着一把匕首的燕国督亢（今河北涿州、定兴、高碑店、固安一带）地图，和副手秦舞阳在易水岸边向送行的太子丹告别。荆轲慷慨悲歌："风萧萧兮易水寒，壮士一去兮不复还！"歌罢登车而去，终不反顾。荆轲和秦舞阳到达秦都，向秦王献上樊於期的头颅和督亢地图，表示燕国愿降于秦。当嬴政展开地图，图穷匕首见，荆轲即抓住秦王的衣袖，拿起匕首行刺。嬴政扯断衣袖，绕着宫殿里的立柱躲闪。荆轲行刺未果被杀。

后来，东晋诗人陶潜在《咏荆轲》中歌颂他说："其人虽已没，千载有余情。"

　　荆轲刺秦王失败后，嬴政下令大举攻燕。秦王嬴政二十一年（公元前226年），秦军攻入燕都，太子丹和燕王喜逃往辽东。第二年，秦军进攻魏都大梁，因久攻不下，遂掘开黄河堤坝，引黄河、鸿沟之水淹灌大梁。3个月后，魏国灭亡。第三年，秦军又破楚都寿春（今安徽寿县），迅速向江南楚地推进，灭了楚国。秦王嬴政二十六年（公元前221年），秦军攻破齐都临淄，灭掉齐国，完成了统一全国的大业。

　　春秋以来长达500余年的诸侯割据纷争局面终告结束，饱受战患之苦的黎民百姓终于又看到了恢复生产、过上安定生活的希望。

黄河两岸的动荡岁月

铁器的应用与城市的发展

崛起于黄河中游的秦国之所以能最终翦灭六国，实现统一，这自然有秦王嬴政的功劳，正如李白的《古风》所歌颂的，"秦王扫六合，虎视何雄哉""明断自天启，大略驾群才"，但它归根结蒂乃是黄河流域生产力迅速发展以及由此引起的生产关系变革的必然结果。

春秋战国时期，黄河流域生产力发展的一个重要标志是铁器的使用。中国掌握块炼铁技术晚于西亚诸国。1978年在甘肃灵台景家庄春秋早期秦墓中出土了一把铜柄铁剑，1990年在河南三门峡上村岭春秋初年虢国贵族墓中也发现了一件铜柄铁剑，经鉴定都是采用块炼铁锻成的，并且是用块炼铁渗碳锻成的钢制品。这说明中国人掌握冶铁技术后就有新的发展。到春秋晚期，人们更发明了在较高温度下将铁矿石液化还原炼成生铁即铸铁的技术。长江流域春秋晚期楚墓出土的铁丸、铁锸和铁鼎，经分析即为铸铁。《左传》还记载了周敬王七年（公元前513年）晋国铸刑鼎的事件，表明当时黄河流域的人们也已掌握了生铁冶炼技术。战国时期，铁器的使用更为普遍。地处黄河流域的秦、韩、赵、魏、燕、齐诸国的遗址均有铁器出土。河南洛阳水泥厂战国早期灰坑出土的铁锛和铁铸，经考察均系生铁铸件经柔化处理而得的产品。这说明中国是世界上最早发明生铁的国家，同时也是世界上最早掌握生铁柔化处理技术的国家。

欧洲直到公元初年，罗马才偶尔能

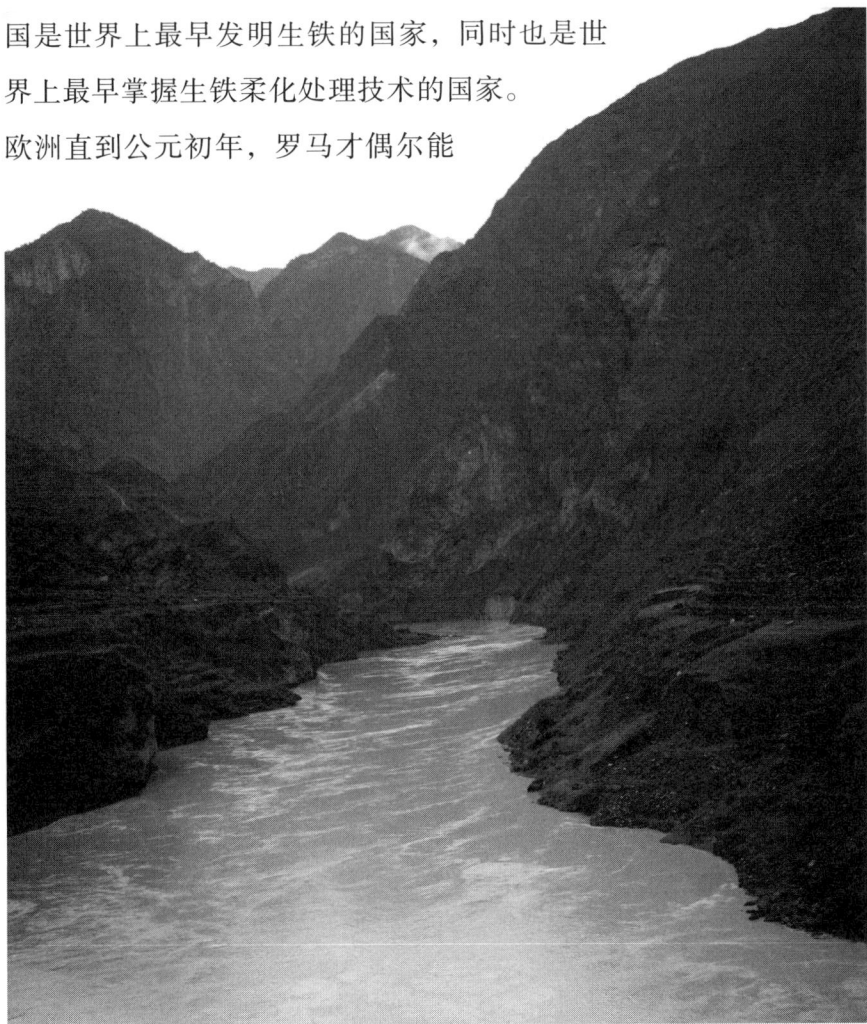

黄河上游峡谷（彭山 摄）

生产生铁，且多弃而不用，直到14世纪才真正开始使用生铁铸造物品，而欧美掌握生铁柔化处理技术更比中国晚了2000多年。我们民族发明的这些冶金技术后来不断得到发展，直到明代，一直居于世界先进地位。

战国时期黄河流域铁器的大量发现表明当时铁器的使用已经在七国境内推广普及，不仅用做作战武器和生活器具，而且广泛用做农业和手工业工具，尤以生产工具为大宗。随着冶铁技术的进步，黄河流域在春秋时期已出现了铁犁，到战国时更得到广泛的应用。铁犁牛耕的出现使黄河流域的许多荒地得到开发，也使平民独力开垦荒地成为可能，提高了他们在私田上劳动的积极性。他们纷纷垦殖私田附近的荒地，扩大私田的数量，而不肯"尽力于公田"。一些贵族还凭借自己的势力，与周天子争夺公田，把公田变为自己的私田。争田事件层出不穷，土地转移非常频繁。这样，一方面是私田数量不断扩大，庄稼越种越好，另一方面是公田面积日益缩小，并出现"维莠骄骄""维莠桀桀"的荒芜景象，井田制因此日趋瓦解。随着各国变法和改革的展开，土地全都按亩征税，可以自由买卖。旧贵族、新官僚和大工商者竞相购买土地或者通过建立军功来获得土地赏赐，拥有大量土地。他们改变剥削方式，允许耕种土地的劳动者在交出作为地租的大部分产品后保留部分产品以供己用。这样，土地占有者就变成封建地主，耕种土地的劳动者则变成封建农民。封建土地所有制逐步取代了奴隶主土地国有制。在封建土地所有制之下，以一家一户为经营单位的小农经济开始形成，推动着传统农业向精耕细作的方向发展。

铁器的使用和农业的发展促进了黄河流域手工业的进步。手工业的生产部类日益增多，分工也日趋细密。纺织、冶铁、青铜铸造、采矿、煮盐、竹木器、漆器、皮革、制陶、酿酒业都有很大的发展。冶铁与煮盐的发展尤为迅速。到战国时，黄河流域各诸侯国都有冶铁中心，如赵国的邯郸，齐国的临淄，韩国的冥山、新郑、阳城，燕国的兴隆等，大的冶炼场有好几百名冶铁工人。煮盐则以齐国的渠展之盐、燕国的辽东之盐和魏国的河东之盐最为著名，齐、燕之盐为海盐，魏国之盐是池盐。手工业的经营方式也发生了巨大的变化。过去的手工业生产全由官府控制经营，称做"工商食官"，产品只供贵族统治者消费，并不进入市场交换，生产者全是奴隶，没有人身自由。到战国时期，在黄河流域辽阔的土地上，除了官府直接掌握的官营手工业，还有家庭手工业、个体手工业和私营的大手工业。私营的大手工业主要集中于冶铁和煮盐部门，富可敌国。如鲁国的猗顿，在今山西运城一带经营池盐致富；邯郸的郭纵以冶铁为业，"与王者埒富"。

随着农业和手工业的发展，社会分工进一步扩大，大批商品投入市场，商业也进一步发展起来。当时的商人既有坐贾，也有行商，既有官商，也有私商。商业的活跃促进了金属货币的发展。春秋中期以铜贝为多，晚期则以铜铲为最。至战国，中原地区因地域的不同而流行多种金属货币，贵金属也在此时加入货币的行列。

工商业的发展促进了城市经济的繁荣，黄河中下游地区兴起了城市建设的新高潮。黄河流域城市建设的第一次高潮出现在西周分封诸侯之时，当时每一个诸侯国都有其都邑"城"和治理的地区"野"。到东周时，王权衰落，诸侯纷争，各国为了防御他国，保卫自身，纷纷增筑城墙，挖掘濠沟。不过，这时的城市还仅仅是国君士大夫所居的政治中心，而且其规模受到周朝制度规定的王九里、公七里、侯五里、男三里的严格限制，城邑都不大，城"无过三百丈者"，人"无过三千家者"。进入战国时代，黄河流域城市的建设出现了第二次高潮。不仅城市不断涌现，而且规模已突破"先王之制"的限制，出现了"千丈之城、万家之邑相望"的景象。城市的内部结构也发生了巨大的变化，由原先单纯的政治中心演变为兼具政治中心、经济中心与文化中心的功能。当时，著名的大城市有秦的雍城、咸阳，晋的新绛（今山西曲沃西），燕的下都，赵的邯郸，韩的阳翟、新郑，齐的临淄，魏的大梁，鲁的曲阜等。临淄是当时首屈一指的工商都会，建在淄水之滨，由大城与小城两个部分组成，城墙总周长21433米，总面积达30万平方千米。据苏秦的说法，当时的临淄有7万户，另有士卒21万。若按每户4~5人计算，城市人口当在30~35万。按男女性别比计算，则有40余万人口。新郑位于洧水与黄河的交汇之处，背靠豫西山地，面向黄淮平原。故城周长约19千米，面积约14平方千米。一道南北隔墙将故城分为东、西两城。东、西两城有许多著名的里市街道，道路十分宽阔，可并行9辆车子。城里宫阙巍峨，殿堂高大，街道纵横，车马如织；东门之外，游人云集。

战国以来封建经济的飞跃发展使黄河流域与全国各地区的经济联系逐步得到加强，形成"四海之内若一家"的形势，为全国的统一创造了条件。但是，分裂割据的状态又使各国"壅防百川，各自为利"，互相制造水患，破坏农业生产的发展。而且，由于割据各国的纷争，关卡林立，币制不一，也妨碍商品的流通和市场的扩大，限制着手工业和商业的进一步发展。实现全国的统一已成为经济发展的需要和人心之所向。秦王嬴政正是顺应历史发展的趋势和人心之所向，才得以完成统一大业的。

　　黄河在全线贯通以后，对其下游的河道走向，先秦文献曾作过记载。人们所熟悉的《禹贡·导水》记述其下游故道"禹贡河"曰："东过洛汭，至于大伾；北过降水，至于大陆；又北播为九河，同为逆河入于海。""洛汭"为洛水注入黄河之处，"大伾"在今河南浚县，说明古黄河东过洛汭后，自今河南荥阳广武山北麓往东北流去，至今浚县西南大伾山西古宿胥口，再沿太行山东麓北流。"降水"即漳水，"大陆"指大陆泽（又称巨鹿泽，在今河北隆尧、巨鹿、任县之间，今已淤为平陆），说明古黄河在今河北曲周县南接纳了自西东来的漳水，然后北过大陆泽。"九河"泛指多数，是说古黄河下游因游荡不定，在冀中平原漫流而形成的多股河道。"逆河"则是在河口潮水倒灌而呈逆流之态。《禹贡》所记的范围过于宽泛，历代的学者曾做过许多考证，试图弄清河道的具体走向，但意见很不一致，

黄河黑山峡（彭山 摄）

有的甚至互相抵牾。此外，《汉志》《汉书·地理志》《汉书·沟洫志》《水经河水注》还记载了一条黄河古河道，称为"汉志河"。这条"汉志河"自宿胥口东北流至今濮阳县西南，然后北折流经大名至今馆陶县东北，东折至山东冠县、高唐、平原、德州等县市，德州以下复入河北，至东光县西汇合漳水，经吴桥、沧县而东入渤海。20世纪60年代以来，经过地质勘探和考古调查，学术界认为，"汉志河"其实就是"禹贡河"。

近几年的考古发掘证明，汉代以前，豫北地区存在着两高一低的高地与谷底组合：内黄西—汤阴—安阳西线高地、滑县东—濮阳西—清丰西东线高地以及内黄东部和濮阳西部之间的谷底。这个自然地貌决定了古黄河过宿胥口后应向东北折转，走内黄东部和濮阳西部之间地势最低的谷地，即"汉志河道"。近年在这一河道的东西两岸发掘出许多古聚落与城址，就是证明。近年在华北平原的地质勘探还显示，与濮阳北部黄河故道相连接的华北平原存在着一条宽阔的古河道带。其中，从内黄、濮阳进入豫冀交界处之后又分出三条河道带：第一条为黄、清、漳河古河道带，这是黄河流过大名后的分支屯氏河向北流淌，注入清、漳河后留下的河道；第二条由馆陶南分出，经冠县、临清、故城、德州、东光、沧州至青县，与文献记载的"汉志河道"一致；第三条向东经濮阳入山东界，在范县附近分成南北两支，应是《汉志》记载的漯水。综合考古调查与地质勘探，"汉志河道"最迟形成于 8000 年以前。黄河下游的这条古河道大致经今河南滑县东、濮阳县西南、清丰西北、南乐西北，再经河北大名东、山东冠县，过河北馆陶后，经山东临清、高唐、平原南、德州市东，至河北吴桥西北流向东北，经东光、南皮至沧州折向东流，在黄骅西南流入渤海。

从西周开始，黄河流域的气候逐渐转冷变干，植被逐渐减少，水土流失相对加重，河水含沙量相对增加，黄河下游开始决溢泛滥。周定王五年（公元前 602 年）河徙便是其中见于记载的一次大规模的决溢泛滥。由于决溢泛滥，有时便形成多股分流的局面。古人称黄河为"河""大河"，"河"成为黄河的专称。由于黄河决溢泛滥，四处漫流，河北平原的十几条河流，如清河（今南运河）、漳河、滹沱河、笃马河（今马颊河）、商河等，往往成为黄河下游的一段河道，因而也被称为"河"。

经过春秋时代的列国兼并，黄河下游为几个大诸侯国所占有。到战国时代，黄河下游的西岸是赵、魏的领土，东岸是齐国的领土。随着人口的增加、铁器的使用，赵、魏、齐等国的居民便在自己的村落或耕地外围修筑堤防，以防止洪水的侵袭。后来，在战国中期（即公元前4世纪左右），《汉书》所记大河东岸的齐国和西岸的赵、魏两国在各自的河段完成了防河大堤的修筑。齐国所修的堤防距离河床25里，赵、魏所修的堤防也距河床25里，东西两道河堤相距50里，绵亘达数百里。有了这两道堤防的约束，河水不再四处漫流，洪水来时大溜亦可在堤内游荡，将泥沙落淤在堤内。由于有了固定的河道，下游许多分岔的支流渐趋消失，多股分流、决溢频繁的局面终告结束。

战国中期黄河下游两岸堤防的修筑是治黄史上从分流到约束的一大转变。从此，这种修筑两岸堤防约束河水的办法便成为中国治河的基本方法之一。

战国时期，除修筑黄河下游的河道堤防外，黄河流域的各诸侯国为发展农业，还修建了许多治水工程，著名的有魏国的漳河渠和秦国的郑国渠。漳河渠是魏文侯命西门豹做邺县（今河北临漳西南）令时修建的，也称西门渠。它的修建使漳河两岸的农田免除了洪灾并得到灌溉，"民人以给足富"。

郑国渠是战国末年秦王嬴政元年（公元前246年）动工兴建的，这项工程的设计与主持者郑国是韩人。当时，关中地区雨量稀少，他建议秦王嬴政在泾、洛之间修建一条水渠，引水灌溉农田，为嬴政所采纳。郑国渠全长150多千米，历时10余年始克完工。郑国渠起自云阳县（今陕西泾阳西北）西7.5千米处的中山（今仲山）西谷口（又叫瓠口）地方的泾水岸边。泾水从陕西北部流来，经过今永寿、淳化等地的山岭，到这里恰好通过峡口，进入关中平原。关中平原东西长数百千米，南北宽数十千米，北面依山，西北略高，东南略低。郑国就选择西谷口作为渠首，利用谷口东、西两面的山岭，修建石堰大坝，拦截泾水，再沿关中平原北部的山脚修建水渠，引泾水沿着海拔 420 米的等高线东行，流至今三原县北汇合浊水及石川河水道，再往东流至今富平、蒲城县以南，在龙阳镇以北注入洛河。整条干渠沿着关中平原北面的山脚向东伸展，处于整个灌区的最高地带，不仅可以最高限度地控制灌溉面积，而且能够全部实现自流灌溉。郑国渠修成以后，灌溉面积达到 18.6 亿平方米，"于是关中成沃野，无凶年，秦以富强，卒并诸侯"。

黄河水系的航运在春秋战国之前即已存在。古代的传说把舟楫的发明归功于黄帝，说他"刳木为舟，剡木为楫"。这当然是不真实的，但却从一个侧面反映了黄帝部落活动的黄河流域存在舟楫的事实。到了商代，殷墟出土的甲骨文已有舟船和帆的记载，并留下商朝大军渡过淮河、黄河的记录，说明当时黄河中游的某些河段已通航运。到了西周，周武王"率戎车三百乘，虎贲三千人，甲士四万五千人，以东伐纣……毕渡孟津"，航运的规模已相当可观。进入春秋战国时期，黄河水系的航运进一步发展。周襄王五年（公元前 647 年）冬至六年春，晋国发生大饥荒，向秦国购买大批粮食，"秦于是乎输粟于晋，自雍及绛"。在黄河的枯水期，秦国的大批粮食尚能由秦都雍城通过渭河进入黄河干道，又进入汾河，运到晋都新绛。据《禹贡》的记载，战国时全国各地的贡赋都可以通过黄河的水系运到中原地区。在长江流域，可经由三条交通线进入黄河水道：一是由长江入嘉陵江，过汉水，陆运入渭河，再进入黄河；二是由长江入嘉陵江，过汉水，出丹水，陆运与洛水相接，再进入黄河；三是由长江出海，转道淮河口入淮，然后由淮入泗。在淮河流域，则可由淮河入泗水到达菏水，再接济水直通黄河。在山东，可"浮于济、漯，达于河"，亦可"浮于汶，达于济"。黄河的上游地区，自青海以下也能通航，可"浮于积石，至于龙门西河（古称西部南北流向的黄河为西河），会于渭汭"。战国中期，鸿沟的开挖更使黄河下游的航运得到进一步的发展。沟通河、淮的鸿沟水系是黄河大堤修筑后不久在魏国出现的。那时，魏惠王为了争霸中原，于魏惠王九年（公元前362年）将都城由山西南部的安邑迁至河南的大梁，第二年便着手开挖鸿沟。先从北面的黄河或荥泽（在今河南荥阳市境）引水进入圃田泽（在今河南郑州、中牟之间），然后从圃田泽开挖大沟东至大梁。荥泽与圃田泽便成为调节鸿沟水量的大水库，"北盛则北注，渠溢则南播"。魏惠王三十一年（公元前340年）又从大梁开大沟，引圃田水东行，然后折而向南，与淮河的支流颍水相连。鸿沟的挖掘沟通了黄河与淮河的水道，使济、濮、濉、涡、颍、汝、泗、丹诸水都通连起来，形成一个以鸿沟为骨干的水上交通网络——鸿沟水系。不仅如此，在鸿沟的东南，通过淮河又可经由吴国开凿的邗沟到达长江与东海，在东北通过济水还可经由齐国开凿的淄济运河到达淄水岸边的齐都临淄，从而使黄河与东海岸的一些主要水道都连接起来，形成一个更广大的水上交通网络。

春秋战国时代，黄河流域经历剧烈的社会大变革，阶级关系发生了巨大的变动，反映到意识形态领域，便形成了诸子百家争鸣的局面。

百家争鸣的出现，首先要有一定的物质基础。春秋战国时代，随着封建经济的萌生与发展，黄河流域各国的自然科学水平迅速提高。冶铸技术的发展及天文历法、数学、力学、光学、医药学所取得的成就开拓了当时思想家的眼界，推动他们思维能力的发展，促进了唯物论和朴素的辩证法思想的形成。

"学在官府"局面的打破、私学的兴盛、士的崛起则是百家争鸣出现的重要条件。夏、商、周时代的黄河流域，"学在官府"，从地方的庠序到诸侯的泮宫，乃至天子的小学、大学，所有学校皆为官府所垄断。至春秋战国，礼崩乐坏，学校不修，私人讲学之风乘机兴起。为了延揽人才，广采博议，襄助霸业，各国诸侯大都对私学采取支持和扶植的态度。齐国的稷下学宫就是这个时期私学繁荣的一个象征。稷下学宫始创于齐桓公之时。齐桓公得管仲之助，成为五霸之首，下令在齐都临淄西城门稷下设立学宫。到齐威王时，稷下学宫初步形成规模。稷下学宫前后经历桓、威、宣、湣、襄五代君王，存在 150 年之久。它虽是一所由官府出资兴办的学校，但教学工作却聘请各诸侯国的著名学者主持。主政的君王采取兼容并蓄、来去自由的政策，给予应聘的著名学者极高的尊宠和优厚的待遇，甚至尊为上卿，食禄万钟。各派学者纷至沓来，其中既有儒家的孟子、荀子，道家的彭蒙、宋钘、尹文、接子、环渊，法家的慎到、田骈，名家的田巴、兒说，阴阳家的邹衍、邹奭，以及博学而无所归属的淳于髡、鲁连仲等。这些学者不仅收徒授业，而且著书立说。《宋子》《田子》《蜎（环）子》《捷（接）子》诸种著作均产生于此，《管子》《晏子春秋》《司马法》《周官》等书也都是在稷下学者的参与下编成的。这些学者喜议政事，以干世主，对齐国的强盛起着积极的促进作用。

　　黄河流域私学的兴起使士的队伍迅速地发展壮大。士原属于统治阶级的一部分，处于贵族的最底层。他们本有一定数量的"食田"，受过礼、乐、射、御、书、数等六艺的多种教育，能文能武，平时做卿大夫的家臣，战时充任下级军官。但在宗法制度下，他们终身依附于卿大夫，不得有僭越之举。进入春秋时代，礼崩乐坏，他们的食田逐渐丧失，除了六艺知识，已一无所有。随着宗法制度的松弛，他们摆脱了卿大夫的役使，有了较大的人身自由，于是便自择明主，投奔到那些较有远见卓识的王侯之下，为其争霸天下出谋划策。黄河流域各国的王侯为了实现自己的政治抱负，正以高额的报酬网罗人才，赐予锦衣玉食，拜为将相。黄河流域的有些王侯甚至仿效齐国设立稷下学宫的做法，设馆招徕士人，如燕昭王设下都学馆以招贤者，齐国的孟尝君、赵国的平原君、魏国的信陵君、秦国的吕不韦也都设有用来养士的门馆。据说，孟尝君有食客数千人，平原君、信陵君、吕不韦皆养士3000人。士的身份地位和待遇的提高赢得不少人的羡慕。一批失去往昔尊贵和荣华的王公贵族的破落子弟也纷纷加入士的行列。私学的兴盛更使不少庶人拜师学艺，变成知识人才，跨进士的阶层。士的队伍于是迅速壮大，人数空前增多。

在春秋战国剧烈的社会大变革中，新兴的地主阶级虽然先后夺取各诸侯国的政权而跃居统治地位，但其思想还没有成为统治思想。同时，剧烈的社会大变革进一步动摇了神权的统治地位，确立起人是万物之本的认识，促使人的主体意识的觉醒。士人因而具有强烈的人格独立精神，勤于思考，敢于发表并坚持自己的政治主张，不屈从任何政治势力。黄河流域各国的王侯为了寻找最佳的治国方略，不仅采取宽容的学术政策，对各种学说"兼而礼之"，而且对提出符合自己需要的主张的士人都优礼有加，委以重任。各派士人为了实现自己的理想，便往来奔走于列国，竞相提出自己的主张，发表自己的见解，从而出现群星荟萃的"诸子百家"与"百家争鸣"的盛况，揭开了中国文化史上最为光彩夺目的篇章。

所谓诸子百家，是指春秋战国时期思想文化领域反映各不同阶级及其阶层利益的思想家及其著作的总称，主要有儒、墨、道、法和兵等家，其代表人物大多出生在黄河流域或活动于黄河流域。是黄河的流水哺育了他们的灵魂，是黄河流域的黄土地为他们提供了传播思想的舞台。

儒家追求的是"大道之行也，天下为公，选贤与能，讲信修睦"的大同理想。这个学派的创始者是孔子。孔子（公元前551—前479年）名丘，字仲尼，鲁国陬邑（今山东曲阜）人。其祖先是宋国的贵族，但很早就衰落了。孔子生活在春秋末期，主张维护西周的礼乐制度，并主张对社会进行一些改革，对人民实行德政。他提出以"仁"为核心的伦理思想，首创儒家的"仁学"体系。何谓"仁"？《礼记·中庸》说："仁者，人也。"孔子则直接解释为"爱人"，主张要尊重人的价值，珍惜人的生命，"己欲立而立人，己欲达而达人"，"己所不欲，勿施于人"。有一次遇到马厩失火，他就问"伤人乎？"而不问是否伤马。孔子把"仁人君子"视为理想的人格并加以提倡，认为这种人格的培养可以通过主观的努力、自觉的道德修养来实现，"我欲仁，斯仁至矣"。孔子的仁和礼是互相统一的，他强调"克己复礼为仁"，人们进行道德修养，要做到"非礼勿视，非礼勿听，非礼勿言，非礼勿动"，形成仁德，从而恢复礼治。

孔子首开私人讲学之风，"有教无类"，广收门徒，先后培养出3000弟子，其中有成就者72人。孔子主张"不耻下问"，学思并重，主张因材施教，实行启发式教育。他的这些教育思想、教学原则和教学方法为后来儒家的学校教育乃至此后2000多年封建社会的教育奠定了基础。

孔子的思想对中国历史和传统文化的发展产生了深远的影响，因此他赢得后人无比的怀念和尊崇。孔子死后一年（公元前478年），鲁哀公命令祭祀孔子，在陬邑（即今曲阜）辟其故宅三间，"因以为庙"，岁时祭祀。西汉以来，历代封建帝王不断给孔子加封各种谥号，孔庙也不断进行重修，规模越来越大。现存的孔庙面积有21.8公顷多，南北全长 1120 米，前后共有 9 进院落，466 间房屋。内有 5 座大殿、53 座门坊、13 座碑亭和许多祠、坛、阁、堂等建筑，组成了一个布局严整、气势雄伟、巍峨壮丽的庞大建筑群。屹立在孔庙中央的大成殿是祭祀孔子的主要场所，与北京故宫太和殿、泰安岱庙天贶殿并称"东方三大殿"。孔庙的东侧有孔府，是孔子后世嫡系长孙居住的府第。曲阜城北 1000 米处还有孔林，是孔子及其家族的墓地。孔庙、孔林、孔府现今已被列入《世界文化遗产名录》，每年都吸引着大批炎黄子孙和海外游客前来参观和凭吊。

山东曲阜孔庙大成殿（纪程 摄）

黄河两岸的动荡岁月

孟子是战国中期的儒家代表人物。孟子（约公元前390—前305年）名轲，出生于距离陬邑不远的邹（今山东邹县），受业于孔子的孙子子思。孟子是孔子的再传弟子。他继承并发展了孔子的"仁学"学说，认为人皆有"恻隐之心"，即同情心，"恻隐之心，仁之端也"，"无恻隐之心，非人也"。他主张实行"仁政""王道"，并提出"民贵君轻"的思想。孟子主张"性善论"，认为"人皆可以为尧舜"，关键是要不断地"反求诸己"，在主观内省上下功夫，"养浩然之气"。他认为理想人格应该是"居天下之广居，立天下之正位，行天下之大道。得志与民由之，不得志独行其道。富贵不能淫，贫贱不能移，威武不能屈，此谓之大丈夫"。他主张每个人都应该为正义的事业而献身，"以身殉道"，"舍生取义"。后人称孔子为"至圣"，孟子为"亚圣"，把他们的思想并称为"孔孟之道"，并在孟子的故里今山东邹县建有规模宏大的孟庙、孟府和孟林，以纪念他对中国儒学发展所作出的杰出贡献。

战国末年的荀子是儒家的另一个代表人物。荀子（约公元前313—前238年）名况，字卿，赵国人。荀子突出强调的是推行王道于天下，成就富国裕民的事功。荀子认为国君与民众的关系就好比水与船的关系，"水能载舟，亦能覆舟"。荀子最突出的贡献是提出"戡天"思想。他认为天是客观存在的自然，"天行有常，不为尧存，不为桀亡"。人类从属于自然，依赖于自然，不可以"与天争职"。但是，人又可通过实践"知天"，认识自然界的客观规律，进而"戡天"，改造自然，利用自然，"制天命而用之"，最后达到"天地官而万物役""与天地参"的和合境界。

墨家是春秋战国之时与儒家齐名的学派，史称"孔墨显学"。墨

老子骑青牛出函谷关像（陈红宇 摄）

黄河两岸的动荡岁月

家的开山祖师墨子（约公元前468—前376年）名翟，鲁国人，一说宋国人，又说是楚之鲁阳（今河南鲁山）人，但长期住在鲁国。他出生于社会下层，其思想的核心是"兼爱"，认为"天下兼相爱则治，交相恶则乱"，天下之所以纷乱是因为无兼爱之心。所以，他主张"兼相爱、交相利""摩顶放踵，利天下为之"，在苦难的人间建立一个相爱相助的天国。墨子主张"尚贤"，"有能则举之，无能则下之"；主张"非攻"，反对诸侯的兼并争霸战争。墨子还重视自然科学的研究，他的自然科学研究不仅与逻辑学、数学相结合，具有精密、定量的特点，而且与工艺技术相结合，具有以科学为天下人谋利的优点。

道家是春秋战国时期的又一个著名学派，为老子所开创。老子姓李，名耳，字伯阳，谥聃，他的年龄大于孔子，具体生卒年代已不可考。老子出生于陈国，具体出生地有苦县（今河南鹿邑东）、亳县（今安徽亳州涡阳）等多种说法。后来，他北上担任周王室管理图书的官员。他眼见周的朝政日趋衰败，遂辞官西行，应函谷关令尹喜之请，著书5000言。写罢，出关而去，不知所终。这部书就称《老子》，因为它在汉代以后被尊为道教经典，又称《道德经》。老子提出了一个形而上的"道"作为宇宙万物的根本，认为道是万物之宗，但道的作用又是无目的的，是自然而然的，叫做"道常无为而无不为"。因此，他主张"无为而治"。老子具有朴素的辩证法思想，认为各种事物都有对立面，对立的双方能够互相转化。老子是中国哲学史上系统地提出辩证法理论的第一人。老子的思想不仅对中国传统文化的形成和发展曾产生过重大的影响，而且广泛传播于海外，受到世界许多学者的高度重视。

庄子是继老子之后道家学派的最主要代表，与老子合称"老庄"。

庄子（约公元前369—前286年）名周，约与孟子同时代人。《史记》说他是宋国"蒙人也"，其他有人说在今河南民权县，也有人认为在今山东东明县。他曾在家乡当过管理漆园的小吏，与魏相惠施交游至深，后拒绝楚威王的聘请，隐居从事著述。庄子认为"道"是万物的本原，是"无为无形"的，是一种无所不有的"无"。庄子对现实社会中的"窃钩者诛，窃国者侯"的不公平现象十分不满，力图寻求自我的精神解脱。他追求绝对的精神自由，重视人的生命，强调全身养生，弃绝钱财、权力和名誉，顺着自己的本性，随心所欲地发展，进而达到"天地与我并生，而万物与我为一"的境界。庄子的思想曾对中国的思想界产生过深远的影响。

法家是春秋战国时期的另一个重要学派。法家萌芽于春秋之时，而大兴于战国时代，先后涌现出李悝、吴起、申不害、商鞅、慎到等一批代表人物，韩非是法家思想的集大成者。韩非（约公元前280—前233年）是韩国公子，喜好刑名之学，曾与李斯一同师从荀子。韩非继承并发展了前期法家的"法""术""势"思想，形成了完整的法家思想体系。他的"法"主要是祖述商鞅，主张明法令、设刑赏，"以法为教"，"法不阿贵"。他的"术"主要承自申不害，强调君主要用权术控制臣下。他的"势"主要是吸收慎到的思想，主张"事在四方，要在中央；圣人执要，四方来效"，由君主独掌权力，实行中央集权的独裁专制。韩非的法治思想为封建中央集权制提供了理论依据。他的著作传入秦国后，秦王嬴政极为赞赏，说："寡人得见此人，与之游，死不恨矣！"后来，他的学说由秦王嬴政亲自付诸实践，从而建立起专制主义中央集权的统一国家，对中国的历史产生了深远的影响。

孙武像（纪程 摄）

兵家是对后世军事史和哲学史产生相当影响的一个重要学派，孙子是其中最杰出的代表。孙子名武，字长卿，春秋末期齐国乐安（今山东惠民，或说博兴、广饶）人，生卒年代已不可考，大约与孔子同时或稍晚。孙子为后人留下了一部不朽的军事著作《孙子兵法》。这部不足 6000 字的兵书深刻揭示了军事斗争内在的一般规律。他提出以"慎战""备战"为核心的"安国全军之道"，倡导"不战而屈人之兵"的全胜战略，强调在战略谋划上要"知彼知己"，进而制定正确的战略决策。在战争准备上要做到周到细致，在实行方式上要重视"伐谋"（挫败敌人的战略谋划）与"伐交"（挫败敌人的外交活动），作战行动要做到迅速、突然，速战速决。《孙子兵法》作为一部军事著作，不仅为中国古典军事理论奠定了坚实的基石，而且广泛流传于世界各国，对世界军事理论的发展和成熟产生了深刻的影响。《孙子兵法》同时也是一部精粹的哲学著作，被广泛引用于非军事领域，特别是外交、经济、体育领域，对人们的各种实践活动产生了重大的影响。孙子及其《孙子兵法》是中华民族的光荣和骄傲。

孙子的后世孙孙膑是战国中期的著名兵家。孙膑（约公元前 380—前 320 年）出生于齐国阿（今山东阳谷东北）、鄄（今属山东）一带，曾与庞涓同学兵法。《孙膑兵法》继承并发展了其先祖孙子的军事思想，认为战争的指挥者必须要了解和掌握天时、地利、民心、士气、敌情、战法和阵法等有关战争成败的重大问题，有胜利的把握就打，没有胜利的把握就不打，才算得上是优秀的将领。《孙膑兵法》原书久已失传，以至有不少人怀疑孙子及孙膑是否有兵书传世。1972 年山东临沂银雀山汉墓出土了《孙膑兵法》和《孙子兵法》，才使这件历史悬案得到解决。

在百家蜂起的春秋战国时代，黄河流域还涌现了许多重要的典籍，其中以《周易》《诗经》对中华文化的发展和民族性格的塑造的影响最为深远。

《周易》包括《易经》与《易传》两个部分。《易经》是一部占筮的书。它于殷末周初完成基本框架，春秋中期以前著成。《易传》是对《易经》的解释，从象数、义理方面阐述其精蕴，包括10篇文字，亦称"十翼"。《周易》第一次将华夏民族的原始记忆和意象上升到理性高度，提出了一个包括天道、地道、人道在内的关于自然、社会和人生普遍规律的思想体系。《周易》强调事物的整体性，明确指出天、地、人是一个整体，强调整体内部人与自然的和谐、平衡，并把"太和"（阴阳合和）看做是整体运动的最佳状态。《周易》还以朴素的辩证思维提出"一阴一阳之谓道""刚柔相推而生变化"的观点。《周易》把宇宙不断变化、运行的刚健自强、包容万物的法则引入人类社会，提出"天行健，君子以自强不息"与"地势坤，君子厚德以载物"的命题，要求人们仿效自然的刚健与包容精神，不畏艰难，努力拼搏，兼容并蓄，广泛吸收营养，以图个人的发展及民族和国家的强大。《周易》的整体思维和辩证思维对中国古代的科学文化，包括哲学、宗教、文学、音乐、绘画、雕刻、建筑、数学、天文、历法、医药以及博弈等，都产生了极其深刻的影响。《周易》的精神还陶冶了中华民族的民族意识和民族心理，引导了一代又一代的炎黄子孙为民族和国家的繁荣昌盛而献身。

《诗经》是中国最早的一部诗歌总集，最初称为"诗"，汉代以后被儒家奉为经书，才称为"诗经"。书中原本收录311篇作品，现存 305 篇。这些诗歌产生于西周初年至春秋中叶，大部分出自黄河流域，只有少部分出自江汉流域和淮河流域。《诗经》分为"风""雅""颂"三个部分。这些作品大部分属于民歌民谣，少部分出自公卿大夫、下级官吏和巫祝之手。《诗经》以现实主义的精神，用丰富简练、生动形象的语言和以赋、比、兴为主的多种艺术手法，反映了当时社会的重大事件、历史传说、典章制度、风俗习惯和社会生活。全书约编定于春秋中叶。孔子曾审订过《诗经》，并把它作为重要教材教授学生。经过孔子的提倡，《诗经》便被看做人们的"外交通则""政治教本""谏书"，变成一部教化人生的百科全书。在此后的两千多年中，《诗经》的影响大大突破了文学作品的审美领域，广泛地渗透到政治生活、精神生活、民族性格、民族心理的各个层次。

在百家争鸣的春秋战国时代，萌生于黄河流域的"和"的理念也逐渐趋于成熟。"和"字在我国出现很早，早期甲骨文的"和"写作"龢"。《说文》："龢调也，读与和同。"可见"和"源于"龢"。而"龢"又从"龠"从"禾"。《说文》："龠，乐之竹管，三孔，以和从声也。"由此可知，"和"字的产生乃源于上古的乐器及其演奏的乐曲，并由乐器的合奏及乐曲的合鸣引申出"和调""和谐""和合"等涵义。西周末年，据《国语·郑语》的记载，郑国的史官史伯在回答郑桓公"周其弊乎"的问题时，认为"和实生物"，"同则不继"，周的统治者"去和而取同"，一味追求"同"而抛弃"和"，必然要走向衰败。春秋时期，晏婴又进一步发挥了史伯"和实生物"的思想。据《左传》鲁昭公二十年的记载，晏婴在回答齐景公"和与同异乎"的问题时又明确指出"和与同异"。他认为，"和"好比做羹汤或弹奏乐曲，只有"济其不及，以泄其过"，才能成为美味佳羹或动听的乐曲。

到春秋末年，孔子更进一步提出"和而不同"的命题，认为"君子和而不同，小人同而不和"，把"和"的理念引进到儒家的思想体系之中。此后，"和"或和谐理念便成为中华文化的最高价值取向。

春秋战国时期是黄河流域乃至中国思想文化发展繁荣的一个黄金时代。以黄河流域为中心舞台的百家争鸣标志着黄河文化的成熟，也标志着中国古代理性文化的发展已跃进到一个新的高峰，为中国几千年政治、文化的发展奠定了基础。

第四章

黄河流域的 大 统 一

政治中心的形成

黄河流域的开放与上游地区的开发

繁荣昌盛的经济文化

黄河的改道与治理

秦王嬴政二十六年（公元前221年），黄河母亲看到崛起于关中平原的秦国完成对东方六国的兼并，建立起中国历史上第一个统一的多民族国家，她感到由衷的高兴。黄河母亲深知她那些因高山河流的阻隔而分散在各地的黄河儿女只有统一在一个国家之内，才能打破彼此的隔阂，形成更加强大的力量，加快前进的步伐，创造更加灿烂的文明，达到更高的历史境界。

国家的统一要求有稳定的政治中心。由于黄河流域从分散走向统一是一个渐进的历史发展过程，所以中国早期的政治中心——都城由屡次变动走向长期稳定也经历了漫长的岁月。在夏朝统治的470年间，都城的迁移就不下10次。商的迁都更为频繁，有"前八后五"之说。周的先祖古公亶父从豳迁居于岐，在此建立都城"京"；西周建国之前，周文王迁都丰京；武王伐周之后又建镐京；周公摄政之时，又建洛邑作为东都。到春秋战国之时，王室衰微，许多诸侯国的都城不仅突破"先王之制"，而且已由单纯的政治中心演变为兼具政治中心、经济中心与文化中心的功能，呈现出都城游离的状态。但是，在都城的频繁变动之中，稳定的政治中心所必需的经济基础也在逐步奠定与形成。以镐京为都城的周朝在灭商之后大力向黄河下游拓展势力，在洛河之畔建立洛邑作为东都，这样，由沣水、渭河、黄河、洛河的航运连接起来的东、西二京就把当时黄河流域乃至全国经济最发达的以关中平原为中心的西部经济区和以华北平原为中心的东部经济区连接起来，初步奠定其作为黄河文明乃至整个中华文明发展的轴心地位。在秦王嬴政统一东方六国之后，便在这个中轴地带先后形成了咸阳、长安和洛阳三个稳定的政治中心，使秦朝、西汉和东汉相继保持着大一统的格局。

咸阳与长安都在关中地区，相距不远。关中地区是黄河支流渭河的下游冲积平原，素称"陆海之枢纽"，境内土地肥沃，物产富饶，又有南边巴蜀地区农业和西北地区畜牧业的支持，经济十分发达，与关东同为全国人口最多、生产最发达的地区。它四周为秦岭、北山山系以及黄河所环绕，有四塞为固，进可攻，退可守，而且又地处全国之上游，如对关东用兵，顺黄河而下，就犹如高屋建瓴，势如破竹。而在关中盆地，渭北泾、渭交汇之处又有大片的平原区，特别是丰、镐故都之东、渭河南岸，更有一片东西长达百里的小平原，其间不仅原隰相间，而且又有八水环绕，也具备建都的优越地理条件。因此，秦与西汉都选择在关中建都。

秦孝公时，商鞅实行变法，将秦都从栎阳迁至咸阳，开始在渭河北岸修建冀阙。后来，秦昭王又在渭南修建兴乐宫，在渭北修建成阳宫，并造横桥 380 步，以通南北二宫。秦王嬴政二十六年（公元前221 年）统一东方六国后，称始帝。第二年又在渭南修建信宫，形如传说中天帝所居的天极（北斗），且筑甬道通连骊山。在统一六国的过程中，秦始皇还派人画下六国宫室的图样，在渭北高陵之上地势高爽之处进行仿建，形成一组壮丽的六国宫殿群。统一六国之后，又在渭北修建兰池宫，在渭南兴乐宫西边上林苑中修建阿房宫。此外，秦始皇还在骊山北麓（今陕西西安临潼区域东）为自己修建了一座宏大的陵墓，墓高 120.6 米，今残高 64.9 米，周围长 5 里。墓内的地下建筑极为华丽，穹顶有日月星辰，下有水银做成的江河湖海，中间有宫殿、楼阁，藏有大量奇珍异宝。陵墓周围的陪葬区还有许多地上和地下的建筑物，在已发掘的三个兵马陶俑坑内已出土陶俑7000 多个、驷马战车 100 多辆、陶马 1000 余匹。这些全副武装的武士、马匹陶俑排列成庞大的军阵，面向东方，似在展现秦国大军浩浩荡荡横扫六国的威武场面。秦始皇陵和兵马俑今已列入《世界文化遗产名录》。经过将近一个半世纪的营建，咸阳逐渐形成一个庞大的城市建筑群。整座城市沿着渭河北原高亢的地势营造殿宇，并以这些殿宇为中心向四方开门，犹如天帝所居之紫微垣；渭河从城市中间穿流而过，恰似银河亘空；横桥飞架南北，连接渭河南北的宫殿，又像是天上的鹊桥使牛郎织女得以相见团聚。这种取法天象的城市布局与结构以及宏伟的宫殿建筑充分体现了秦朝皇权至高无上的威势和大一统的思想。

咸阳在秦末农民大起义中被"力拔山兮气盖世"的项羽所攻占并焚毁。经过长达 4 年的楚汉战争，布衣出身的刘邦取得最后的胜利，在汜水之阳（今山东菏泽）就皇帝位，建立汉朝，史称西汉，后定都于长安。

汉长安城故址位于今陕西西安市西北龙首原上的大白杨乡一带，那里原是秦都咸阳的一个乡聚名称，秦始皇之弟成峤曾被封在此地做长安君，秦代建有章台和兴乐宫等离宫别馆。汉高祖决定在此建都后，丞相萧何首先将渭南的兴乐宫和章台改建成宏伟壮丽的长乐宫和未央宫，并在两宫之间修建武库。汉惠帝时又进行大规模扩建，并修筑了城垣。汉武帝时第三次大规模扩建，将长安城的建设推向高峰。西汉末年，王莽为篡汉建立新莽政权而大造复古舆论，曾按古制拆毁建章宫和上林苑中的宫观建筑，在城南修建宏大的明堂、辟雍和宗庙等礼制建筑物。

经考古实测，汉长安城的城墙周长为 25.1 千米，城内面积为 36 平方千米，是当时欧洲最大的都城罗马的 4 倍。城市的布局多附会《周礼·考工记》的规则，如面朝后市、十二城门等。根据地形的特点，城市呈不规则的正方形，南为南斗形，北为北斗形，因而有"斗城"之称。宫殿区约占全城面积的大半。不论大宫还是小宫，都极其宏伟奢华。如位于长安东南部的长乐宫，最初为皇宫和处理朝政之地，汉惠帝移居未央宫后，这里成为太后的居处而被称为"东宫""东朝"。宫内既有规模宏大的前殿、临华殿、温室殿、长秋殿、永寿殿、永宁殿、大厦殿等，又有钟室、鱼池、酒池、鸿台等风景秀丽的池苑台阁。未央宫位于长安西南城，是继长乐宫之后的皇宫，又称"西宫""西朝"。它取意天象中天帝所居的紫微垣，又称"紫宫""紫微宫"。宫内有各种宫阁楼台不下 40 处。主体建筑前殿依龙首山而建，为一高台式建筑，全部采用清香名贵的木兰和纹理雅致的杏木建成，屋上椽头贴有金箔，大门上装饰着鎏金铜铺首，镶嵌宝石，窗户上雕饰各种典雅的纹样，回廊的栏杆也雕有各种图案。屋内铺着丹漆地面，白玉石的柱础上竖起高大的铜柱，藻井中央挂着几节形如倒挂的茄子的装饰品。整个宫殿在阳光的照射下金光闪闪，富丽堂皇。前殿的正室便是皇帝的"布政教之室"。建章宫建于长安城西的上林苑，其规模与豪华程度更超过未央宫。主体建筑前殿又称玉堂，为三层的高台建筑，高达 30 丈。殿内有 12 门，橼首饰以薄薄的璧玉，阶陛也全用玉石砌成。屋顶饰有高达 5 尺的鎏金铜凤，可随风转动，似在腾空翱翔。宫中还建有太液池、唐中池等，"前唐中而后太液，览沧海之汤"。长安城外埋葬着 7 个西汉皇帝的陵墓，置陵邑户护陵。后来人口不断增加，遂发展成为 7 个卫星城镇，组成世界上较早的卫星城。汉长安城的格局以及诸多宫殿建筑同样鲜明地表现出皇家政治的强烈色彩。

取代西汉的新莽政权被绿林、赤眉农民大起义推翻后，长安也因遭到战争的破坏而破败不堪。此时的关东已发展成为全国经济最发达的地区，夺取到全国政权的南阳豪强地主刘秀建立东汉王朝，便选择靠近其故乡的形胜之地洛阳作为都城。洛阳盆地背负邙山，面对伊阙。它北界黄河，有恒山、太行之险；南通宛、叶，有鄂、汉之饶；东临江淮，食江湖渔盐之利；西驰渑、殽，据中岳关河之胜。狭长的盆地四周，群山环绕；盆地内部，伊、洛、瀍、涧四水交流，土壤肥沃，物产丰富，拥有建都的优越条件。汉光武帝定都洛阳的第二年即建武二年（公元 26 年）开始着手营建，"起高庙，建社稷"。至汉明帝永平三年（公元 60 年）"起北宫及诸官府"，都城的规模始备。东汉的洛阳位于今洛阳东郊的白马寺东，总面积为 9.5 平方千米，依南北 9 里、东西 6 里的形制修筑城垣，使整座城市呈南北长方形，人称"九六城"。城内广建宫（殿）、观、馆、阁、明堂、辟雍、灵台、苑囿和池沼，宛若仙境一般。南宫和北宫是城内的主要宫殿区，它改变西汉长安城把宫城集中在城的南部、东西并列的格局，而分别置于全城南部及北部的正中部位，呈南北对称之势，再用复道将两宫连接起来。南宫为皇帝亲政议事之所，宫内殿宇楼观鳞次栉比，正殿高10丈，另有却非殿、崇德殿等30余座。北宫主要是皇帝及后妃的寝居之所，有崇楼高阁10余座，主殿德阳殿陛高2丈，殿庭据说周旋可容万人。殿前的朱雀阙高耸入云，从40多里外便可望见。宫殿以纹石作坛，玉阶金柱，朱梁画栋，豪华无比，"翽翽巍巍，显显翼翼"。南宫的东南城墙之外分布着中央官署；南宫的东北则是达官贵人的住宅区。

秦汉王朝那些有大作为的封建帝王正是在渭河、洛河之滨的这三座都城，以新生地主阶级蓬勃向上、积极进取的精神，规划各种典章制度，采取各种有力措施，调动各方面的力量，来发展和巩固其统一大业的。

首先是建立君主专制的中央集权制度。秦始皇统一六国之后，规定国家的最高统治者称"皇帝"，宣布自己为始皇帝，后代子孙继位依次称二世、三世以至万世，并规定皇帝之命为"制"，令为"诏"，自称为"朕"，同时还制定玉玺使用制度、避讳制度、舆服制度等，确立了以家天下的方式实施统治的封建皇帝制度。在皇帝之下建立一套中央集权的官僚机构，并废除周代以来的分封制，把商鞅变法以来的郡县制推向全国，从而把地方的权力集中到中央，再集中到皇帝手里。这种君主专制的中央集权制度此后一直沿袭2000多年，对中国历史产生了极其深远的影响。

其次，统一文字、货币、度量衡与车轨制度。秦始皇下令撤除各国设置的关塞、堡垒与河障，修建驰道和直道，建立以都城咸阳为中心的接连各地的交通网，便利各地的往来。当年修建的由秦晋至燕赵的一条主线"燕晋通衢"至今只有一段完好地保存下来。它位于今河北石家庄市西30千米的井陉县上安镇白王庄村旁，在石质的驰道之上留有两条上千米长的车辙，最深处50多厘米，真实地反映了当年车马来往的繁忙景象。这段井陉古道比现存著名的罗马古道还要早100多年。秦始皇还令李斯等人制定小篆，通用于公文、法令的书写，后来又由程邈根据民间流行的字体，整理出更简便的隶书，作为日常用字推行于全国。他又规定，在全国统一使用圆形方孔的秦国铜钱，同时还统一度、量、衡和车轨。

再次，统一全国的思想。秦始皇三十四年（公元前213年），丞相李斯建议：除秦国的历史记载、医药、卜筮、农书和国家博士所藏的《诗》《书》和百家语外，凡私人所藏儒家典籍、诸子和其他历史书籍，一律限期上交官府销毁；严禁私学，欲求学者一概"以吏为师"。秦始皇采纳了这个建议，在全国进行大规模的焚书。第二年又以"妖言惑众"的罪名逮捕咸阳的方士儒生460余人，坑杀于咸阳城郊。秦始皇的"焚书坑儒"不仅结束了春秋战国以来的百家争鸣，同时也进一步激化了社会矛盾，加速了秦朝的灭亡。

西汉中期，儒学大师董仲舒（约公元前179—前104年）以儒家思想为主，融合各家思想理论，包括法、道、阴阳五行学说，以"天人感应"学说为依据，提出君权神授的理论，并鼓吹君为臣纲、父为子纲、夫为妇纲和仁、义、礼、智、信的三纲五常学说，形成新的儒家学说。元光元年（公元前134年），董仲舒在《天人三策》

中建议汉武帝用儒家学说统一全国思想。汉武帝（公元前156—前87年）采纳他的建议，实行"罢黜百家，独尊儒术"的政策。到了东汉，汉章帝在洛阳白虎观召开会议，集合一批博士、儒生讨论《五经》，最后由班固编辑整理《白虎通义》，更将儒家的伦理原则进一步规范化、制度化。从汉代起，儒家学说成为官方的政治学说。此后2000多年，除元代实行蒙古文化本位之策外，儒家学说长期成为中国封建社会的统治思想。

秦汉王朝有作为的封建君主还在这些都城指挥调动千军万马，积极从事开拓边疆的斗争，巩固年轻的统一的多民族国家。

秦始皇在统一六国后便凭借强大的国力，北征匈奴，南平百越。匈奴是中国北部蒙古草原的一个古老的游牧民族，战国末年开始强大起来，在秦国灭赵之后乘机占据原属赵国的河套地区河南地。秦统一后，秦始皇三十二年（公元前215年）命大将蒙恬率30万大军北击匈奴，夺回河南地。接着，又令蒙恬把原来秦、赵、燕三国在北部边境为防御游牧民族侵扰所修的三段长城连接起来，再向西延伸到临洮，向东延伸到辽东郡，形成一道长达1万多里的万里长城，以防匈奴的侵扰和破坏。与此同时，秦始皇还发兵征服五岭以南的古老民族越族，迁移中原50万人前往戍守，并开凿连通长江与珠江水系的灵渠，以便利人员和物资的运输。通过对匈奴、越族的战争，秦朝的疆域东到东海，西到陇西，北至长城一带，南到南海郡（治今广东广州），实现了中国北方干旱农业区和南方水田农业区的统一，成为当时世界上最大的强国。

秦汉交替之际，北方的匈奴建立了强大的奴隶制军事政权，乘楚汉相争之机，重占河南之地。西南方的"西南夷"也在秦亡之后摆脱中原朝廷的统治，南方的两广和闽浙相继出现南越、闽越和东瓯三个越族的割据政权。西汉初年，民穷国困，只能与匈奴"和亲"，奉送大批絮、缯、食物。经过长期的休养生息，随着西汉经济得到恢复和发展，汉武帝便开始发动反击匈奴与攻打三个越族政权的战争。

汉武帝提拔出身微贱、骑术高超、膂力过人的卫青（？—公元前106年）及其善骑射的外甥霍去病（？—公元前117年）为将领，多次统率骑兵集团，横渡荒漠草原，对匈奴进行反击。元朔二年（公元前127年），卫青率汉军精骑对驻守河南地的匈奴发动突然袭击，活捉敌兵数千人，一举收复河南地。元狩二年（公元前121年），霍去病又率精骑自陇西深入河西走廊，再由北地（今甘肃庆阳）过居延（今内蒙古额济纳旗东南），南下祁连山，大败匈奴军，夺得河西之地。元狩四年（公元前119年），卫青、霍去病各率5万精骑出征漠北。卫青出定襄（今内蒙古和林格尔土城子），向北行进千余里，穿越浩瀚的大沙漠，抵达漠北，击败匈奴伊稚斜单于，俘斩敌军19000余人。霍去病出代郡（治代县，今河北蔚县东北）后，在大沙漠中长驱北进2000余里，攻击匈奴左贤王，一直追杀到狼居胥山（今蒙古国德尔山，一说在今内蒙古克什克腾旗西北），歼敌7万余人。匈奴单于不敢再在大漠北缘立足而向西北方向远遁，从而出现了"幕（漠）南无王庭"的局面。

在反击匈奴的几个重大战役中，卫青立下赫赫战功，被汉武帝拜为大将军。他逝世时，汉武帝下诏让他陪葬在自己的茂陵旁边，其墓封土形如庐山，象征着他生前的卓越战功。霍去病表现出了为国忘家的崇高品德和超乎寻常的英雄气概。汉武帝曾为他建造一座

呼和浩特昭君墓（李志强 摄）

精美的住宅，嘱咐他前往察看，他说出了一句流传千古的名言："匈奴未灭，无以家为也！"霍去病死时年仅24岁，汉武帝深感痛惜，下令将他陪葬在茂陵，墓制形似祁连山，以表彰他在河西战役中建立的不朽功勋。

经过西汉的不断打击，匈奴的势力日趋衰落，后来分裂为几部，互相攻杀。汉宣帝甘露三年（公元前51年），匈奴一部的首领呼韩邪单于至长安"赞谒称臣"，归附于汉。汉元帝竟宁元年（公元前33年），呼韩邪单于入朝请求和亲。宫女王昭君（原名王嫱）自愿前往。她天生丽质，怀抱琵琶出塞，深得呼韩邪单于的宠爱。昭君死后，匈奴人在今内蒙古呼和浩特城外10千米处黄河支流大黑河的南岸修建了一座高大的昭君墓，以纪念她对汉匈和好所做的贡献。

在大力反击匈奴的同时，汉武帝还先后七次大修长城，将其向西伸延至罗布泊，增筑新的边城、亭障、烽燧和军用道路，形成一项集国防、交通、通信三位一体的完整的边防设施。新修的汉长城总长度超过1万千米，成为中国历史上最长的一道长城。

为断匈奴右臂，汉武帝还派张骞通西域，并多次对西域用兵。汉宣帝神爵三年（公元前59年），西汉朝廷在乌垒城（今新疆轮台东北）设置西域都护，将西域正式纳入中国的版图。汉武帝还对西羌用兵，将湟水流域纳入汉朝的版图，置护羌校尉持节统辖之。他还派遣唐蒙、司马相如两次通西南夷，将云贵地区划为西汉的郡县。在南方，汉武帝多次发兵征讨，实现了对东南和南方越族地区的统一。

汉武帝一系列开拓边疆的斗争不仅恢复了秦朝开辟的版图，而且将其向东拓展到松花江、黑龙江、乌苏里江一带，向西推进到河西走廊和西域，向西南到达川西南及云贵高原。

王莽代汉后，匈奴单于趁中原社会混乱之机重新崛起，东汉初年经常袭扰北方边境。但是，就在匈奴贵族向中原侵扰之际，其内部也正孕育着危机。建武二十四年（公元48年）春，匈奴日逐王被南部八部大人拥立为南单于，率部至五原塞外归汉，匈奴分裂为南、北两部。永平十六年（公元73年），汉明帝遣窦固等兵分四路，深入北匈奴腹地进行反击，并留屯伊吾城（今新疆哈密西），重新设立西域都护。班超也在这一年奉命出使西域，帮助西域各族摆脱匈奴的控制。永元元年（公元89年），汉和帝又派兵会合南匈奴大举进攻北匈奴，与北单于大战于稽落山（在今蒙古国古尔连察汗岭西北），乘胜追击到私渠比辊海（今蒙古国乌布苏泊），降者前后达20余万人。永元三年（公元91年）二月，汉军又出居延塞，围北匈奴于金微山（今阿尔泰山），俘获单于母阏氏以下5 000余人。北匈奴的主力从此被彻底打垮，一部分北匈奴人踏上西迁的路程，另一部分北匈奴人则融合到逐渐西移并占据原北匈奴地区的鲜卑或其他民族之中。此外，东汉王朝还平定了交趾"二征"和武陵"蛮"的叛乱。东汉王朝的这一系列战争实现了北方草原游牧区与中原及南方农业区的统一，进一步巩固了中国统一的多民族国家。

　　在秦汉长期稳定的统一形势之下，由于中央集权制度的确立和整齐划一措施的执行，此前战国时期诸夏的差异日趋缩小，逐渐形成为统一的民族，且因汉朝的强盛而被称呼为汉族。由于人口众多，经济、文化始终处于先进地位，汉族便成为中国统一多民族国家的主体民族，并在中国历史和中华文明的发展中起着主导的作用。

随着大一统局面的形成，黄河母亲以积极开放、兼容并蓄的闳阔胸怀，迎来了全方位开展对外经济文化交流的时代。

这种全方位的对外开放是同著名的丝绸之路的开通联系在一起的。横贯欧亚大陆的丝绸之路虽说在秦汉之前即已存在，但当时它只是通过一些游牧部落来沟通的，尚未形成一条相对固定的交通线。丝绸之路的正式开通始于张骞出使西域。

张骞（？—公元前114年），西汉汉中成固（今陕西城固）人。他"为人强力，宽大信人"，具有献身国家民族、立功绝域的远大抱负。汉武帝即位不久，他主动应募担任汉朝的使节，于建元三年（公元前138年）、元狩四年（公元前119年）两次出使西域，试图联络月氏、乌孙共同夹击匈奴。当时的西域指的是今甘肃玉门关和阳关以西的新疆及中亚乃至更远的地方。汉初，那里小国林立，大多数分布在葱岭以东、天山以南的塔里木盆地南北缘的绿洲上，少数分布在天山以北的地方。此外，在葱岭以西还有大宛、大月氏、康居、安息诸国。张骞的两次出使虽然没有达到和大月氏、乌孙结盟的目的，但正式打通了联系中原内地与西域的丝绸之路。这条丝绸之路东起长安，经河西走廊到达敦煌，由敦煌往西分为南、北两道：南道出阳关，沿塔里木盆地南缘，至莎车（今新疆叶尔羌、莎车、叶城一带）、蒲犁（今新疆叶城西南），越过葱岭，通往大夏、大月氏、安息；北道出玉门关，傍天山南麓至疏勒（今新疆喀什），翻过葱岭，通往大宛、康居、奄蔡（今里海北岸）。

在张骞之后，北地义渠（今甘肃庆阳西南）人傅介子也自请两次出使西域，为丝绸之路的畅通做出了贡献。

东汉时期，班超也为发展丝绸之路的交通做出重大贡献。班超（公元 32—102 年）字仲升，扶风安陵（今陕西咸阳东北）人，著名史学家班固之弟。他为人有大志，不拘小节，然内存孝谨，吃苦耐劳，博通经史，很有口才。30 岁时，班固被召到都城当校书郎，他和母亲也随着来到洛阳，替官府做些抄写文书的工作。有一天，他把笔掷到地上，慨然叹道："大丈夫无他志略，犹当效傅介子、张骞立功异域，以取封侯，安能久事笔砚间乎？"此时，匈奴已分裂为南北两部，南匈奴归附于汉，北匈奴控制着西域，不时南下骚扰东汉的北部郡县。永平十六年（公元 73 年），汉明帝命窦固等兵分四路，大举出击。班超毅然投笔从戎，投奔到窦固麾下，"多斩首虏而还"。窦固便派他和从事郭恂出使西域。班超与郭恂仅带吏士 36 人，从敦煌出发，慨然西行，使新莽以来已中断 60 余年的丝绸之路再次打通。汉和帝下诏重设西域都护，任命班超为都护，驻守龟兹（今新疆库车东）。班超在西域坐镇数年，并于永元九年（公元97年）派甘英出使大秦（东罗马帝国）。甘英抵达条支国（今伊拉克境内）的海边（今波斯湾），临渡海时为安息人劝阻而还。不过半个多世纪后，大秦国王终于正式遣使来华。

张骞两次出使西域，正式开通了丝绸之路，他和副使的足迹最远曾走到大月氏一带。班超再通西域，他派遣出使大秦的甘英则走到了亚洲最西端的波斯湾海边，使丝绸之路更向西延伸。这条横贯东西的陆上交通干道的开通对黄河流域与西方各国的文化交流产生了重大的作用。当时世界上最先进的黄河文明从此开始西传。首先是中国丝绸沿着丝绸之路大量西运，远销西亚和欧洲。一向以兽皮、亚麻布和毛织品为衣料的罗马人无不为轻柔、光亮、色泽绚丽的丝绸所倾倒，连恺撒大帝也穿上了中国绸袍，炫耀于罗马贵族之前。这条东西交通的大动脉也因为大量中国丝绸的西运而被称为"丝绸之路"。此外，随着汉朝在西域大规模屯田的展开，黄河流域的铁器、漆器、纸张以及冶铁技术、井渠技术也在西域流传开来，井渠技术还传至印度。与此同时，西方的物质文明和精神文明也经过这条通道不断东传而输入黄河流域，包括西域的皮毛、毛布、毛毡等畜产品，"天马""汗血马"等良种马，葡萄、胡桃、胡麻、胡豆、胡瓜、胡蒜、胡荽、胡萝卜、苜蓿、红兰等植物，胡角、横吹、觱篥、曲颈琵琶、竖头箜篌等乐器，各种胡舞，胡服、胡帐、胡座、胡床等器用服饰，胡饭、胡煮、胡羹以及葡萄酒等各种烹饪饮食，印度的佛教、婆罗门教、犍陀罗艺术和西亚、欧洲、北非的琉璃、珊瑚、琥珀、火烷布、幻术、奇禽异兽，等等。"殊方异物，四面而至"，"盛眉峭鼻、乱发卷须"

的异邦客商往来如织，使西汉的长安和东汉的洛阳成为举世闻名的世界大都会。

在开通上述陆上丝绸之路的同时，汉代还开辟了海上丝绸之路。中国的沿海，包括黄河入海口的齐地居民，很早就开始了短距离的航海活动。至晚在春秋战国时期，中国东部沿海与朝鲜半岛及日本列岛已经通过海路发生接触，中国南部地区也可能开始与海外地区发生联系。秦始皇为寻找不死之药，曾拨出巨万钱财，命齐人徐福率数千童男童女入海求仙，结果一去无还。后来在日本出现徐福东渡日本的传说，并在传说徐福一行登陆的伊熊野浦（今和歌山县新宫市）修建了徐福墓和徐福祠。但黄河流域与周边国家的海上交通，史有明载者则始于西汉时期。海上丝绸之路的主线是南海航线，它开通于汉武帝攻灭南越之后，这就是从合浦（在今广西境内）、徐闻（在今广东境内）、日南（在今越南境内）三个港口经南海至印度洋的海上交通线。这条南海航线可通过秦代所修的从岭南北上经由武关（今陕西丹凤东南）直达关中都城的陆上交通干线"新道"与长安进行联系，使东南亚各国与作为汉朝经济文化中心的黄河流域连接起来，便于双方的经济文化交流。

陆海两条丝绸之路的开通开辟了中外交通的新纪元，使西汉王朝的对外开放政策落到实处。这一方面使黄河流域的物质文明和精神文明以空前的规模远距离地对外传播，另一方面也使黄河流域得以大规模地引进和吸收外来的物质文明和精神文明，促使其固有的传统文化产生显著变化，跃上一个新台阶，成为促成汉代兴盛繁荣的一个重要因素。

从长安至西域的陆上丝绸之路的正式开通为黄河上游地区的开

发提供了前所未有的机遇，黄河上游地区迎来了它的第一个大开发高潮。

黄河上游地区包括现今的青海、甘肃、宁夏三省区和四川西北部及内蒙古自治区的一部分地方。黄河在上游沿途吸纳了大夏河、洮河、湟水、庄浪河、勇士川、祖厉河、清水河、乌加河等众多的支流。

由于黄河上游地区地处青海高原和黄土高原，气候干燥，许多人误以为它自古以来就是个羌笛悠悠、城头无月的荒漠之地。其实在遥远的古代，那里的沙漠要比现在小得多，境内的崇山峻岭生长着大片茂密的原始森林，而河谷盆地则是水草丰美的草原，其间还分布着不少沼泽和湖泊。因此，黄河上游地区也是中国古代文明的肇源地之一，有着灿烂的古文化遗存。考古工作者曾在甘肃东部庆阳地区发现许多旧石器时代的遗址，在宁夏灵武县水沟洞也发现了旧石器时代晚期的遗址，在内蒙古乌审旗大沟湾萨拉乌苏河畔的旧石器时代晚期遗址更发现了河套人的化石 23 件，其体质特征已很接近现代人，但仍保留一些原始性状，属于晚期智人。考古工作者在青海贵南县拉乙亥乡附近黄河沿岸发现了中石器时代一批制作工艺相当成熟的细石器以及 30 个灶坑和许多被砸击后烧过的动物骨骸。新石器及铜石并用时代，黄河上游地区的文化遗存数量更是繁多，主要有仰韶文化类型、马家窑文化类型、半山文化类型、马厂文化类型和齐家文化遗址。

商周时期，分布在黄河上游地区的诸多游牧民族由于自然环境的限制，经济文化的发展水平都远远落后于黄河中下游地区的华夏民族。这种状况在秦汉时期开始逐步得到改变。秦灭六国之前，秦国经过数百年的征伐，击灭西边诸戎，将其西境推进到今甘肃洮河流域。

秦灭六国之后，秦始皇三十二年（公元前215年）又派蒙恬将兵30万北击匈奴，夺取河南地即河套地区，把西北疆界延伸到沿黄河一带。河套地区不仅气候温暖湿润、水草丰茂，利于游牧和农耕，而且北据黄河，是屏障关中的要地，具有重大的战略意义。秦始皇采取一系列措施，大力开发这片土地，以增强北部边防的经济实力。秦始皇三十三年，他下令在这里设置九原郡（治九原，今内蒙古包头市西），并在西起榆中（今甘肃榆中西北）、东接阴山的黄河沿岸设置44县。他还令蒙恬把此前秦、赵、燕三国为防御北方游牧民族所修的长城连接起来。在设置郡县、加强边防的同时，秦始皇实行移民实边政策，加强河套地区的垦殖，于秦始皇三十三年（公元前214年）下令"徙谪，实之初县"，迁移罪人以充实新增设的郡县；过了三年，再次下令"迁北河、榆中三万家"以实河南地。万里黄河自黑山峡流出后，自南向北穿过今宁夏的腰部，流程达390多千米，平均年过境流量达到315亿立方米。宁夏平原一马平川，黄河从中蜿蜒穿行而过，流势平缓，不仅水量充沛，而且挟带的泥沙适量，年平均含沙量每立方米仅有6.5千克，便于航运灌溉。河套的驻军和移民便利用这个有利条件，修建渠道，引水灌溉，发展农业生产。北地郡黄河东岸的秦渠就是这个时期修建的。但是，由于秦朝二世而亡，河南地又复落入匈奴之手，这次屯垦未能收到多少实际成效便告结束了。

西汉王朝建立后，随着国力的强盛，汉武帝对匈奴发动河南、河西、漠北之战，夺取河南及河西广大地区，并对西羌用兵，将羌人逐出湟水流域，同时派张骞出使西域，正式打通了丝绸之路。为了保证河南、河西地区的安全和维护丝绸之路的畅通，汉武帝下令重修秦长城，把它向西延伸到盐泽，派兵驻守。他还下令增设大批郡县，大规模移民实边。一个大规模的开发热潮便在黄河上游的两岸兴起了。

随着河南、河西诸郡的设置，内地移民源源而来。他们大多是来自关东的下贫、犯罪免刑戍边者、戍卒的家属以及自愿随军的人口。除了移民耕垦，西汉王朝还令军士屯田。这些移民和屯卒都来自黄河中下游农业发达地区，他们来到上游地区屯垦，就把内地先进的耕作经验和技术带到那里。如牛耕、耧犁及赵过的代田法就曾在西北边郡广泛推广。移民和屯卒还在黄河上游两岸及河西地区大兴水利，"朔方、河西、酒泉皆引河及川谷以灌田……各万余顷，他小渠及陂山通渠者不可胜言"。宁夏黄河东岸、秦渠之南的汉渠、黄河西岸的汉延渠、光禄渠，还有美丽渠、七星渠等，就是这个时期

宁夏引黄灌区（彭山 摄）

黄河流域的大统一

修建的。这些渠道在宁夏平原上形成引黄灌区，使斥卤不毛之地的塞外荒原变成村落栉比、田连阡陌的"塞上江南"，成为西北地区的重要粮仓。汉代所修的汉渠在后代仍继续发挥着巨大的灌溉效益。河西地区也修建了不少灌溉渠道，张掖郡氐得县（今甘肃张掖西北）就有一条"千金渠"。居延（今内蒙古额济纳旗东南）一带的许多亭燧，如甲渠、临渠、水门、广渠、肩水等，都是由水渠而命名的。河西地区的农业生产迅速得到发展，并相继兴起酒泉、敦煌、武威等一批城镇，谷价便宜稳定，社会安定和睦，少盗贼而贤于内郡，来往于丝绸之路的使者、客商"相望于道"，"殊方异物，四面而至"。河西的繁荣不仅巩固和确保了丝绸之路的畅通，还为汉廷经营西域提供了前进的基地。

随着黄河上游地区的大开发，粮食的产量迅速增加，不仅可以满足当地居民和驻军的需要，还可外调支援其他地区。黄河上游地区的人口也大量增加。

黄河上游地区的这次大开发高潮一直延续到东汉末年，为后来魏晋南北朝时期一些少数民族在西北地区建都立朝以及隋唐时期西北地区的又一次大开发奠定了基础。

秦汉时期是中国封建社会的初步发展阶段。这时，整个黄河流域到处呈现出一种积极进取的气象，充满蓬勃朝气和创造活力，社会经济、科学技术、思想文化迅速向前发展，继续保持着全国领先的地位。

秦汉黄河流域的农业生产由于生产工具的发展、生产技术的进步而呈现出兴盛和繁荣的景象。各类铁制农具已经普遍使用。当过议郎、做过御史的汉代杰出农学家氾胜之曾在关中地区教民耕作，获得丰收。他总结西汉晚期黄河流域，特别是关中平原的农业生产技术，写出一部农学专著——《氾胜之书》，记载了黍、谷、冬麦、春麦、稻、大豆、小豆、麻、瓠（葫芦）、桑等13种作物，反映了当时农业生产技术的进步。书中还从农业的整体观念出发，提出"凡耕之本，在于趋时（不违农时）、和土（疏松土壤）、务粪泽（施用肥料、保墒灌溉）、早锄（中耕除草）、早

牛耕（东汉画像石拓片）

获（及时收获）"的见解，首次把农业生产的几个环节有机地联系起来，正确反映了农作物从耕种到收获整个过程的规律。所有这些都说明以精耕细作为主要特征的中国农业传统在秦汉时期已在黄河流域形成了。

秦汉时期黄河流域的手工业，规模比过去扩大，生产部门比以往更加齐全，工艺技术也更加进步。冶铁业是成就最突出的一个部门。用于冶炼的高炉不仅广泛地使用多种耐火材料，而且容积也很大，河南郑州古荥镇冶铁遗址发现的一座汉代炼铁炉，高度在 6 米左右，有效容积在 50 立方米左右，估计日产铁可达 1 吨左右。鼓风使用皮囊，鼓风的动力起初采用人力，后改用马、牛、驴等畜力。东汉初年，河内汲（今河南汲县）人杜诗出任南阳太守，还发明了水力鼓风的"水排"，比欧洲早了 1000 多年。炼铁的燃料主要还是使用木炭，但已开始用煤。冶铁技术的进步使铁器的产量和种类大量增加，在农业、手工业和日常生活中得到广泛应用，并取代铜器的地位。到西汉中期，铁兵器逐渐取代了铜兵器。

铜器的制作工艺也有新的发展，如汉代所造的透光镜，当光线照射在镜面上时，镜面相对的墙壁上就会反映出镜背的花纹影像，令人惊异不已。秦汉时期，铜器主要供上层使用，制作更加精巧，鎏金、鎏银、镶嵌的工艺十分发达。

秦汉的纺织业以丝织业最称兴盛。黄河流域是传统的桑麻产区，此时更是"环庐树桑""千亩桑麻"，并且不断向南北发展，内蒙古和林格尔的汉墓就有反映采桑劳动的壁画。齐郡（今山东中部）和陈留郡襄邑（今河南睢县）是当时最著名的丝织品产地。西汉朝廷在齐郡设有三服官，开设规模宏大的官营丝织工场。襄邑所产锦绣驰誉一时。根据出土的汉代丝织品的实物，有关专家认为当时已采用了构造精良并有提花装置的织机。两汉的丝织品不仅供国内消费，还通过丝绸之路大量销往周边国家，甚至西亚、欧洲等地。

金、银、玉器的生产也有很大的发展。河北满城西汉初年中山靖王刘胜及其妻子窦绾墓出土的两件金缕玉衣反映了当时金、银、玉器的工艺水平。玉衣又叫"玉柙"或"玉匣"，是汉代皇帝和诸侯王等高等级封建贵族死后的特制葬服。

黄河流域的商业也日趋兴盛。西汉中期尽管采取了一些抑商措施，可是效果并不明显，商业活动仍在持续向前发展。作为商业活动的中心，城市的数量迅速增加。以西汉为例，仅齐国故地，城市的数量就达到120座以上。秦汉的都城咸阳、长安、洛阳是当时全国最大的城市。秦都咸阳在秦统一后，人口达到50万以上，城内市张肆列，"九市开场"。西汉都城长安的人口在鼎盛时期亦在50万以上。城中有"八街九陌"，即8条横街和9条纵街。各条大街均由三条并列的道路组成。贯穿城市南北的一条大街长达5 000米多，中间的一条"御道"宽20米，专供皇帝使用，两侧是供官吏和平民行走的道路，宽12米左右。这些道路将整座城市分成宫殿、市场、作坊、居民区等不同的区域。商业市场集中在城西北部的横门附近，共9市，"凡四里为一市"，市区设有围墙，辟有一门，每日按时启闭。市区内部，市肆一般都依照商品的种类集中排列，井然有序。班固的《西都赋》描写说"人不得顾，车不得旋"，反映了当年长安市场上人来人往、车马拥挤的热闹场面。东汉的都城洛阳人口在百万以上，城内有24条街道，最长的一条街道长约3 000米，宽约40米。与长安城不同的是，洛阳城内主要是宫殿、皇家苑囿和贵族园宅，只有中部东墙附近有一部分居民区，其余居民区都散布在城外。因此，城内除一金市和书肆外，其他的商业市场都分布在城外，吸引着来自各地的各种货物，"商贾胡貉，天下四会"。

秦汉时期，黄河流域的交通十分发达。陆路交通方面，秦始皇统一六国后，大修驰道，以咸阳为中心，通连各地。这些驰道宽50步，路面皆抬高夯实，道旁树以青松，每隔三丈一株。后来为攻打南越、北伐匈奴，又修建攀越五岭的"岭南新道"和直抵九原的"直道"。此外，在西南地区还修筑"斜褒道"和"石牛道"（又称"金牛道"）

两条"栈道"。汉代除开通横贯欧亚的陆上丝绸之路外，还将秦代所修的道路继续加以扩展。在西南重新修复了已经毁坏的"斜褒道"，并修建"汉中道""故道""子午道"；在北方修建了"飞狐道"和从河北通往辽东的干道；在南方"开零陵、桂阳（治今湖南郴县）峤道"，便于同南方的交往。

水路交通方面，除汉代开辟的海上丝绸之路，可经通往岭南的陆路交通干线与长安、洛阳联系起来外，秦汉主要是继续利用先秦原有的黄河水系和鸿沟进行航运。当时，黄河的许多河段有船可通，《史记》即记有汉初陈平"渡河"之事，所渡之"河"即为黄河。黄河的许多支流，如汾河、湟水，也可行船。当时，在湟水、洮河以及黄河上游河段，人们多使用皮筏子摆渡、航运。这种皮筏子叫做"浑脱"，是用几个甚至几十个充气的牛、羊皮袋子绑扎在木筏上而成的，既轻巧结实，装载量也大。现今黄河上，皮筏子已经很少，但在甘肃兰州和宁夏中宁、中卫等地仍然可以见到。秦代与西汉由东部西调关中的粮食，主要是通过渭河、黄河及鸿沟水系来完成的。西汉时，漕运数量激增。但渭河在西汉中期以后因流量变化无常，流浅沙多，河道曲折，不便行船。汉武帝时接受大司农郑的建议，命齐人水工徐伯率领几万士卒，经三年努力，开挖一条漕渠，自长安引渭水，经渭河南岸的秦岭北麓向东，到潼关附近汇入黄河。漕渠顺直，使航程由原来的900多里缩短为300多里。到了东汉，首都从长安迁至洛阳，关中平原的漕运随之衰微，洛河的漕运随之兴起，但洛河水道淤浅，不便漕运。汉光武帝命大司空张纯开凿阳渠，使由黄河进入洛河的漕船可以顺利上溯，直抵洛阳。洛河的漕运因之兴盛起来。另外，后来王景治黄河，一并治理汴渠（即荥阳漕渠），为输送

黄河上的羊皮筏子 （刘屹 摄）

江淮一带的贡赋提供了方便。

秦汉时期，黄河流域是全国的经济重心，形成了关中地区、三河地区和齐鲁地区三个发达的经济区。关中地区自渭水（出陕西陇县南）、雍水（出陕西凤翔县西北）的发源地至黄河、华山一带，"膏壤沃野千里"，"保殖五谷，桑麻条畅"，"又有粳稻、梨栗、桑麻、竹箭之饶"，时称"陆海"，是当时重要的农业生产基地。加上咸阳、长安等大都市，"四方辐辏，并至而会"，商业和手工业发达，可谓是全国的首富之区。三河地区包括汉代的河东（指今山西西南部）、河内（指今黄河以北地区）、河南（指今河南洛阳以西一带）三郡，即黄河中下游的平原地区。这里也有悠久的耕作传统，是重要的粮食生产基地之一，工商业也很发达。黄河流域的经济地位，决定了她在全国政治、文化中所起的重大作用，故而大一统的秦、西汉和东汉王朝便把都城设在这里的咸阳、长安和洛阳。可以说，经济发达的黄河流域是支撑起秦汉统一大厦的柱石。

在经济繁荣的基础上，黄河流域的科学技术、思想文化获得了长足的发展，人才辈出，硕果累累。

造纸术的发明是秦汉时期黄河流域最重大的一项科技成果，是中华民族贡献给全人类的四大发明之一。在纸张发明之前，中国早期的书写材料除商代的甲骨外，尚有帛、竹木等。帛的价格昂贵，竹木简又很笨重，不便携带。起初，人们尝试过用丝絮造纸，生产出一种称做"赫蹄"的纸。后来，人们又发明了植物纤维纸，其具体发明年代现已无从得知，但考古学者曾在不少地方出土过汉代的古纸。1957年，陕西西安灞桥的西汉古墓中曾发掘出一叠米黄色的纸片，经检验是以麻为原料制成的。墓葬的年代至迟不晚于汉武帝时，表明在2000多年以前即已造出了植物纤维纸。1987年，在甘肃天水放马滩又发现了早于汉武帝的文帝、景帝时期的纸，上面绘有地图，使纸的制造历史又提前了许多。不过，这种纸毕竟不够精细，产量也很有限。东汉时的宦官蔡伦经过潜心研究，对造纸术作了重大改进，终于使纸张的质量得到提高。他总结前人造纸的各种经验，改进造纸技术，用树皮、破布、麻头和旧鱼网做原料，经过淘洗、泡沤、春碎、蒸煮，造出了质薄体轻、价廉耐用的纸。东汉末年的东莱（今山东掖县）人左伯在蔡伦纸的基础上造出了质量更好的"左伯纸"。造纸术的发明对人类文明的发展产生了重大的推动作用。西晋时，造纸术传到朝鲜，隋炀帝时又由朝鲜传至日本，唐代再传至阿拉伯，又传至埃及。大约在公元1150年，阿拉伯征服西班牙，在那里设厂造纸，从此纸才在欧洲各国广泛流传。

张衡是秦汉时代首屈一指的科学巨星，同时也是一位著名的文学家，与司马相如、扬雄、班固并称"汉赋四杰"。张衡（公元78—139年）字平子，东汉南阳西鄂（今河南南阳石桥镇）人。他幼年生活清贫，但天资聪颖，勤奋好学，"通五经，贯六艺"，37岁出任太史令，潜心研究天文历法，写出一部数学著作、两部天文学著作，并绘制一幅星图。张衡制造了演示日月星辰运行的浑天仪，还发明了测定风向的候风仪，制造过机械日历、指南车和计里鼓车，并改进测定天体位置的浑仪。地动仪是张衡的一项重大发明，能在地震发生时发出警报。有一次，地动仪发出警报，但人们没有感觉到地动，以为地动仪不灵。不几天，驿使来报，证实当天陇西发生过地震，人们这才佩服地动仪的巧妙与准确。张衡发明的地动仪比欧洲早了1 700多年。张衡勇于探索的精神和多方面的成就受到后人的高度赞扬。至今在他的故乡河南南阳还保留着他的墓和"平子读书台"，当代著名史学家郭沫若曾为他题写碑辞说："如此全面发展之人物，在世界史中亦所罕见。万祀千龄，令人景仰。"

秦汉时期，黄河流域的医药学发展到新的水平，先后涌现一批名医和医药学名著。淳于意是西汉初年的一位名医。他是临淄人，曾任齐太仓长，世称"仓公"。他善于切脉，治病多验。《史记》中记载了他的25例医案，是中国现存最早的病历。战国末年出现的中医药学基础理论著作《黄帝内经》是秦汉时期最终成书的，原书18卷，包括《灵枢》和《素问》各9卷。书中比较系统地论述了人身上五脏六腑的功能，叙述切脉、望诊等诊断方法，记载44类311种病症的病因、症候和治疗方法。东汉初年编成的《神农本草经》则是中国最早的一部药物学专著。

有"医圣"之称的张仲景是秦汉时期最杰出的医学家。张仲景（公元150—219年）名机，仲景是他的字，南阳郡涅阳（今河南南阳西南）人。他幼年喜好医学，拜名医张伯祖为师，尽得其传。汉灵帝时被荐举，任长沙太守。后来，由于朝政腐败，连年混战，人民流离失所，疫病广泛流行，他四处行医，积极救治各种病人。经过几十年的实践，张仲景的医术不断提高，成为名闻遐迩的医林圣手，写出医学巨著《伤寒杂病论》，被尊称为"医中之圣"。他的《伤寒杂病论》至今仍是中西医学习研究中医理论和临床治疗的重要典籍。

黄河之骄子司马迁是汉代伟大的史学家和文学家。司马迁（约公元前145—前90年）字子长，左冯翊夏阳（今陕西韩城）人。他的祖先曾是周朝的史官，父亲司马谈是西汉的太史令。司马迁从小在家庭的熏陶下培养起对史学和文学的浓厚兴趣。元封三年（公元前108年），汉武帝任命司马迁继承父职为太史令。从此，他除参与修订历法的工作外，充分利用宫廷所藏图书，阅读大量文献，并利用随汉武帝外出封禅巡行之机，访问和考察各地的史迹，为撰写史书搜集资料。太初元年（公元前104年），他开始动手撰写《史记》。然而，正当他夜以继日地忙于写作之时，意外的灾祸却降临了。天汉二年（公元前99年），大将李广之孙李陵率兵5 000出击匈奴，遭到8万匈奴骑兵的包围，兵败投降。司马迁为之辩护，被处腐刑。受此奇耻大辱，他痛不欲生，曾想自杀。经长久思索，司马迁记取"文王拘而演《周易》；仲尼厄而作《春秋》；屈原放逐，乃赋《离骚》；左丘失明，厥有《国语》；孙子膑脚，《兵法》修列；不韦迁蜀，世传《吕览》；韩非囚秦，《说难》《孤愤》"等前代"贤圣发愤之所为作"的榜样，仍以坚忍不拔的精神，继续进行写作，终于写完了这部史学著作。《史记》共52万字，用纪传体的体例记载了上起传说的黄帝下迄汉武帝天汉年间2000多年的历史。司马迁首创的纪传体一直为后世史家所沿袭，从《汉书》到《明史》，概莫能外。纪传体遂成为二十四史通用的体例。

　　司马迁写作《史记》是"欲以究天人之际，通古今之变，成一家之言"。全书气魄宏大，视野开阔，内容广泛，上至远古，下至当代，从中原、华夏到边疆、外国，从帝王将相到下层人物，从天文地理到典章文物，从政治军事到经济文化，几乎包罗万象。司马迁认为，历史是发展变化的，决定成败兴衰的关键是人心的向背。司马迁敏锐地觉察到，财富的占有决定着人们的社会地位，物质生活的需要推动社会生产的分工和经济的发展，而经济的发展则决定着国家的

陕西韩城司马迁祠（王双怀 摄）

盛衰。因此，他反对君子不言利的观点，也反对重本抑末的政策。司马迁继承并坚持先秦以来的大一统思想，认为不论是中原地区的汉族，还是周边的荆楚、两广、云贵、塞北、东北的各个少数民族，都是炎黄子孙，对秦皇汉武的统一大业持肯定的态度。司马迁在写作中坚持求真求实、不虚美、不隐恶的原则，既大胆地赞扬下层人民的斗争，歌颂陈胜、吴广起义推翻暴秦统治的历史功绩，也无情地抨击暴君、酷吏的罪恶。就是对当朝天子汉武帝的穷兵黩武、大搞封禅迷信活动，也给予了辛辣的讽刺和尖锐的批判。特别值得注意的是书中对那些英雄人物的赞扬。这些人物的身上几乎都具有一种积极进取、勇于建功立业的精神。他们有理想，有抱负，讲气节，重信义，自尊自重，不屈不挠，为了实现自己的理想，为了国家、民族的利益，不惜牺牲个人的一切，甚至献出自己宝贵的生命，舍生而取义。作者所歌颂的实际上就是一种汹涌澎湃的黄河精神，一种生生不息的中华民族精神。

《史记》既是一部杰出的史学名著，同时也是一部伟大的文学著作。作者在忠于历史真实的前提下创造性地把历史和文学巧妙地结合在一起，塑造了一大批具有鲜明性格特征的人物形象，具有强烈的艺术感染力。因此，鲁迅称赞司马迁的《史记》是"史家之绝唱，无韵之《离骚》"。

汉代黄河流域涌现的另一部重要史学著作是《汉书》，作者是班超的哥哥班固（公元 32—92 年）。但班固没有写完就病故了，由妹妹班昭等续写完成。《汉书》共 100 篇，80 万字，记述自汉高祖至王莽时期的西汉历史，是中国第一部纪传体的断代史。它记事详审文辞精练，写人的成就仅次于《史记》。

自战国中期黄河下游河道堤防全面修筑以后，黄河大约安流了200年，至西汉初年又开始频繁决口泛滥。汉代黄河的决口泛滥主要是由于战国后期以来对自然环境人为破坏的结果。

在数千年前，黄河上中游的黄土高原，绝大部分地区都有地势高起而上面平坦的原，原上有森林，有草原，植被良好。罗列于黄土高原的群山也覆盖着茂密的森林。中间虽然也有一些沙漠，但沙区都非常狭小。下游则是一片广袤的平原，平地一般都较现在卑下，其间分布着一些丘陵冈阜，还有数以百计的大小湖泊，大陆泽畔多森林，淇澳附近饶竹树，植被良好，类似于现今长江下游的景象。就整个黄河流域而言，大致从渭河上游或者更西的地区起一直到下游各地都是森林区，而黄河上中游的西北部是草原区，森林区中夹杂着若干块草原，草原区中也间有覆盖森林的山地，有着良好的植被。因此，黄河的泥沙较少，河水并不混浊，人们称之为"河"或"大河"，并没有"黄河"之称。

后来，随着农业的发展、土地的垦殖，平原地区的森林植被开始遭到破坏。不过，及至春秋战国之际，农业地区还只限于泾渭下游及其以东的平原地区，黄河中游还覆盖着面积广大的森林，并存在不算狭小的草原，植被仍然相当完好，黄土高原遭到的侵蚀尚不显著，黄河的许多支流还相当清澈，顺水而下的泥沙并不很多。西周、春秋时人说："泾以渭浊。"当时，周人的活动区域主要在渭河下游，因而导致渭河水变浊，但泾河水还是清澈的。

从战国后期起，对黄河上中游植被的破坏逐步加重。战国后期，不仅各国加紧土地的垦殖，而且秦、赵两国还竞相在其北部边陲开拓疆土，设置郡县，迁入大批农业人口进行垦殖，把一部分草原区变成农业区。黄河上中游草原的大量开垦使植被遭到严重破坏，泥沙大量输入黄河及其支流。从草原地区流出的泾河，由于源头草原植被的破坏，泥沙滚滚而下，到秦王嬴政修郑国渠引泾水灌田时已被称作"填阏水"了。黄河在这个时期被称为"浊河"。泥沙的大量增加使黄河下游的河床迅速抬高，某些河段的河面甚至已接近岸边的平地。各诸侯国为了打败对手，直接掘开河堤，引黄河水淹灌敌军。

秦汉王朝尽管比较重视人工造林，植被比较广泛，除在道路两旁、田间地头、苑囿陵墓、官舍庭院栽种树木外，还曾开展过一些较大规模的人工造林。例如，为了抵御匈奴，秦朝夺取河套后，"辟数千里，以河为境，累石为城，树榆为塞"，形成一条人工的榆林带，叫"榆豀塞"，使"匈奴不敢饮马于河"；西汉时，朝廷又"广长榆，开朔方"，将秦代的榆林带继续加以扩充延伸，形成长城附近的另一条绿色长城。但是，草原植被的破坏，天然森林的砍伐，其速度远远超过人工造林。秦汉两朝在河套、河西移民屯垦，汉武帝时还把羌人逐出湟水流域，赶往青海湖及其以西地区，在湟水流域设置破羌等县和金城郡。与此同时，秦汉两朝在北方边郡大修长城，移民屯戍。这就进一步加剧了对黄河上中游草原、森林的破坏。秦汉王朝还大规模修建咸阳、长安和洛阳，营造各种宫室，又在关中西部陇右地区的陇山、六盘山一带，关中南部的秦岭山脉，关中东部的太原、河东、狄道诸郡，大肆砍伐林木。直到东汉末年，汉灵帝为整修宫室，还从太原、河东诸郡及陇西山区砍伐大批林木，堆积在洛阳城里，因修建不及时而导致腐烂。此外，秦汉大修水利、建筑道路，加上冶金、造船业的发展，也使木材遭到极大的消耗。秦汉盛行厚葬之风，富贵人家往往使用上等的楠楸大木制作棺椁，不少墓葬一家使用的木材即多达数十甚至数百立方米。所有这些都加速了树木的砍伐速度，导致黄河流域天然森林资源的下降。一些开发较早、人口密度较高的地区，森林覆盖率更是急剧减少，如山东邹鲁之地已无"林泽之饶"，黄河中下游的曹、卫、梁、宋等地都普遍缺乏木材。森林、草原植被的破坏使生态环境日趋恶化。黄土高原气候干燥，雨量稀少，又多西北风，地表一旦裸露，就会助长风蚀作用。西汉时在黄河上中游设置西河、上郡、北地、安定、陇西、天水、云中、定襄、五原、朔方10郡，下辖175县，到东汉时，由于汉人的退缩进行省并，有41个县建制撤废不久即被沙土淹没，以致后人无法考证其今地之所在。

黄河上中游森林、草原植被的破坏使黄土高原的土壤受到严重侵蚀，输入黄河的泥沙大量增加，黄河及许多重要支流变得浊浪滚滚，黄水滔滔。"黄河"这个名称在西汉初年便开始见于记载。《汉书·高惠高后文功臣表》所载汉高祖分封功臣时颁布的封爵誓辞说："使黄河如带，泰山若厉，国以永存，爰及苗裔。"这是黄河名称见于文献的最早记录。此时的泾河变得更加浑浊，有"泾水一石，其泥数斗"的说法。泾河最大的支流连马河，泥沙含量更高，人们干脆称之为"泥水"。到王莽之时，黄河水已经混浊不堪，"号为一石水而六斗泥"了。

由于泥沙的大量增加，黄河的河床迅速抬高。汉哀帝时，下游自淇河口（今河南浚县西南）以下至入海口的几百里河段，绝大部分已变成悬河。其中，淇河口一段，河水竟高出地面 1~5 丈（汉制 1 丈等于 2.31 米），站在河堤上往北望去，"河水高出民屋"，惊险异常。而河北平原的中部，由于河道较宽，河堤内存在大片泥沙淤积的滩地，土质肥沃，不断吸引农民前去垦种，形成更加密集的聚落。他们为了抵御洪水的侵袭，又往往自筑民埝（土堤），形成堤中之堤。民埝的修筑没有规划，也不规则，洪水来时互相起着排流的作用，造成河道的弯曲。悬河的形成，再加上民埝的修筑，阻碍水流的顺利排泄，黄河的频繁决口泛滥也就不可避免了。

西汉初年，黄河就屡次决堤，形成重大的水灾。汉文帝前元十二年（公元前 168 年），黄河在酸枣（今河南延津西南）决口，东溃金堤（即黄河大堤），向东南泄洪，顺着泗水南流入淮，由淮入海。东郡（今山东西南部、河南东北部）紧急调动士兵，堵塞决口。这是历史上黄河夺淮之始，虽然决口很快被堵住而未导致改道，但黄河从河北平原改道南流，夺淮入海的趋势已显端倪。过了 36 年，汉武帝元光三年（公元前 132 年），黄河又在东郡瓠子（今河南濮阳西南）决口，溃向东南，泻入巨野泽（在今山东巨野东北，即后来的梁山泊），夺泗水经淮河入海。这次决口，洪水遍及 16 个郡，灾情相当严重。汉武帝命大臣汲黯、郑当时发兵 10 万治理，但屡堵屡决，没有成效。黄河泛滥 20 余年，"岁因以数不登"，兖、豫二州受害尤其严重。到元封二年（公元前 109 年），气候干旱少雨，汉武帝命汲仁、郭昌调集几万士兵堵塞瓠子决口，他本人也亲临治河工地，沉白马玉璧祭祀河神，并令群臣从官自将军以下皆负薪填塞河堤。这种由政府组织、皇帝亲自出面发动的治黄工程是中国历史上的第一次，显示了中央集权政府在协调组织公共工程方面的积极作用。经过这次治理，黄河的决口终于被堵住，使河水循故道奔流。

不过，元封二年的这次治河仅仅堵住了瓠子的决口，并没有解决悬河及河北平原河道内阻拦分洪的民埝问题。不久，黄河又在魏郡馆陶北决，冲出一条屯氏河的岔流，向东北经魏郡、清河、信都、勃海等郡入海，深广与主干道的大河相当。汉元帝永光五年（公元前 39 年），黄河又在清河郡灵县（今山东高唐南）鸣犊口北决，分流了 70 年的屯氏河遂告断流，形成鸣犊河与大河分流的局面。但鸣犊河排水不畅，分洪作用不大，过了六七年便告枯竭。此后，黄河频频决口泛滥，多次造成严重灾害。王莽篡汉后，始建国三年（公元 11 年），黄河就在魏郡元城（今河北大名东）以南决口，漫流于清河以东数郡，浸入汴渠（即荥阳漕渠），改道从千乘（今山东高青县高苑镇北）入海。王莽起初怕洪水淹没其元城的祖坟，后来见洪水东泻，没有威胁到他的祖坟，就放任不管，任其泛滥，置数郡的灾民于不顾。但是，他的统治未维持多长时间，不久便为绿林、赤眉农民起义的滚滚洪流所埋葬。

黄河护岸工程（彭山 摄）

    东汉建立后，经过一段时间的休养生息，社会经济日渐恢复。永平十二年（公元 69 年），汉明帝命伏恭府司空王景与将作谒者王吴主持治理黄河。当年夏天，朝廷调拨数十万士兵来到工地，一场大规模的治河工程开始了。王景采取河、汴兼治而以治河为主的综合治理办法，一面修整引黄入泗的汴渠，使之成为黄河下游的分洪道，并在汴渠与黄河分流的上下两个汴口设立两个水门，交互使用，控制分流的水量；一面堵塞决口，对黄河的河道进行整治，疏浚壅塞，截弯取直，从长寿津（今河南滑县东北）开始与西汉大河分流，东经今山东范县南、阳谷西、茌平南、东阿北，又东北流经今黄河与马颊河之间，最后注入渤海。还根据张戎关于水流流速与泥沙沉积关系的理论，在两岸修筑坚固的堤防，约束河水，增加其冲刷泥沙的能力。治理的河道，较西汉大河偏东，从长寿津自西汉大河故道别出，循着古漯水河道东行，复在今黄河与马颊河之间蜿蜒穿行，至今利津附近入海，水流顺直，距离也比原先的西汉河道缩短，加

黄河流域的大统一

上又有地势较低的汴渠分流，水患便大为减少了。第二年，治河修渠的工程大功告成。此后，这条新河道便被称为东汉大河，也就是《水经注》及唐代《元和郡县志》所记载的大河。黄河在这条新河道里安流了800多年，未再发生大规模的改徙。

第五章

黄河流域的民族融合

民族融合的大潮

胡汉文化的冲突与交融

儒、玄、释、道的并立

在乱世中曲折流淌的黄河文化

　　魏晋南北朝时期，黄河流域经历了近 400 年的混乱与
分裂，北方和西北方的游牧民族纷纷内进中原，建立政权，
彼此征战不休，给黄河两岸的广大人民带来了深重的灾难。
黄河母亲面对"流尸满河，白骨蔽野"的悲惨景象，为其
儿女的命运深深地感到忧虑。但是，经过血与火的交锋，
华夏儿女终于以其先进的文化融合内迁各族，从而为自己
增添了新的血液，变得更加坚强壮大，这又不能不使黄河
母亲感到无限的宽慰。

　　东汉后期，外戚专权与宦官乱政交相更替，政治极端
腐败，加上灾荒连年，农民无衣无食，从而导致黄巾大起
义的爆发。这次起义虽然仅坚持了 9 个月就遭到失败，却
沉重地打击了东汉的统治。黄河流域的一些豪强地主认为
"天下已非复汉有"，或举兵反汉，或拥兵自保，成为割
据一方的军阀。经过一段时间的混战、兼并，到建安四年（公

元 199 年）底，大的割据势力只剩下六七个，在中原地区就仅剩下黄河下游的袁绍和曹操了。

曹操（公元 155—220 年）字孟德。他的籍贯是淮河流域的沛国谯县（今安徽亳州），出生在京城洛阳。曹操为人机警，善用权术，任侠放荡，擅写诗赋。20 岁时，他被州郡推荐出来做官。黄巾起义爆发后，曹操被朝廷任命为骑都尉，协助镇压起义。他降服青州（治临菑，今山东淄博市临淄北）的黄巾余部，从中选出精壮者组成一支"青州兵"，为自己所用。毛玠建议他"奉天子以令不臣，修耕殖，畜军资"，以成"霸王之业"。曹操接受这个建议，于建安元年（公元 196 年）迎汉献帝至许昌，同年又募民在许下屯田，得谷百万斛，成为中原地区强大的割据势力。建安五年（公元 200 年），他率领少量兵力，在官渡（今河南中牟）一举击败袁绍的 10 万大军，歼灭袁军主力 8 万余人，奠定了统一北方的基础。此后，他抑制豪强，重用人才，重视恢复和发展生产，把屯田推广到各地。曹操的实力因此不断壮大，相继消灭了一些军阀，基本统一了黄河流域。建安十三年（公元 208 年），他率领 20 多万大军南下，准备对江南的孙权和依附于荆州地方势力的刘备展开决战，进而统一全国，不料却在赤壁（今湖北嘉鱼东北）被 5 万孙刘联军用火攻击败。建安二十五年（公元 220 年），曹操病死，他的儿子曹丕废汉献帝，建立魏国，定都洛阳，与成都的刘备（后建蜀国）、建业（今江苏南京）的孙权（后建吴国）形成三足鼎立的局面。

曹丕建魏得到了大将司马懿的支持，司马氏逐渐控制了魏国的军政大权。景元四年（公元 263 年），司马懿之子司马昭派兵灭蜀。咸熙二年（公元 265 年），司马昭之子司马炎篡魏自立，建国号为晋，定都洛阳，史称西晋。咸宁五年（公元279年）派兵攻吴。太康元年（公元280年），吴主孙皓投降，西晋统一了全国。但是，西晋从建立之初，朝政就十分腐败，司马炎死后不久便爆发了一场长达16年的"八王之乱"，西晋从此走向衰落，最后亡于南迁的"五胡"之手。

东汉以来，分布在中国西北部和北部边疆的少数民族已陆续向内地迁徙。三国两晋南北朝时期，据著名气象学家竺可桢的研究，恰逢中国历史上的一个气候寒冷期，年平均气温由西汉时高于现在1℃～2℃降到比现在低1℃～2℃。这样，无霜期大为缩短，中原地区的谷物产量减少，部分耕种和灌溉条件较差的田地被抛荒。而气候的寒冷又使北部和西北部的草原萎缩，牧场枯竭，以游牧为业的少数民族纷纷南下，进入黄河流域传统的农业区。当时的汉族统治者为了加强对游牧民族的控制和补充内地劳动人手的不足，经常招引甚至强迫他们入居内地，少数民族的内迁更加频繁。这些内迁的少数民族主要有匈奴、鲜卑、羯、氐、羌等，历史上称之为"五胡"。

这些内迁的少数民族大多与汉人杂居一处。他们遭受本族豪酋和魏、晋统治者的双重压迫，特别是到西晋，他们不仅要向西晋政府提供沉重的徭役和兵役，而且还得为士族豪强充当佃客，甚至被掠卖为奴，心中充满"怨恨之气"。

西晋末年，政治昏暗，天灾严重，各地流民纷纷起义，内迁的少数民族贵族于是乘机起兵反晋，其中以刘渊、石勒起兵最早。刘渊是匈奴左部帅之子，早在永兴元年（公元304年）即趁西晋诸王互相残杀之机，在离石起兵反晋，称大单于，不久迁至左城国（在今山西离石北），建国号汉，自称汉王。羯人石勒和汉人士族王弥等起而呼应。刘渊的势力迅速壮大，从山西扩展到山东、河北等地。

永嘉二年（公元308年），刘渊称帝，迁都平阳（今山西临汾西南）。过了两年，刘渊死去，其子刘聪杀兄自立为帝。永嘉五年（公元311年），刘聪派刘曜率匈奴兵攻陷了晋都洛阳，掳晋怀帝北上，杀戮京城百官士庶3万余人。两年后，晋怀帝在平阳被杀，晋愍帝在长安即位。建兴四年（公元316年），匈奴兵攻破长安，灭了西晋。晋朝的宗室和大批士族纷纷南渡长江，在建康（今江苏南京）拥立司马懿的曾孙司马睿重建晋朝，史称东晋。

西晋灭亡后，北方的少数民族豪酋和汉族地主纷纷建立割据政权，彼此混战不休，历史上称这个时期为十六国（公元304—439年）时期。这些割据政权都建在黄河流域。他们往往是二三国并存，或者七八国并立，使北方地区出现了长达130余年的分裂局面。

内迁的五胡统治者深知，要在中原立足，必须取得汉族士族和广大汉族人民的支持。为了拉拢汉族士族，除后赵的创立者石勒公开申明"勒本小胡，出于戎裔"之外，五胡统治者大都宣称自己是炎黄子孙或者同华夏有着血缘关系，称其政权继承的是夏、商、周三代与秦、汉之大统，极力尊崇被两汉朝廷定于一尊的儒学。就连石勒也提倡儒学，在都城襄国（今河北邢台）设太学、四门小学，在郡国普遍设学官，置博士；在都城专设"崇仁里"，将汉族士族300户迁到那里居住，规定胡人不得侮辱、怠慢衣冠华族。北方一些汉族士族于是纷纷依附五胡统治者，希冀通过儒学"以夏变夷"，施展才干，求得发展。不过，五胡的统治者都毫无例外地实行以本族贵族和部落成员为主要依靠力量，压迫和奴役汉族及其他民族的国策。因此，十六国前期的这些割据政权，民族矛盾都很尖锐，统治也不稳固。

前秦的统治者氐人苻坚较为开明，主张"黎元（黎民百姓）应抚，夷狄应和"。他对被征服的各民族的上层贵族都给予优待重用，并依靠出身微寒的汉族士人王猛来革新政治，打击氏族贵族的顽固势力，镇压豪强，休息民力，曾一度统一北方地区。后来，苻坚在淝水之战被晋军击败，前秦迅即瓦解。黄河流域又重新陷入分裂局面，先后出现了13个政权。

经过一段时间的混战，鲜卑拓跋氏建立的北魏重新统一了黄河流域。北魏在冯太后执政时曾实行均田制，推行朝廷礼仪和社会风俗的改革。冯太后去世后，孝文帝（公元467—499年）将都城由平城（今山西大同）迁至洛阳，继续推行均田制和汉化改革，禁绝鲜卑服饰和鲜卑语言，通用汉语，改鲜卑复姓为汉族单姓，提倡鲜卑与汉族通婚。这些改革大大加速了鲜卑的封建化和北方的民族大融合。

北魏及其后的东魏、西魏、北齐、北周合称为北朝（公元439—581年），与江南继东晋而起的南朝（包括宋、齐、梁、陈四朝）互相对峙。

魏晋南北朝的长期分裂与混战引起了中原汉人的大批外迁。早在东汉末年，不少中原汉人就开始向边地移徙，拉开了中原人口外迁的序幕。西晋末年，中原人口的外迁达到高潮。从元康七年（公元297年）至西晋灭亡的20多年间，中原汉人外迁者约在40万户、200万口左右。此后的十六国和北朝时期，中原人口外迁的余波仍未平息。

外迁的北方汉族人口以移居江南地区的数量最多。随着北方汉人的大量南迁，南北的地域界限被进一步打破，促使黄河流域与长江流域更加牢固地形成一个共同的地域。同时，北方的旱作农业技术也不断南传，使南方的经济由原来比较单一的水田农业向水旱兼作、稻麦兼营的农业结构转变，进一步缩小南北经济的差异，从而促进了汉民族共同经济生活的发展。此外，由于北方汉人的南迁，黄河文化进一步南传，又促使中原地区的语言更广泛地流行于江南地区，洛阳话变成了南方官场和士大夫普遍通行的语言，成为南北汉人共同的民族语言。而在抗击胡人政权的压迫和进攻中，南北汉人的民族意识都进一步强化，同宗同族的民族认同感更是远远超过地域的隔阂，这更促使汉民族的共同心理素质得到进一步加强。所有这一切都使汉民族的稳定共同体变得更加壮大。

魏晋南北朝时期，大量少数民族从北方和西北进入黄河流域，把原先的游牧生活带入中原，使北方的经济格局发生了很大的变化。东汉时期，西部和北部的游牧民族开始进入中原内地，黄河中游的边郡和河套的河南地又变农为牧。东汉末年，黄巾大起义爆发后，北方汉人"百姓南奔"，羌胡大量南涌，又把牧业区推进到关中的陕北高原南缘山脉与泾水至云中山、吕梁山一线。到了北魏，拓跋鲜卑统治者虽然接受汉文化，注意发展农耕，但他们毕竟出身于游牧民族，仍然十分重视畜牧业，一些可农可牧的地区往往以发展畜牧业为主，就连自古以来精耕细作的三河地区的农田也被改作牧场。孝文帝迁都洛阳后，为了从河西徙马于河洛，甚至将并州（治晋阳，今山西太原西南）也改成马匹中转的牧场。黄河中游地区汉族农业人口的急剧减少和以畜牧为生的少数民族人口的迅速增长使耕地相应缩减，牧场相应扩展，出现了次生植被，水土流失现象相对减弱。因此，进入黄河的泥沙相对减少，下游河道的淤积速度也就相应减缓。加上从东汉以后直到魏晋南北朝，黄河下游仍有汴水、济水、濮水、漯水等许多分支，还有许多湖泽和旧的河道，在汛期可以接受从大河分出的部分洪水和部分泥沙，起到防洪和减缓下游河道淤积的作用；而战争的频繁发生、政权的不断更迭、社会的动荡不安又导致下游堤防的削弱和破坏，汛期到来，洪水便在一定区段之内自由泛滥，水中的泥沙随之扩散，而不是集中地淤积在主河槽里，这又减缓了河床的抬升。所以，在王景治河之后的800多年间，黄河下游基本上处于安流的状态，未再发生大规模的决溢改徙现象。

魏晋南北朝北方游牧民族的大规模南迁及由此引发的中原汉人的大规模南移，极大地推动了中国的民族大融合，掀起了中国历史上的第二次民族大融合高潮。按照社会发展的一般规律，在不同民族之间，总是文化先进的民族同化、融合文化落后的民族。春秋战国时期是中国民族融合的第一次高潮，当时有大批内迁的蛮夷戎狄为文化先进的华夏所融合。魏晋南北朝也是如此。内进中原的北方少数民族由于受到先进的汉文化的影响，在其建立的政权覆灭之后，他们也都同化、融合到汉族之中。与此同时，在中原汉人大批南渡之后，东晋南朝政权也采用各种措施，在一些南蛮、僚、俚等族的聚居地区设置郡县，把他们变为国家的编户或依附民，使他们逐渐同化、融合于汉族之中。南北的民族大融合为汉族输入了新鲜的血液，注入了新的活力，从而得到了一次飞跃性的发展与壮大。

魏晋南北朝的这次民族大融合缩小了民族、地域之间的差异与矛盾，使胡汉统治者的分裂割据失去了存在的依据，这就为实现南北的统一创造了条件，从而迎来了隋唐社会经济的大发展和文化的高度繁荣。

魏晋南北朝之时，刚刚跨入中原大门的游牧民族对内地的汉文化感到十分陌生。北朝的一首乐府《折杨柳歌辞》曾这样唱道："我是虏家儿，不解汉人歌。"北魏初期，鲜卑军队在中山（今河北定州）攻破前燕慕容宝时曾缴获一批晋朝乐器，因为不懂得怎么使用，便通通抛弃了。在先进的汉文化面前，内迁的游牧民族不自觉地表现出一种卑怯心理。正是出于这种对汉文化的卑怯心理，他们才会宣称自己是炎黄子孙或与华夏有血缘关系。

由于对汉文化存在卑怯心理，这些游牧民族在中原建国之初大都实行胡汉分治的政策，极力排斥、抑制汉文化。北魏孝文帝迁都洛阳，推行汉化政策，拓跋鲜卑的守旧派就千方百计地进行阻挠和破坏，甚至不惜发动叛乱，自立为国。已经鲜卑化的汉人高欢依靠六镇鲜卑建立北齐政权，更是大力推行鲜卑化政策，重新恢复鲜卑的旧制、旧俗。

鲜卑服装重新流行于世，鲜卑语成为官方的用语，是否通晓鲜卑语成为仕宦的重要条件之一。鲜卑勋贵顿感扬眉吐气，个个趾高气扬，"共轻中华朝士"，看不起在朝中任职的汉族士人，甚至公然咒骂汉人为"汉儿""汉辈""汉家妇""汉老妪""一钱汉"。

但是，广大少数民族人民迁入中原内地后，与汉人杂居相处，共同生活，他们彼此总要发生接触和交往。尤其是在交错杂居的情况下，不同民族的通婚更是势在必行。据《魏书》《北齐书》《周书》《北史》4部正史记载的241起男女双方均有姓氏可考的婚姻资料统计，胡汉间的通婚就占到大约2/3的比例。胡汉之间频繁的接触与交往，甚至在一个家庭里共同生活，就势必要受到对方文化的影响。

在胡汉频繁的接触与交往中，游牧民族的下层民众首先受到汉文化的影响。在错居杂处的条件下，为了生活和生产的需要，他们逐渐学会汉语。到西晋之时，入居内地的匈奴和氐、羌、乌桓等族，大部分已经使用汉语，及至北魏统一北方以后，中原地区社会上通行的语言就只有汉语和鲜卑语了。与此同时，许多游牧民族人民还向周围的汉族学会了农业生产技术。少数民族入居中原之后，尽管往往将黄河上中游部分适合放牧的地区变为牧场，继续从事畜牧业，但是在一些自然条件更适宜于农耕、汉族人口还占着多数的地区，他们就只能弃牧就农，向汉族农民学习农耕技术，从事农业生产。随着生产生活方式的转变，这些游牧民族的文化观念和意识也受到汉文化的影响而发生变化。例如，游牧民族原先的婚姻关系比较自由，"女儿自言好，故入郎君怀"，婚姻一般是由自己作主的，只要两情相悦，便可自行结合。后来受到汉文化的影响，他们的婚姻便由父母作主，要遵从父母之命了。

胡人政权的统治者在中原封建经济发达的地区固然可以马上得天下，却不能马上治天下。为了巩固其统治，他们在政权建立之初就不得不设法网罗汉族士族及儒士，委以重任。不仅如此，这些胡人政权的上层统治者也积极学习汉文化，从中吸取封建统治的经验。如刘渊曾师事上党大儒崔游，学过《毛诗》《尚书》《易》，尤好《春秋左氏传》《史记》《汉书》，诸子百家，无不综览。北魏孝文帝大力推行汉化政策，自己也积极学习汉文化，达到"欲罢不能"的地步。

　　文化交流从来都是双向的。在汉文化影响少数民族的同时，游牧民族带来的胡文化也对汉族产生了深刻的影响。北方游牧民族的许多畜牧业生产技术广泛地传入内地，为汉族人民所掌握。北魏贾思勰的《齐民要术》记载了当时黄河流域的许多畜牧业生产经验，包括对大家畜外形的鉴定及牲畜的选种、育种、饲养管理、疾病治疗等，其中的部分经验就来自内迁的游牧民族。在日常生活的衣、食、住等方面，汉代传入的胡服、胡饼、胡饭、胡羹、胡煮、胡炊、胡麻等也更广泛地流行于北方地区，为更多的汉人所喜好。

　　除了生产、生活，胡文化对北方汉人的影响还反映在婚姻关系、士大夫的精神面貌以及文艺创作等许多方面。如婚姻关系，由于跨族婚姻的大量出现，许多汉人受到胡人婚俗的影响，开始突破传统礼教的束缚，从讲究门第趋向讲究财币，贞节观念也日趋淡薄，妇女丧偶或离婚可以再嫁，男子也不以娶这种女子为耻，有的甚至与寡妇公开同居。同时，随着传统礼教束缚的突破，妇女在社交活动中也较为自由。先后在南朝和北朝做官的颜之推曾比较南北妇女的不同地位和风气说："江东妇女，略无交游。其婚姻之家，或十数

万里入胸怀

—— 192 ——

黄河史传

黄河土林（彭山 摄）

年间未相识者，惟以信命赠遗，致殷勤焉。邺下风俗，专以妇女持门户，争讼曲直，造请逢迎，车乘填街衢，绮罗盈府寺。代子求官，为夫讼屈，此乃恒、代之遗风乎。"再如士大夫的精神风貌，在秦

黄河流域的民族融合

汉时代盛行尚武之风，不仅武士、军人必须习武，即使是文人学士，也多谙熟骑射和剑术。但自曹魏正始之后，玄风日盛，高门士族的子弟都鄙薄武事，不涉业务，徒以浮华为高。十六国之后，由于受到内迁胡人的影响，北方的士大夫又复崇尚武功，熟习战事了。

北朝的文学也因受到胡文化的影响，呈现出一种质朴粗犷、豪迈雄壮的特色，迥异于南方文学的风格。如北朝民歌中，歌颂坚决抗击匈奴贵族刘曜侵掠而壮烈牺牲的英雄人物的《陇上歌》和歌颂女扮男装、代父从军的女英雄的《木兰辞》，无不充盈着一种英勇无畏、刚强豪迈的气概，这是南朝民歌所未见的。就是反映男女爱情与婚姻问题的内容，北朝民歌也不像南朝民歌那样委婉含蓄，而是直抒胸臆，显露其质朴纯真的特色。即便是文人的创作，如《水经注》《洛阳伽蓝记》《颜氏家训》等作品，不仅注意反映社会现实，而且文字质朴刚健，也与南朝骈文空虚靡丽的文风迥然不同。

胡文化与汉文化彼此互相影响、互相吸收，但这种影响和吸收并不是半斤八两、彼此相等的。由于汉文化处于先进的地位，汉族人口又占多数，双方的交流便以汉文化为主体，吸收胡文化中一些优秀的、独特的东西，融为一体，形成一种更高层次的汉文化。在北魏统一中原后，社会上通行的除汉语外，还有鲜卑语。经过孝文帝的改革，断"北语"，从"正音（汉语）"，汉语成为北方各族主要的通用语言。再如发式和服饰，原先匈奴是结发，乌桓是剃发，鲜卑是索发，羌族是披发，而且在服饰上全都是左衽，大体上到北朝末年，这些发式和左衽都已基本消失。胡汉文化的这种融合是北方民族实现大融合的一个前提条件。

魏晋南北朝的黄河流域，由于大一统局面的结束，儒学丧失了独尊的地位，加上社会的动荡、经济的衰落，人们对它的信仰发生了动摇，各种思想学说于是乘间而起，形成了儒、玄、佛、道并立的新格局。

玄学是魏晋时期首先产生于黄河流域，而后风行于全国的一种重要的社会思潮。"玄"语出《老子》"玄之又玄，众妙之门"。玄学主要是继承道家思想，同时对儒家思想作出新的解释，带有儒道兼综的色彩。

玄学的创立者是曹魏正始年间的何晏、王弼。何晏（？—公元249年）是南阳宛（今河南南阳）人，正始年间曹操侄孙曹爽当政，他任散骑侍郎，后升吏部尚书。何晏倡导玄学，他常集结一些志同道合者，手持玉柄麈尾，谈玄析理。王弼（公元226—249年）是山阳高平（今山东邹县西南）人，出身名门士族，是何晏清谈的座上客。他继承和发挥老子的"有生于无"的思想，创立了玄学的"贵无派"。王弼认为"天下万物皆以有为生，有之所始，以无为本"，主张"崇本息末"，认为去邪在于"存诚"，绝盗在于"去欲"，而不在于"善察""严刑"。

后来，嵇康、阮籍又创立"自然"派。嵇康（公元233—262年）为谯国铚县（今安徽宿州西南）人，家世儒学，曾做过曹魏政权的中散大夫。阮籍（公元210—263年）为陈留尉氏（今属河南）人，其父是建安诗人阮瑀，自幼聪敏好学。他们看到曹魏集团已失去早年的英姿勃发，变得飞扬跋扈、骄奢淫逸，令人失望，而司马氏老谋深算，居心叵测，他们又耻于投靠。于是，嵇康离开京城，定居于洛阳东北的山阳（今河南修武），常与阮籍及其兄子阮咸、山涛、向秀、王戎、刘伶结伴游于居所之前的竹林，评议时政，人称"竹林七贤"。后来，司马氏集团篡夺大权，残暴地诛灭异己。"竹林七贤"发生分化，有些人投靠司马氏，但嵇康拒不出仕，终于被杀，阮籍勉强出仕，却消极怠工。针对司马氏集团打着"以孝治天下"的旗号来标榜名教的做法，嵇康、阮籍提出"越名教而任自然"的主张，以息争、无欲、空虚、守静的自然无为来反对礼法名教的有为。

西晋末年的向秀、郭象则创立了"独化"派。向秀（约公元277—272年）为河内怀（今河南武陟）人，是"竹林七贤"之一。郭象（约公元252—312年）是河南（今河南洛阳）人，历任司徒掾、黄门侍郎，又以阿附东海王司马越得任太傅主簿，权倾内外。在名教与自然的关系这个玄学的核心问题上，向秀认为名教出自自然，郭象更认为名教即是自然。这种理论更适应两晋世家大族的统治需要。郭象还提出一个"独化于玄冥之境"的主张，认为世界万物"块然自生"于神秘莫测的"玄冥"境界，一切都出于偶然。这种比较精致的唯心主义使玄学更趋完善。西晋灭亡后，随着大批中原名士的南渡，清谈之风在中原趋于沉寂而盛炽于江左，直至东晋灭亡。

在玄学兴起的同时，外来的佛教也在黄河流域广泛流行并开始其汉化的过程。佛教是世界三大宗教之一，产生于公元前6世纪至公元前5世纪的古印度，创建者为迦毗罗卫国（在今尼泊尔境内）的王子俗姓乔达摩，本名悉达多，后人尊称他为"释迦牟尼"。东汉永平十年（公元67年），朝廷派使臣蔡愔等18人出使天竺（印度），他们在大月氏遇到中天竺僧人摄摩腾和竺法兰，得到佛像和佛典，遂用白马驮着佛像和佛典，同两位僧人返回京都洛阳。翌年，汉明帝敕令在洛阳城西雍门外三里御道之北修建白马寺，让两位僧人入住译经。白马寺仿效古印度的祇园精舍而建，有殿有塔，殿内有画

洛阳白马寺（陈红宇 摄）

有像，后经历代重修，至今犹存。

佛教以"轮回报应"为理论基础，将摆脱生老病死的痛苦作为人生的追求目标，主张通过长期的修行，达到不生不灭的涅槃（又称"入灭""灭度""寂灭""圆寂"）境界。佛教这种出世的主张与儒家强调"内圣外王"的入世主张是根本对立的。在独尊儒术的汉代，朝廷禁止汉人出家为僧，传播的范围非常有限。到魏晋南北朝时，战乱频繁，芸芸众生便想从佛教中求得解脱，而各族统治者又积极加以提倡，以图消弭人民的不满和反抗，佛教于是广泛流行起来。

曹魏时期的洛阳成为黄河流域佛教传播的中心。魏齐王曹芳嘉平年间，中天竺僧人昙呵迦罗来到洛阳，译出《僧祇戒》，又延请梵僧，创立传戒制度，使一些出家的中国僧人受"比丘戒"，成为正式的僧人。颍川（今河南禹州市）人朱士林是汉地第一位受戒的真正僧人。甘露五年（公元 260 年），他从长安出发，到于阗取得《大品般若》梵本 90 章，成为中国佛教史上第一位西行求法的僧人。到了西晋，译经的数量迅速猛增。世居敦煌的月氏人后裔竺法护先后在敦煌、长安译出佛经 155 部 311 卷，其中以大乘佛教的经典为多。龟兹人鸠摩罗什在长安译出佛经 35 部 294 卷，也多是大乘佛教的经典，成为中国佛教史上四大译师之一。到了北魏，统治者大多崇信佛教，不仅大建寺院、开凿石窟，还设立僧祇户和佛图户，使佛教拥有自己的寺院经济。到北魏末年，全国已有寺院 3 万余座、僧尼 200 万人，佛教得到了更大规模的发展，尤以禅学的弘传影响最大。北魏孝文帝时，天竺僧人佛陀来到平城，后随孝文帝迁至洛阳，在嵩山少林寺修炼禅法，禅学因而盛极一时。稍晚些时候，南天竺僧人菩提达摩也从南朝北上，至嵩山少林寺面壁修禅。北魏末年，达摩将禅法

嵩山少林寺（陈红宇 摄）

传给弟子慧可。北齐时，慧可又传法于僧粲，再经道信、弘忍的传递，到唐代的慧能开创了禅宗，形成中国佛教史上最有影响的一个宗派。

魏晋南北朝的社会大动乱也为道教在黄河流域的传播和发展提供了条件。道教是中国土生土长的宗教，以"道"为最高信仰，主张通过个人的修炼，成仙得道，求得永生。道教草创于东汉时期，创始人是沛国丰（今属江苏）人张陵。他在汉顺帝时进入四川的鹤鸣山，尊奉老子为教主，以老子的《道德经》为主要经典，吸收道徒，规定入道者须交纳五斗米，创立了"五斗米道"。因道徒尊张陵为天师（一说张陵自称天师），也称"天师道"。张陵死后，其子张衡、孙张鲁继续在川西北和陕西南部汉中地区传播五斗米道，张鲁还建立了政权。东汉末年，河北巨鹿人张角又在灵帝时创立另一道派。

黄河流域的民族融合

他除奉老子为教主，还尊奉黄帝，并以道家的《太平清领书》（又称《太平经》）为主要经典，创立了"太平道"。十余年间，徒众达到数十万人，后来他发动了大规模的黄巾大起义。起义失败后，余众大都融入到五斗米道之中。

道教从一开始就表现出了干预政治的特点，使之成为民众反抗封建统治的组织手段和思想武器，这自然是封建统治阶级所不能容忍的。建安二十年（公元215年），曹操统领大军攻入汉中，迫使张鲁率其家族部众投降。此后的曹魏政权和西晋都严令禁止一切有违儒家礼教祀典的民间祭祀活动。面对这种状况，一些道教徒开始对道教进行改革，使原始道教向官方道教转化。北魏神瑞二年（公元415年），世家大族出身的天师道道徒、上谷昌平（今属北京市）人寇谦之创立了"专以礼度（儒家礼教）为首，而加之服食闭练"的新道法，建立了一套科戒仪式，清除敢于"犯上作乱"的"恶人"。后来，他又按照现实社会的等级制度对旧天师道的神仙体系进行改革，把原先具有原始多神教特点的神仙信仰改为由最高神"无极至尊"统领的诸神系列。改革后的新天师道受到北魏太武帝的欢迎和支持，成了北魏的国教，获得前所未有的发展，进入其鼎盛时期。太武帝和寇谦之相继去世后，其影响渐趋式微，而为楼观道派所取代。

楼观道为魏晋之际的道士梁谌所创，后经几代弟子的传承，形成一个神仙道教团体。它以陕西周至县终南山北麓的楼观为活动中心。传说，西周函谷关令尹喜曾在此地结草为楼，观星望气，故名楼观。老子过函谷关时，尹喜向他问道，老子授之《道德经》，尹喜遂与之西行，化胡成仙。楼观道以尹喜为祖师，特别重视《道德经》，以它为主要传习经典。到孝文帝迁都洛阳时，楼观道已在关陇一带广为传播。北魏中期，楼观道中的一些著名道人对楼观道的教义、教团组织等进行改革，吸收北方新天师道与南方道教教派的许多经典、教义、方术以及佛教的大量戒律，并频繁地结交封建统治者，因而得到统治者的赞赏。北魏分裂后，统治关陇一带的西魏、北周都极力加以扶植，楼观道也从民间道教变成了官方道教。

魏晋南北朝时期，玄、佛、道与儒并存，互相竞争，互为补充，又彼此吸收。不过在黄河流域，由于各族统治者的提倡和扶植，儒学仍居首位。玄学因其虚玄高雅、超脱世俗的学术品格而把自己束之高阁，令研习者望而生畏，从而丧失存在的根基，趋向消亡。佛教则从儒、玄、道中吸取大量养料而逐渐走上汉化的道路，在汉地扎根、生长。道教也吸收儒、玄、佛的思想，向官方道教转化，获得统治者的认可，得以存在和发展。从此，以儒为主，儒、佛、道互补，对中国文化的发展和中华民族精神的铸造产生了深远的影响。

魏晋南北朝时期，黄河流域由于政局动荡不安，社会经济受到严重破坏，文学艺术和科学技术的发展相当艰难。但在某些相对安定的年代，其中的某些领域还是取得了一定的进步，获得了新的成就。

曹操及其子曹丕、曹植雅好诗章，重视文学，优待文士，在他们的周围聚集着一批文人，形成了一个著名的文人集团。其时正值曹操迎汉献帝于许昌之后的建安年间，人们便称汉末魏初的文学为"建安文学"，其代表人物是三曹和"建安七子"，"七子"即孔融、陈琳、王粲、徐幹、阮瑀、应玚、刘桢。

建安诗人的创作以诗歌成就最高，成为中国诗歌发展史上一个新的光辉起点。他们运用乐府民歌的现实主义手法，"发愀怆之词"，反映了长期战乱带给人民的种种灾难，令人"喟然伤心肝"，如曹操《蒿里行》所写："白骨露于野，千里无鸡鸣。生民百存一，念之断人肠。"王粲《七哀诗》所述："出门无所见，白骨蔽平原。路有饥妇人，抱子弃草间。"

建安诗人还继承屈原的浪漫主义精神，他们的诗作大胆地冲破礼教的束缚，追求个性的解放，充满对生的留恋、对统一的渴望和为实现这种理想而建功立业的雄心壮志，如曹操在《龟虽寿》中自比"老骥"，吐露自己老当益壮的英雄气概："老骥伏枥，志在千里；烈士暮年，壮心不已。"

在十六国北朝时期，由于少数民族音乐舞蹈的传入以及佛教音乐的发展，黄河流域的音乐、舞蹈呈现空前繁荣的局面。此时，北方盛行的音乐有两大类。一类是民歌，称为鼓角横吹曲。这些民歌大多来自鲜卑、氐、羌等民族，也有汉族的。《木兰辞》是其中最负盛名的一首杰作，它描绘了木兰女扮男装、代父从军的英雄形象，反映了北方妇女淳朴勇敢、不畏艰难、敢于牺牲的精神。北齐的敕勒族民歌《敕勒歌》则以简洁的语言、豪迈的气派表现了北方草原游牧生活的生动场景："敕勒川，阴山下，天似穹庐，笼盖四野。天苍苍，野茫茫，风吹草低见牛羊。"

当时，黄河两岸盛行的另一类音乐是胡乐，它们大多来自西域或漠北。胡乐自东汉传入中原后就在宫廷和民间流行起来。到十六国北朝，随着北方少数民族在黄河流域建立政权，胡乐以更大的规模传入。前凉张重华执政时，天竺乐传至凉州。前秦建元十九年（公元383年），吕光奉苻坚之命进讨西域，灭掉龟兹，得其声乐。吕光在占据凉州建后凉国时又把龟兹和中原音乐融合起来，形成一种新颖别致的音乐，号为"秦汉伎"。后来，北魏太武帝灭后凉，将这种音乐改称西凉乐。北魏在灭掉北燕后又得高丽乐，同时还传入百济乐，后又传入安国乐。

北周天和三年(公元568年)，周武帝与西突厥联姻，又传入了康国乐。这些胡乐的传入使中原的音乐舞蹈变得更加丰富多彩，为唐代乐舞的繁荣创造了条件。

佛教音乐是随着佛教的传入而传播到中原地区的。传入之初，它用梵文来歌唱，叫做"梵呗"，汉族信徒难以掌握。曹魏时，曹植"遂制转赞七声，升降曲折之响"，这就是汉地横吹。这样，汉族信徒便可使用汉语歌唱，从而促进了佛教在汉地的传播。到北朝时，佛教音乐又不断发展和丰富，各地的寺院都在演唱。

黄河流域的绘画艺术在魏晋南北朝时也获得了一定的发展。绘画艺术出现于原始社会，至秦汉已有长足的进步，壁画是其最基本的形式。秦汉壁画包括宫廷壁画和墓葬壁画两大类。现今保存最多的是两汉的墓葬壁画，范围遍及黄河流域的广大地区。其中以洛阳卜千秋墓葬壁画和内蒙古和林格尔墓葬壁画最具代表性，其技法有勾勒平涂，有没骨法，线条有粗有细，用笔有刚柔的变化，着色有浓淡的渲染。到魏晋北朝，绘画艺术出现了许多新的特点。特点之一是，随着佛教的盛行，宗教画，特别是反映佛教内容的壁画，得到了很大的发展。这种壁画在敦煌、龙门、云冈等石窟中都有大量实物存世，不仅内容更加丰富，技法也不断提高，没骨法、晕染法被广泛运用。特点之二是，由于受到玄学崇尚自然、寄情山水的影响，随着人物画的发展，山水画也在魏晋时期开始萌芽。

随着绘画的发展，这个时期涌现出一批专门从事绘画的画家。曹魏的高贵乡公曹髦能书善画，"独高魏代"。侍中徐邈也嗜酒擅画，据说他曾为魏明帝画鲭鱼，悬挂于洛水之滨，引得水中白獭竞相前来，追逐于画板之旁。北齐因齐武帝嗜好绘画，积极提倡，更是名家迭出。

其中，杨子华以善画龙、马、人物知名。据说，他画马于壁上，"夜听啼啮长鸣，如索水草"；画龙于素绢之上，"舒卷则云气萦集"；画人物，则"曲尽其妙，简易标美，多不可减，少不可逾"。刘杀鬼以善画斗雀著称，曾"画斗雀于壁间，帝见之以为生，拂之方觉"。曹国（在今中亚撒马尔罕一带）人曹仲达是北齐最著名的画家。他工于佛像，绘龙蛇能致风雨。他画人物，"其体稠叠，而衣服紧窄"，好似刚从水中出来的样子，人称"曹衣出水"。曹仲达独创的这种绘画风格被称为"曹家样"，对后世影响很大。

黄河流域的书法在魏晋南北朝时期发展了到一个新的高度。中国的书法是随着汉字的形成而产生的。它经过商代的甲骨文书法、周代的金文书法、战国时代的书法，特别是秦国石鼓文书法、秦代的小篆书法，到汉代已进入繁荣阶段。当时，汉字的各种字体皆已具备，前代通行的大篆、小篆仍然时有所见，隶书正在兴起而成为一代字体的代表，章草、今草都已成为通行的手书，行书、楷书也在东汉末年出现。著名书法家有史游、曹喜、杜度、崔瑗、张芝、蔡邕、王次仲、刘德升、师宜昌、梁鹄等。魏晋南北朝时期，许多统治者都爱好书法，北魏拓跋鲜卑的统治者更是积极提倡书法，刻在石碑上的书法盛行一时，通称为"魏碑"。故而书家迭起，其中最著名的当推钟繇与索靖。钟繇（公元151—230年），颍川长社（今河南长葛东）人，兼精诸体，真书尤其绝妙，结体朴素自然，点画多有异趣。其子钟会兼行、草，尤工隶书。索靖（公元239—303年），敦煌龙勒（今甘肃敦煌西南）人。索靖是张芝妹妹的儿子，他师法前贤而不拘泥，兼善诸体，草书尤为有名。这里还必须提到被尊称为"书圣"的大书法家王羲之。王羲之（公元303—361年）祖籍琅琊临沂，曾在东晋任右军将军，后隐居会稽山阴（今浙江绍兴）。他曾拜西晋女书法家卫夫人（铄）为师，后博采众长，推陈出新，改变汉魏以来质朴的书风，形成妍美流便的新体，一跃而成为一代书法宗师。其书诸体皆佳，尤擅楷书、行书，代表作有《兰亭序》等。后人把他和钟繇合称为"钟王"。其子王献之的书法也卓有建树，与王羲之并称"二王"。

黄河流域的农业生产技术在这个时期也取得了一定的成就，集中反映在中国现存最完整的一部古农书《齐民要术》之中。作者贾思勰是山东益都（今山东寿光）人，他曾做过北魏的高阳（今山东临淄西北）太守，离任后返乡，潜心农牧业生产。当时，黄河流域的民族大融合浪潮有力地推动着北方少数民族与汉族的生产技术的交流。他对这些生产技术进行总结，写成《齐民要术》一书，被19世纪英国大生物学家达尔文誉为"古代中国的大百科全书"。

这个时期黄河流域农业生产技术的一项重要成就是先进灌溉工具翻车的发明。此前，人们常用的灌溉工具是桔槔和辘轳，用于汲取河里或井里的水以供灌溉。曹魏之时，扶风（今属陕西）人马钧设计并创造了灌溉用的翻车，"令童子转之，而灌水自覆"。翻车被发明后，很快就在民间推广，一直沿用了1600多年，成为古代农业生产中最常用的灌溉工具之一。马钧还制造了一辆指南车。相传，周代的周公曾创造过指南车，但这恐怕仅是传说而已。东汉的张衡曾试制过指南车，但因汉末丧乱，其器不存，也未留下任何资料。魏明帝青龙年间，马钧奉诏更造指南车。他在车中设置了可以自动离合的齿轮传动机构，上置木人，当车子左右转动时，木人始终将手臂指向正南方。此外，这个时期，曹魏的河内汲县人韩暨改进水排，西晋的京兆杜陵（今陕西西安市）人杜预创制连机碓，也都对农业生产的发展起过积极作用。

黄河流域的手工业也在缓慢地向前发展，其中的一项重大成果是白瓷的烧制。东汉后期，江南地区的浙江上虞绍兴一带开始生产青瓷，胎釉结合紧密，青釉色泽纯正，是真正的瓷器。魏晋南北朝时期，南方的瓷器制造技术迅速发展，并从东海沿海地区逐渐向北传播，传入黄河流域。黄河流域早在商周时期已能生产原始瓷器，但生产真正的瓷器却比较晚，大约始于北魏之时，而且主要是模仿南方，工艺技术尚不成熟。进入东魏和北齐之后，北方的制瓷技术已有了长足的进步，产量明显增加。

在数学方面，黄河流域这个时期涌现出一位著名的数学家——刘徽。他生活在曹魏时期，精研《九章算术》，并为之作注，不仅系统地整理了原著各项解题的方法，还创造了许多新的方法，其中最值得称道的是创立割圆术求解圆周率。后来，南朝的祖冲之就是运用这种割圆术，计算出精确到小数点后第七位有效数字的圆周率，而登上这座世界数学高峰的。

这个时期黄河流域的医学成就以西晋最为突出。西晋的太医令王叔和，高平（今山东巨野南）人，总结祖国脉学的成果，撰写了10万字的《脉经》。王叔和还对汉代张仲景的《伤寒杂病论》重新整编，使之更便于流传和使用。与王叔和齐名的另一名医皇甫谧，是安定朝那（今甘肃平凉西北）人，长于针灸学，他的《黄帝三部针灸甲乙经》是中国现存最早的针灸学专著，也是中医针灸学的经典著作。

魏晋南北朝时，黄河流域还涌现出几位地理学家，以郦道元与裴秀最为著名。郦道元（公元472—527年）字善长，范阳涿县（今河北涿州）人。他曾出任河南、湖北等地的地方官和中央的御史中尉，足迹遍及黄淮流域和长江中下游地区。他根据自己对地理现象的观察和考证，参考古代地理著作的记载，撰写了《水经注》40 卷。《水经》的成书年代不详，一说为汉代的桑钦所著，一说是成书于三国时代。该书简要地记载了全国大小河流 137 条。郦道元的《水经注》则记述了从中国北部的滦河流域、海河流域、塔里木河流域至南部中国以外的印度河、恒河流域的 1252 条河流，共 30 万字，比原书多出 20 倍，具有很高的科学价值。裴秀（公元 224—271 年）为两晋河东闻喜（今属山西）人。他总结前人的地图绘制理论，提出了"制图六体"的基本原则：一曰"分率"，即比例尺；二曰"准望"，即方位；三曰"道里"，即距离；四曰"高下"，即地形的高低起伏；五曰"方邪"，即方向的偏斜；六曰"迂直"，即道路的迂回曲折。在 16 世纪末叶经纬度的概念尚未流行之前，他的制图六体算是最为精审而科学的地图绘制方法，成为古代中国编制地图的基本准则。

第六章

鼎盛时期的黄河文明

黄土地上的封建盛世

全方位开放与对外文化交流

黄河流域经济文化发展的高峰

航运的发展与河患的治理

从开皇元年（公元581年）隋文帝杨坚取代周静帝建立隋朝起的5个半世纪里，除五代十国半个世纪的分裂割据外，以黄河中游长安、洛阳和东京（今河南开封）为政治中心的隋、唐和北宋王朝都是统治年代较长的统一王朝。这是中国封建社会的鼎盛和再发展时期，黄河母亲怀着喜悦的心情，迎来了其经济和文化发展的黄金时代。

隋文帝（公元541—604年）建立隋朝后，因汉长安城已残破不堪，于开皇二年（公元582年）命左仆射高颎、太子左庶子宇文恺在长安城东南龙首原上修建新京城。经过9个月的修筑，于次年三月正式迁入新都。不过，整个都城的建设尚未完成，修建工程仍在继续。唐朝建立后，仍以之为都城，又按宇文恺的设计规划继续修建，直到唐高宗永徽五年（公元654年）才全面建成。隋初名之为大兴城，唐朝改为长安城，或称京师，后曾改称西京、中京、上都，学术界一般称为"隋唐长安"。

隋唐长安城周37.7千米，面积84万平方千米，规模极为宏大，相当于现今的西安城（今西安明城面积8.71平方千米）面积的9.65倍，居住着近百万人口，为当时世界上规模最大的城市。全城呈长方形，分为宫城、皇城和外廓城三个部分。宫城为宫殿区，位于全城北部地势最高的龙首原高地，以显示皇权至高无上的威势。处于南北中轴线最北面的太极宫（隋称大兴宫）为皇帝居住、听政和处理政务之所，宫内有殿、阁、亭、馆三四十所，还有湖苑等，建筑庄重严肃。太极宫的正门承天门，朱门金钉，雕梁画栋，显得威仪凛然，端庄浑厚。承天门的东西横街宽300步，是一个T字形的宫廷广场。唐朝的皇帝多次在承天门楼上面向横街1.2平方千米的广场举行盛大的献俘礼、大朝会活动。在长安城外东北角的大明宫是唐高宗以后的朝会之处。整个大明宫内的面积约3.3平方千米，宫内计有26门、40殿、7阁、4省、10楼，还有台榭池观等。主殿之一含元殿屹立在龙首原的南沿，居高临下，正殿建筑宏伟壮丽，由蜿蜒曲折的飞廊与东西对称的翔鸾、栖凤两阁相连，殿前有长70多米的龙尾道，尤显气派非凡。位于大明宫西北角的另一主殿麟德殿是皇帝接见外国使臣、观赏歌舞、举行体育活动、宴请大臣、举办佛事道场的场所。整个建筑面积达1.23万平方米，约等于明清北京故宫太和殿面积的5倍。它建在一夯筑重台之上，分为前、中、后三大殿，周围回廊，并有东西对称的亭台楼阁，气魄宏大，卓然逸群。唐朝的一些皇帝，如唐太宗、唐玄宗，都喜欢体育运动，战国时期出现的蹴鞠、贞观年间由吐蕃传入的马球以及角抵、击剑、围棋等都是他们喜好的项目。他们经常在麟德殿举行这类体育活动。兴庆宫位于原来的兴庆坊，是唐玄宗时扩建的一处园林式宫殿区，遍植牡丹和其他花卉，花团锦簇。唐玄宗经常在这里举行欢宴、喜庆等活动。每当夜色降临，兴庆宫里亮起缤纷的花灯，亮如白昼，各种欢快的文娱活动便相继登场。既有角抵百戏的演出，又有歌唱家李龟年的引吭高歌，还有公孙大娘的剑舞，绝色佳人杨玉环、飘然奔放的诗仙李白、豪宕不羁的画圣吴道子都曾在这里留下千古传诵的风流韵事，表现出盛唐才有的精奇绝妙的文化创造力。

此外，唐朝还在长安城的附近建造了许多离宫别苑和游乐场所，如长安城北的禁苑，城东南和南部的曲江池、芙蓉园、杏园、乐游园，城西南的昆明池、定昆池以及城东25千米处骊山山麓的华清宫。曲江池畔，环湖修建了各种楼台亭阁，菰蒲葱翠，柳荫四合，一年四季游人不断。中和（二月一日）、上巳（三月三日）、重阳（九月九日）三节以及新进士及第的"曲江会"，更是倾城出动，游人如织。唐代诗圣杜甫的《曲江二首》之二曾描写道："穿花夹蝶深深见，点水蜻蜓款款飞。传语风光共流转，暂时共赏莫相违。"

华清宫不仅有分布在林荫花丛之中的长生殿等殿台楼阁，还有九龙汤、芙蓉汤、太子汤、宜青汤等多处浴殿汤池。"春寒赐浴华清池，温泉水滑洗凝脂""回眸一笑百媚生，六宫粉黛无颜色"，唐玄宗与杨玉环曾在这里上演了一出流传千古的爱情悲剧。

长安的皇城在宫城之南，是中央官署所在地。外郭城占地广阔，有25条大街，东西14条，南北11条。由皇城正中朱雀门到外郭城南墙正中明德门的中央大街称朱雀大街，又称天街，宽150~155米。这些大街纵横交错，使市区呈现棋盘的形状，"百千家似围棋局，十二街如种菜畦"。外郭城被划为108坊，作为居民区；还有两个市，

唐都长安大明宫合元殿复原图

即东市和西市，各占两坊之地。市里店铺林立，有200多种行业，"四方珍奇，皆所积集"。西市尤为繁华，外国人开设的店铺很多。波斯商人开设的酒店有胡姬歌舞相伴，不时引来许多文人。由于商业的繁荣，城内还开设了许多旅店、货栈、茶肆和寄存金钱的柜坊。长安城外，在渭河的群峰丘峦之中，有唐代皇帝18座宏大的陵墓和众多的陪葬墓。

隋朝第二代皇帝隋炀帝继位的第二年，即大业元年（公元605年），令杨素、杨达、宇文恺营建东都。由于洛阳旧城在东魏孝静帝时已毁于战火，宇文恺便在故城以西18里处规划新的城址，另行营建，不到一年的时间已初具规模。隋亡之后，唐高祖武德四年（公元621年）废东都，唐太宗贞观六年（公元632年）改称洛阳宫，重加修缮，唐高宗显庆二年（公元657年）复称东都，又大加扩建，到永徽五年（公元654年）全面建成。洛阳"前直伊阙，后据邙山，左瀍右涧，洛水贯其中"，城周约28千米，皇城、宫城位于洛水北面城西北隅，宫城之西为禁苑。唐代又在禁苑的东部建上阳宫，唐高宗晚年居此听政。此后，上阳宫变成东都的主要宫殿，代替原来宫城的地位。皇城在宫城的东、西、南三面，皇城之东为东城，中央官署即分布在皇城与东城之中。城东北部和洛水之南则是里坊区。都城内纵横各10条大街，把全城划分为103坊和3个市。隋设有丰都市、通远市和大同市。唐代将丰都市改名南市；将通远市迁至临德坊，称北市；大同市迁至固本坊，称为西市。南北两市均靠洛水两岸，西市在城西南部，也有河渠可通，商业贸易非常繁荣发达。"上阳花木不曾春，洛水穿宫处处流"这两句唐诗反映了当时洛阳的繁荣景象。

在长安、洛阳两座京城里，那些有鲜卑血统的关陇士族集团中出生的帝王和大臣颇有作为，以豪迈的气魄、开放的心态，营造起强大的隋、唐王朝，开创了中国封建社会的鼎盛时代。

隋朝初年，隋文帝于开皇九年（公元 589 年）灭陈，结束了中国历史上将近 370 年的分裂局面。他改革官制，在中央最高政务机构尚书省之下设立吏、礼、兵、都官（后改为刑部）、度支（后改为民部）、工六部，分掌全国政务。这种体制后来基本上为各朝所沿袭，直至清末才废止。他还改革了官吏的选拔制度，通过考试选拔人才。起初设秀才、明经两科，后来隋炀帝又设进士科。这种科举制度也为以后历代王朝所沿用，成为中国特有的文官选拔制度。隋文帝继续推行北魏的均田制与西魏的府兵制，把两者结合起来，让府兵既在州县落籍，垦种田地，又保留军籍，轮番宿卫。隋文帝的改革扩大了地主阶级政权的社会基础，强化了中央集权，巩固了国家统一，促进了经济的繁荣。

但是，隋朝的统治并不长久。其第二代皇帝隋炀帝虽有开掘运河之功，但却穷奢极欲，征敛苛虐，兵役繁重，结果导致农民大起义爆发，使隋朝的统治陷于瓦解。

继隋而起的唐朝，唐太宗李世民（公元 599—649 年）是一位杰出的政治家。他和他的大臣认真总结隋亡的教训，深刻感悟到"水能载舟，亦能覆舟"的道理。李世民登基之后，在经济上倡导"人以衣食为本"，注意不夺农时，以利生产，实行均田制与租庸调制，轻徭薄赋，使人民安居乐业；在军事上，整顿府兵制，定全国军府为折冲府，共 634 府，并按"内重外轻"原则，把 261 府设在关中；在文化上，实行"以文德绥海内"，提倡儒学，奖掖文士，增办学校。他特别注意选贤任能，唯才是举，不问出身，不计恩怨，所重用的文臣武将，有的原是农民起义将领，有的原是其政敌的部下，有的出身寒素之家，甚至是奴仆，有的则是少数民族。唐太宗还懂得"兼听则明，偏听则暗"，鼓励臣下进谏，并虚心接纳。魏征为人耿直，谏诤常不留情面，有时把唐太宗弄得非常尴尬，但他都能认真听取，择善而从。唐太宗采取的这些措施使政治日趋清明，经济得到发展，国力逐步强大，为唐朝的强盛奠定了坚实的基础。因其年号贞观，史称"贞观之治"。

唐太宗死后，他的儿子唐高宗体弱多病，由并州文水（今属山西）木材商人的女儿武则天皇后代理朝政，逐渐掌握大权。唐高宗死后，其子唐中宗继位。不久，武则天废掉中宗，改立另一子睿宗，自己临朝称制。天授元年（公元690年），她干脆自己称帝，以洛阳为都，成为中国历史上唯一的女皇帝。她称帝15年，实际执政50年，其间虽曾重用酷吏，滥施刑罚，崇信佛教，但总的来说是继续推行唐太宗的政策，能安定民生，任贤纳谏，发展生产，颇有贞观遗风。

武则天以后，唐朝的政局经历了一段时间的动荡，直到唐玄宗李隆基就位又重新安定下来。唐玄宗（公元685—762年）又称唐明皇，是武则天的孙子。他就位的前期年号开元，继承贞观之治和武则天的政绩，注意选贤任能，澄清吏制。他先后任用姚崇、宋璟、张九龄等贤相，制定比较严格的官吏考核和奖惩制度，即使皇亲国戚犯法，也不迁就。他还制定了内外官吏迁调之制，令有才识的京官担任地方官，地方官政绩卓著的上调为京官。他抑制武则天以来不断发展的佛教势力，裁汰僧尼，勒令还俗者达3万多人，并自奉俭约，下令各地不得开采珠玉、制造锦绣，改变武则天以来后宫的奢靡之风。因此，这个时期政治安定，经济繁荣，国库充裕，文化发达，唐朝进入全盛时期，史称"开元盛世"。唐代大诗人杜甫后来曾写下《忆昔》的诗篇，回忆开元盛世的情景说："忆昔开元全盛日，小邑犹藏万家室。稻米流脂粟米白，公私仓廪俱丰实。九州道路无豺狼，远行不劳吉日出。齐纨鲁缟车班班，男耕女桑不相失。宫中圣人奏云门，天下朋友皆胶漆。百余年间未灾变，叔孙礼乐萧何律。"

隋唐有作为的帝王还凭借强威的国力，力求"混一戎夏"。隋朝建立之前，活动于北方广阔草原地区的突厥逐渐强大起来，在鄂尔浑河上游建立突厥汗国，不断袭扰内地边郡。隋朝建立后，隋文帝采用"离强合弱，远交近攻"的策略，对突厥进行分化瓦解和军事打击。开皇三年（公元583年）突厥分裂为两部，地处漠北的东突厥归附于隋，隋文帝封其突利可汗为启民可汗。但金山（今阿尔泰山以西）的西突厥仍不时骚扰隋朝边郡，并与吐谷浑一起控制西域，切断了丝绸之路。吐谷浑原为鲜卑慕容部的一支，游牧于辽河以西地区，在西晋末年迁徙到青海地区。他们逐渐征服当地的羌族，将势力扩张到今新疆的东南部，北周时在伏俟城（今青海湖西岸）建立吐谷浑国，隋初多次袭击隋朝边境。面对这种局面，隋炀帝于大业三年（公元607年）带兵北巡，在榆林千人大帐宴请启民可汗及各部首领3500多人，赐予布帛，随后又亲至启民可汗牙帐看望。此举既显示了隋朝兵威，又加强了与东突厥的联系。接着，隋炀帝派裴矩前往张掖，争取高昌、伊吾、铁勒、西突厥诸国入隋朝贡，以孤立吐谷浑。大业五年（公元609年），隋炀帝遂以"西巡河右"为名，亲率大军西征，击败吐谷浑，于其地置西海、河源、鄯善、且末四郡。

隋末中原动乱，东突厥强大起来，不断向南进扰。西突厥也日趋强盛，称霸西域。吐谷浑则乘机复其故土，威胁河陇。贞观初年，唐太宗命李靖、李勣统率 10 万大军，在阴山大败东突厥，俘获颉利可汗。唐太宗采取开明的政策，对归降的东突厥部众不改变原有的部落组织和风俗习惯，而是设置定襄和云中两个都督府，任命突厥贵族为都督、将军，代表朝廷对其进行管辖。一些突厥首领入朝长安，皆封授官职。对颉利可汗，也赐以良田美宅，归还家眷。北方各族首领因此纷纷入朝，尊称唐太宗为"天可汗"。原游牧于色楞格河一带的受突厥汗国奴役的回纥在东突厥灭亡后逐渐南移，后来也归附唐朝。灭掉东突厥后，唐太宗又派兵降伏吐谷浑，扫除西进路上的障碍。贞观十四年（公元 640 年），侯君集统领大军西征，攻取高昌（今新疆吐鲁番东），唐置安西都护府，管辖高昌故地，打通了中西交通的大动脉丝绸之路。唐高宗时，唐军大败西突厥，西突厥灭亡。武则天时，设置北庭都护府，管辖西突厥故地，后与安西都护府分治天山南北。在统一北方、经营西域的同时，唐朝还接受崛起于黑龙江、松花江一带的黑水靺鞨与粟末靺鞨的归附，置黑水都督府与忽汗州，并封粟末靺鞨首领大祚荣为渤海郡王，统辖忽汗州。居住在云南洱海一带的南诏，其首领皮逻阁于开元二十六年（公元738 年）在唐朝的支持下统一六诏，也被唐玄宗封为云南王。东西突厥的覆灭以及众多少数民族的归属使唐朝的版图迅速扩大，东抵大海，西至咸海，南尽南海，东北至外兴安岭、库页岛一带。

此外，在 7 世纪初，吐蕃赞普松赞干布统一青藏高原后多次向唐朝求婚，唐太宗遣文成公主出嫁。景龙四年（公元 710 年），唐中宗又应吐蕃赞普尺带珠丹之请，遣嫁金城公主。开元十七年（公元729 年），尺带珠丹向唐玄宗上表说："外甥是先皇帝舅宿亲，又蒙降金城公主，遂和同为一家，天下百姓，普皆安乐。"这为后来西藏地区纳入元朝的版图奠定了基础。

　　隋唐的大统一为黄河流域经济的繁荣创造了条件，河西之地的恢复与丝绸之路的打通更为黄河上游地区的进一步开发奠定了基础。西晋末年"八王之乱"爆发后，中原地区战火不息，动荡不安，河湟、陇右相对安定，"中外避难来者，日月相继"，社会经济继续向前发展。而河套地区却成为北方游牧民族南下或西迁的通道，战乱频繁，农业生产遭到比较严重的破坏。隋唐统一后，相继在河套、陇右、河湟一带设置郡县，推行屯田，发展农业和畜牧业，在黄河上游地区掀起了又一次大开发高潮。唐代在河套地区不仅全面整修了秦汉旧渠，还修建了许多新的渠道。这些渠道的修建使宁夏的灌区从今银川以南卫宁地区扩大到地势低洼的银川地区，农业生产得到迅速发展。武则天时，娄师德任检校丰州都督，兼管灵、夏（治今内蒙古乌审旗南白城子）二州屯田事务，"积谷数百万"，"两军及北镇兵数年咸得支给"。唐玄宗开元年间，盐州（治今陕西定边）、原州（治今宁夏固原）、灵州和定远军（治今宁夏贺兰北）共有 88 屯，按唐制一屯 50 顷计算，共有屯地 4400 余顷，成为唐代北方的重要屯区之一。正因为宁夏灌区有着发达的农业，兵精粮足，当天宝十四年（公元 755 年）安史之乱爆发，唐玄宗入蜀避难时，太子李亨率部分官员北上灵武，以灵州为依托，才得以重塑大唐河山。

　　隋唐统一后，也在河西、陇右大力开展屯田，发展生产。武则天垂拱二年（公元 686 年），陈子昂巡视河西后，建议增兵加强防守。此后，河西、陇右的驻军数量逐渐增多，屯田也进一步得到发展。至开元年间，河西地区共有 98 屯，按唐制每屯 50 顷计算，则有 4900 余顷屯地，其中有军屯 72 屯，民屯 26 屯。随着屯田的大规模开展，一个大搞水利的热潮也在河西兴起。仅敦煌一地即有干支渠90余条，张掖南部也修建了盈科渠、小满渠、大满渠、大官渠、加官渠、永利渠等一批水利灌溉工程。屯田的推行加上均田制的实施，使河西很快从唐初的"州县萧条"变成全国最富庶的地区之一，不仅粮食可以自给，还可调拨供应京师。河西的农业已跨进全国的先进行列。唐代诗人元稹曾在《西凉伎》一诗中描写当时河西凉州一带的繁荣景象说："吾闻昔日西凉州，人烟扑地桑柘稠。蒲萄酒熟恣行乐，红艳青旗朱粉楼。楼下当垆称卓女，楼头伴客名莫愁。乡人不识离别苦，更卒多为沉滞游。哥舒开府设高宴，八珍九酝当前头。前头百戏竞撩乱，丸剑跳踯霜雪浮。狮子摇光毛彩竖，胡腾醉舞筋骨柔。大宛来献赤汗马，赞普亦奉翠茸裘。"

在农业发展的基础上，河西的粮食、药材、毛纺织、皮革、铜铁器加工等手工业也日趋发达，而丝绸之路沿线的商业贸易更发展到空前繁荣的阶段。大量的西域胡商携带各种珠宝，赶着驼骆、马驴、牛车，通过这条中西交通大道，前往长安、洛阳，贩运丝绸及丝织品。许多汉族商贩也牵引驼队，在这条大道上长途跋涉，贩运丝绸。

此外，隋唐王朝还在黄河上游地区设置牧监，发展养马事业。隋朝在东起原州、西达苑川（治今甘肃榆中）的千余里之地设立陇右监、骅骝牧、二十四军马牧、苑川十二马牧等。除了马牧，还设有驴骡牧、原州羊牧、原州驼牛牧。唐灭隋后，从关中道的长安到陇右道，设置了八马坊、四十八监。贞观十五年（公元641年），张万岁任太仆寺卿，经几十年的努力，马匹大量繁殖，由原先的3000匹增至76万匹，陇右的八马坊容纳不下，又将马监向西延至河曲（治今青海河南县）、向东延至盐州及河东岚州（治今山西岚县北）。

但是，黄河上游地区的这个大开发高潮至安史之乱爆发便戛然而止，从此直到元朝统一，这个地区经历了长约5个世纪的割据纷争。如果加上此前从西晋末年晋都洛阳被匈奴贵族刘曜攻破的永嘉之乱到隋朝统一约3个世纪的战乱，黄河上游地区的动乱岁月便长达8个世纪之久。长期的战争纷扰严重地阻碍着社会经济的发展，而人们毫无节制地垦殖农田破坏了草原和森林，又使许多原本草茂水丰、宜农宜牧的地方变成一片片荒漠和荒山秃岭，更导致社会经济的严重衰退。安史之乱爆发后，黄河上游地区的经济文化从总体上来说便无可挽回地走向衰落，逐渐成为黄河流域和全国的落后地区了。

直接导致黄河上游地区经济衰退的安史之乱是唐朝由盛入衰的转折点。它的爆发同唐玄宗晚年的骄奢腐化有着密切的关系。唐玄宗前期励精图治，形成开元盛世，把唐朝的政治、经济、文化推向鼎盛，但到了晚年，即天宝改元之后，他却沉湎于骄奢淫逸的生活。天宝三年（公元744年），唐玄宗纳杨玉环为贵妃后，更是不理政事，专以声色自娱，正如白居易《长恨歌》所描写的那样："春宵苦短日高起，从此君王不早朝。"他先后任用口蜜腹剑的李林甫和贪婪奸诈的杨国忠为相，朝政腐败，潜藏的各种社会矛盾迅速暴露并激化。自武则天以来，由于土地兼并的发展，均田制已渐解体，导致府兵制崩溃，便代之以募兵制。唐玄宗喜立边功，穷兵黩武，又导致边镇军事力量扩大，由唐初的"内重外轻"变成为"内轻外重"。天宝初年，唐玄宗在10个边镇设置节度使。这些节度使不仅手握重兵，还掌握当地的财政和行政大权，逐渐发展成为"藩镇"割据势力。天宝十四年（公元755年），身兼平卢（治今辽宁朝阳）、范阳（治今北京西南）、河东（治今山西太原）三镇节度使的西域胡人安禄山在范阳起兵叛唐，南下攻占洛阳、长安。唐玄宗慌忙携杨贵妃等向西逃亡。行至马嵬坡驿（今陕西兴平西）时，护驾的将士饥渴难忍，怒杀杨国忠，要求赐死杨贵妃。"六军不发无奈何，宛转蛾眉马前死"，唐玄宗只得令宦官高力士缢死杨贵妃，自己逃往成都避难。其子唐肃宗在灵武就位，用李光弼、郭子仪为将，率军讨伐安禄山。后来，叛军发生内讧，安禄山为其子安庆绪所杀，李光弼、郭子仪乘机收复长安、洛阳。不久，安禄山部下史思明又杀安庆绪，进占洛阳，未几又为其子史朝义所杀。宝应二年（公元63年），唐军借助回纥才最终打败叛军，平息这场叛乱。长达8年的安史之乱使黄河流域的经济遭到严重破坏，成为唐朝由盛转衰的分界线。

安史之乱虽然结束了，但是藩镇割据始终未能解决，加上接踵而来的宦官专政和朋党之争，唐朝的统治力量不断遭到削弱，最后终于在黄巢领导的农民大起义的沉重打击下陷于瓦解。

宋朝立都的东京位于华北大平原南端，周围一马平川，河流成网，湖泊密布。五代时，梁、晋、周三朝均在这里建都，但梁、晋两朝都是利用唐代的汴州旧城，规模不大。周世宗柴荣对它进行过改造，奠定了北宋都城的基础。宋太祖赵匡胤建立宋朝后，定都于此，称为东京开封府，以洛阳为西京。此后，北宋多次对东京进行增扩建，使之逐渐发展成为一个拥有居民20万户、人口上百万的世界大都会。由于它是在旧汴州城的基础上进行扩建的，事先缺乏完整的规划，加上当时城内人口密集，商业繁盛，因此并没有按照中国古代传统的"前朝后市"的都城设计原则，将官署集中安排在宫廷的南面，形成宫城、内城和外郭城的格局。以往，中国都城的宫城和皇城多偏处一隅或一方，如唐长安城即偏处城北。北宋的东京，宫城则是居于城的中央地位，这就意味着都城建设向着一个新的阶段迈进。

由于东京周围地势平坦，无险可守，故城池建得非常坚固，共有三道城墙和三道护城河，这在中国的都城史上是极为罕见的。外城又称新城，为居民区和商业区。城墙周长达50千米165步，墙外护城河阔10余丈，城墙上每隔百步设一碉堡，城墙里每隔200步设一防城库，贮存武器。外城共开12座城门，4座正门因为面对御道，开双重直门，其余各门"皆瓮城三重，屈曲开门"。内城又称旧城或阙城，城墙周长20千米155步，共有10座城门，城墙外面也挖有一道护城河。东京的内城已不是传统意义上的皇城，城里不仅有官署，还有居民区和商业区，官署也不集中在一处，而是杂处于居民区和商业区之内，分散在各地办公。宫城又称皇城、紫禁城，位于内城中央偏北，呈正方形，城墙周长2.5千米，城墙之外也有一道护城河，共开6座城门，正门乾元门（宣德楼）"列五门，门皆金钉朱漆，壁皆砖石间瓷，镌镂龙凤飞云之状"，威严壮丽。宫城里面是一组庞大的宫殿建筑群，以大庆殿规模最大，是举行国家庆典及各种重大活动的场所，可容纳数万人。殿前有一宽阔的广场，气势非常宏伟。宫殿中有些殿堂呈工字形，这是宋代首次出现而影响元、明、清宫殿建筑的一种建筑形式。

东京的街道呈井字形，纵横交错。城中有汴河（通济渠）、蔡河（惠民渠）、五丈河（广济渠）、金水河（天源河）穿流而过，河流之上共驾设了32座桥梁，使这座北方城市具有浓郁的江南水乡韵味。其中，外城东水门外汴河上的虹桥"皆以巨木虚架，饰以丹艧"，宛若天上彩虹，是北宋桥梁建筑的代表作。北宋著名画家张择端《清明上河图》中所绘的虹桥，人们认为画的就是这座桥梁。

东京城内外还有百余处苑囿园林，其中最著名的当数城中的艮岳和城西的金明池。艮岳位于内城东北部上清宝箓宫之东，建于宋徽宗之时。它模仿杭州凤凰山的形势筑万岁山，主峰高达90步，山上修建楼馆亭台，山下开凿池沼洲渚，布列奇花异木、珍禽异兽。

东京与前代都城的最大区别在于它彻底打破了坊、市的界限，坊与市之间的隔墙拆除了，商店可以随处开设；同时还彻底打破了唐代市集日中击鼓而会、傍晚击钲而散，不许人们在早、晚进行交易的禁令，有了晓市和夜市，可以通宵达旦地进行贸易。由于"四水贯通"，东京成为北宋水运网的中心，也是全国最大的商业中心。城里不仅集中了一批官营和私营的手工业作坊，而且集中着来自全国各地包括边疆地区各族的商人，还有从欧洲、非洲、中亚和邻近亚洲国家远道而来的商人。全国各地的商品以及日本的折扇、高丽的墨料、大食（阿拉伯）的香料，应有尽有。街道两旁，商店、旅舍、货摊林立，还有固定的市场和定期的集市，如大相国寺每月开放5次，供万民交易。市内还有"瓦子"（也叫"瓦舍""瓦肆"），里面有"勾栏"（歌舞场所）、酒肆和茶楼，表演各种歌舞、戏曲、杂技和说书，供人们消遣娱乐。张择端所绘的《清明上河图》生动地描绘了北宋东京汴河沿岸的繁华热闹景象。

以东京为都城的北宋王朝建立后，宋太祖（公元927—976年）与宋太宗（公元939—997年）采取先南后北、先易后难的方针，至太平兴国四年（公元979年）灭掉北汉，结束五代十国的分立割据，大体完成了黄河流域和南方地区的统一。

宋朝建立之后，在北方面临着契丹的威胁。契丹曾在贞观年间臣服于唐。后梁贞明二年（公元916年），契丹首领耶律阿保机称帝，建立契丹国（后改称辽），定都上京（今内蒙古巴林左旗南），尔后逐步征服邻近的一些民族，并出兵助后唐节度使石敬瑭灭掉后唐，建立后晋，从他手中取得燕云十六州（今北京及河北、山西北部一带）。宋太宗灭掉北汉后，乘胜向北进军，试图夺取燕云十六州，但遭到失败。几年后，宋太宗再次攻辽。宋军兵分三路，潘美、杨业率领的西路军连拔云、应、寰、朔四州，但由于东路军轻率冒进，连遭败绩，宋廷急诏各路退兵，并令云、应四州百姓迁入内地，由潘美、杨业负责保护。潘美与监军王侁临阵退走。杨业掩护边民且战且走，至陈家谷（今山西朔州南）遭到辽军包围。他孤军奋战，身被数十剑，最后被俘，绝食三日而死。后人敬佩他的民族气节，把他和他后代的事迹编成杨家将故事，广为传播。宋真宗景德元年（公元1004年）秋，辽军大举攻宋，一直打到黄河岸边的澶州（今河南濮阳南）城下，宋真宗勉强渡河亲征，宋军士气大振，射死辽军主帅萧挞览。辽军秘密修书请和。宋真宗不顾寇准的反对，派人赴辽营谈判。第二年，双方签订"澶渊之盟"，北宋每年向辽贡献"岁币"，双方以白沟河（今海河支流大清河）为界，不得侵越。此后，宋辽南北分治，大约维持了百余年的和平关系。

"澶渊之盟"签订后，北宋的北方边境渐趋安定，但西北方又面临着党项人所建的西夏政权的威胁。党项是羌族的一支，原居住在今青海及四川西北部，后来移居到今宁夏、甘肃和陕西西北部一带。北宋初年，党项首领称夏国王。宝元元年（公元1038年），夏王元昊称大夏国皇帝，定都兴庆府（今宁夏银川），因其位于宋朝西北，史称西夏。元昊称帝后，不断发动侵宋战争，屡战不胜。庆历四年（公元1044年），夏宋达成和议，元昊取消帝号，向宋称臣，北宋每年赐给西夏"岁币"。此后，宋夏关系渐趋缓和，边境平静了20多年。

北宋王朝实行"强干弱枝"的政策，对外软弱无能，向辽、夏屈膝求和，连年进献"岁币"；对内吏治败坏，官僚机构恶性膨胀，军队数量不断扩增。宋仁宗时的大臣包拯任监察御史时建议选将练兵，以御契丹，他一度知开封府，以廉洁正直著称。包拯敢于犯颜直谏，执法严峻，不畏权贵，被誉为"包青天"。他的事迹在民间不胫而走，后来许多戏曲、小说都对他大加颂扬，借以表达人民群众要求严惩贪官污吏的强烈愿望。

仅以一二清官来主持正义和公理，自然是无法改变吏治腐败的局面。到北宋中期，国家的财政负担日益沉重，已是入不敷出。加上土地兼并日益加剧，拥有大量土地的官僚、豪绅、胥吏地主等官户（亦称形势户）与僧侣、道士地主等寺观户又享有免役特权，常常隐田漏税，更进一步加剧了政府的财政危机。一些有识之士强烈要求进行改革。在包拯死后40多年，宋神宗命王安石主持变法。王安石（公元1021—1089年）是抚州临川（今江西抚州西）人，熙宁二年（公元1069年）被任命为参知政事，翌年升为宰相。他的变法包含许多内容，目的是为了扭转积贫积弱的危局。新法大致推行十七八年，取得了一定的成效，但因触犯大地主、大官僚的利益，不断遭到他们的反对和攻击。王安石被迫两度退职，最后黯然神伤地离开东京，隐居于江宁（今江苏南京）。王安石变法以失败告终。

北宋末年，东北的女真族又日渐壮大起来。女真族是黑水靺鞨的后裔。政和五年（公元1115年），其首领阿骨打在会宁府（今黑龙江阿城南）称帝，建国号金。宣和七年（公元1125年），金灭辽国，接着兵分两路，大举南下攻宋。靖康二年（公元1127年），金军攻陷东京，北宋灭亡。

隋、唐和北宋王朝对自己充满自信，采取高度开放的政策，不仅与周边各族积极开展经济文化交流，而且通过海、陆两条丝绸之路与域外各国进行频繁的经济文化交往，迎来了中国历史上第二个全方位对外开放的时代。

隋和唐前期，黄河流域与西方各国的交往主要是通过陆上丝绸之路来进行的。陆上丝绸之路，除汉代开辟的两条通道，从隋代起又增辟一条新道，从长安出发，经伊吾、蒲类海、突厥汗庭（今新疆新源西），渡北流河（今楚河、锡尔河）至拂菻国（大秦）而达于西海（今地中海）。唐代安史之乱后，陆上丝绸之路受阻，黄河流域与西方各国的交往则多转往广州，改走海上丝绸之路。北宋实现统一后，海上丝绸之路更加繁荣，东非、阿拉伯以及印度的商人大都是通过这条海道来到中国沿海城市，再北上东京、洛阳等地，或将货物卖给中国商人，再由他们转贩各地。

随着中西交往的大规模展开，各种异域文化如潮水般涌入洞开的国门，传到黄河流域。隋、唐、北宋王朝对它们采取兼容并蓄的开放态度，都大胆地加以吸收、消化。从西方输入的商品主要有珠宝、香料、药材和各种珍奇的动植物，受到广泛的欢迎。西方的一些生产工艺和科学技术，人们也积极加以引进、吸纳。例如在长安以及与陕西铜川、蓝田等地出土的唐代金银器，既兼取中国传统陶瓷、漆器的形制和纹饰，又吸收较多的波斯萨珊王朝的纹饰，将其融为一体，珠联璧合。中国的铜镜原先没有柄，唐代中期以后仿照西亚、埃及、希腊、罗马的古铜镜，附上较长的柄；镜纹的题材也吸收了中亚和西亚的某些元素。印度、波斯、阿拉伯的药物在唐、宋之时充斥长安、洛阳、东京的市场。唐代郑虔的《胡本草》、李珣的《海药本草》、孙思邈的《千金方》和官府修订的国家药典《唐本草》《开宝本草》《嘉祐本草》都收有从海外传入的药物和医方。阿拉伯名医阿维森纳发明的用金银箔包裹药丸的方法在宋代传入后经不断改进，发展为以蜡为丸衣的"蜡丸"。阿拉伯的天文历法知识也随阿拉伯人的东来而传入，北宋庆历年间编纂的《武经总要》中提到的黄道12宫，如白羊、金牛等名词，就是阿拉伯天文历法使用的专有名词。

隋唐王朝对胡乐、胡舞都积极加以引进。这些胡乐、胡舞有的出自中国边疆的少数民族，有的则传自中亚、南亚的国家。隋初"参定音乐"，郑译吸收龟兹人苏祗婆源自印度的八十四调理论，改造中国的乐理，使胡乐能为中国听众所接受，为胡乐的广泛传播铺平了道路。此后，隋炀帝定九部乐，唐太宗定十部乐，都把康国乐、安国乐、天竺乐等包括在内。西域的许多乐器在九部乐、十部乐中被大量采用，特别是筚篥和曲颈琵琶，更在管、弦两大类乐器的演奏中占有突出的地位。西域的乐舞带有游牧民族豪爽洒脱的气息，节奏欢畅明快，舞姿矫健活泼，在长安风行一时。大批西域乐舞能手经常为宫廷和达官贵人举行精湛的演出。在长安的西市和城东春明门至曲江一带，许多胡人所开的酒肆也以擅长歌舞的胡姬招徕顾客。

到了北宋，由于陆上丝绸之路受阻，中亚、南亚的乐舞人难以通过此路进入黄河流域，但西域乐舞在中原地区继续流行，不仅宫廷中仍然保留着四夷乐的演出，就是地方州府的衙前乐，其曲调也是"沿袭胡俗之旧，未纯乎中正之雅"。

西域的服饰和饮食，隋唐时期在黄河流域广泛流行，"贵人御馔尽为胡食，士衣竟衣胡服"。胡饼成为一种普遍的主食。菜肴中也有不少来自异域的蔬菜，如来自地中海的莴苣、印度的刀豆、波棱（今尼泊尔）的菠菜等。胡服包括少数民族和印度、波斯等国的服饰。女子出门常戴胡帽，露出化妆的面容，不再像过去那样遮挡面部。受西域的影响，妇女还风行着男装，宫内宫外莫不如此；而且袒胸窄袖，领子很低，半露胸脯，表现得相当开放。到了北宋，来自西域的胡服不再流行，但某些胡食（如胡饼），仍然是北方人民喜爱的食品。

随着中西的频繁交往，异域的各种宗教也在黄河流域广泛传播。佛教的传播更是盛极一时。印度的佛教在汉代是以中亚为中介传入黄河流域的，佛经的翻译都出自西域经师之手，其面目已不完全等同于印度的佛教。为了了解印度佛教的原貌，从隋代的彦琮开始，中原地区的一些高僧纷纷前往印度，求取梵文佛经，掀起了一股西天取经的热潮，其中尤以玄奘和义净最为著名。玄奘是洛川缑氏（今河南偃师缑氏镇）人，俗姓陈，名祎，13岁出家为僧，贞观三年（公元629年）经丝绸之路取道西域，前往印度取经。他遍历印度各地，

西安兴教寺（梁志胜 摄）

搜集梵文佛经 657 部，并在佛教的最高学府那烂陀寺向 90 高龄的戒贤法师学法，在曲女城（今印度北方邦卡瑙季）的无遮法会主讲佛理，并将《老子》和《大乘起信论》译成梵文。贞观十九年（公元 645 年），玄奘回到长安，受到唐太宗的接见，后来译出佛经 75 部 1331 卷，成为中国佛经的四大翻译家之一。他还撰写《大唐西域记》12 卷，记述自己游历沿途的所见所闻，成为研究南亚、中亚许多古国历史和中西交通的重要资料。玄奘圆寂后，初葬于长安城东浐河东岸的白鹿原上，总章二年（公元 669 年）迁葬于长安东南 20 多千米处，并修寺建塔，后来人们称这座寺院为"兴教寺"。

　　佛教的兴盛使黄河流域涌现更多的寺塔建筑，并且彻底实现中国化。唐代以前，佛教寺院的主体建筑是塔，从唐代起则改为以殿为主，以适应中国人的口味。律宗的创始人道宣在《戒坛图经》中为中国佛寺建筑所制定的设计标准明确规定殿是佛寺的中心。从此，佛寺一般便采取具有中轴线的严整的组群构图，在中轴线上建有1~3座大殿，作为主体建筑。塔在佛寺中不再处于中心地位，甚至被移置于寺外或寺旁。到了宋代，禅宗更把以殿为中心的佛寺发展成为"伽蓝七堂"（指佛殿、法堂、僧房、库厨、山门、西净、浴室）的建筑形式。这样，从印度传来的佛寺建筑就完全中国化了。

从隋唐到北宋，黄河流域分布着数不清的佛寺。唐代的长安，仅城内就有僧尼寺院90余所，如果加上郊区，数量就更多了。著名的有律宗祖庭净业寺、唯识宗祖庭慈恩寺、净土宗祖庭香积寺、密宗祖庭青龙寺和大兴善寺。可惜这些佛寺的唐代殿堂今已不存，现存殿堂皆系后代重修。现存的两座唐代佛殿建筑都在山西，一座是五台县西南李家庄的南禅寺大殿，另一座是五台县佛光新村的佛光寺东大殿。宋代的东京也有不少佛寺，大相国寺就是其中最著名的一座。此寺原建于北齐天保六年（公元555年），称为建国寺。唐代景云年间慧云和尚重修，唐睿宗改名为大相国寺。到了北宋，太宗、真宗均曾下诏重修、扩建，并在寺前新修了一座相国寺桥。不过，此寺处于黄河岸边，因屡遭洪水的破坏，至明末已被淤泥埋没。清代屡修屡受洪水的破坏，1949年以后人民政府重加修整，才又以新的面貌重现在世人面前。至今仍然保存较为完好的宋代建筑是河北正定的隆兴寺。隆兴寺始建于隋开皇六年（公元586年），北宋时宋太祖敕令扩建，更名为"龙兴寺"。现在的隆兴寺名是清朝康熙帝更改的。隆兴寺的主要建筑和布局至今仍保留着宋代风格，在长达380米的中轴线上依次布置着山门、天王殿、大觉云师殿（仅存遗址）、摩尼殿、戒坛、慈氏阁、转轮藏阁、御碑亭、大悲阁、弥陀阁等。这些建筑，除御碑亭外，几乎全是宋代所建。摩尼殿是这组建筑群中的精华，面阔、进深各 7 间，四面正中各出抱厦一间，总体面积呈十字形。大悲阁的建筑也很雄伟壮观，阁内供奉开宝四年（公元971 年）铸造的千手千眼观音大铜佛，高达 22 米，共有 42 只手臂，是中国现存铸造年代最早的大铜像。此外，建于五代十国北汉天会七年（公元 963 年）的山西平遥镇国寺万佛殿以及辽、金时期修建的山西大同的华严寺和善化寺、天津蓟县的独乐寺至今仍保存着五代、辽、金的一些建筑，也是中国古代建筑中不可多得的佳品。平遥镇国寺万佛殿为我国现存最早的木结构建筑，现今已与始建于北魏早期的平遥双林寺及平遥古城一起列入了《世界文化遗产名录》。

开封大相国寺（陈红宇 摄）

鼎盛时期的黄河文明

从唐代开始，塔在佛寺中的地位虽然降低了，但仍是佛寺建筑的重要组成部分。隋唐时代的塔大多数是木塔，少数是砖石塔，而以楼阁式和密檐式为主。木塔不易长久保存，留存至今的多为唐塔，而且全是砖石塔，其中以长安的大小雁塔最为著名。大雁塔坐落在慈恩寺西院内，原建于唐高宗永徽三年（公元652年）。它按照玄奘提供的印度佛塔式样而建，是一座5层砖面土心塔，塔顶装有相轮露盘。不到半个世纪，塔渐颓坏。武则天长安元年（公元701年）在原址重建中国式的方形楼阁式砖塔，塔身高10层，并将实心改为空心，内砌石阶，可供游人登临观览。后遭战火破坏，塔由10层变为7层。大雁塔建成后，雄伟高耸，登临其上，京都的繁华景象与终南山的美景尽收眼底。文人骚客常到此游览，吟诗抒怀。新进士及第，在曲江池接受皇帝的赐宴之后，也必登此塔，题名留念，称为"雁塔题名"。小雁塔位于长安城内大荐福寺旁，建于唐中宗景龙年间，是一座密檐式砖塔，塔身呈棱形，层层向上收缩。位于今陕西扶风法门镇上的法门寺塔以珍藏世界上仅存的一枚释迦牟尼真身指骨舍利而闻名。位于今山西应县城内西北角的佛宫寺的释迦塔则是中国现存最早、保存也最完好的木塔。它建于辽代，是木结构楼阁式的佛塔，耸立在两层砖筑基石之上，平面呈八角形，高67.31米，外观5层，两层之间又有暗层，实际有9层。木塔的塔身上，用斗拱承托4层平座。据统计，这座木塔共使用了54种斗拱，称得上是中国斗拱造型的宝库。西夏举国崇信佛教，也留下了较多的寺庙和佛塔遗迹。值得注意的是贺兰山东麓山坡上的9座西夏帝王陵，它们虽是仿照河南巩义市的宋陵而建，但其陵台却是独特的塔式建筑。这些陵台都是以夯土筑成平面呈八角形的高台，高达16.5米，自下而上分为

西夏王陵（纪程 摄）

鼎盛时期的黄河文明

5 或 7 层，逐层收缩，每层收分处出檐木结构，并挂有瓦当，夯土台外部砌砖包裹。经数百年的战火和风雨剥蚀，西夏王陵已遭到严重的破坏，但在遭到毁坏之前，这些陵台显然是密檐式的 5~7 层的实心塔形建筑，这在中国传统陵园建筑中绝无仅有，从一个侧面反映了西夏佛教的流行。外国人称西夏王陵的这种塔式陵台为"中国的金字塔""东方金字塔"。

隋唐、五代、北宋之时，黄河儿女在积极汲取异域文化精华的同时也把自己优秀的文化远播至西方世界。隋唐时期，黄河流域对西方的输出以丝绸为大宗，种桑、养蚕、缫丝、织绸技术随之经由中亚传至西亚及欧洲。唐玄宗天宝十年（公元 751 年），高仙芝所率的唐军曾在恒逻斯（今哈萨克斯坦江布尔附近）与大食的阿拉伯军队发生一场战争，因葛逻禄部众阵前倒戈而溃败，不少唐朝士兵（包括工匠）为大食所俘。其中被俘的杜环后来返回，在其所著的《大食国经行记》中记载说，当时的大食都城亚俱罗市里有"绫绢机杼、金银匠、画匠。汉匠起作画者，京兆人樊淑、刘泚。织络者，河东人乐儇、吕礼"。中国的造纸术先从西藏传入尼泊尔、印度，8 世纪中叶传至中亚。据阿拉伯文献的记载，公元 751 年的恒逻斯战役，大食俘获的唐朝士兵中有造纸匠，于是便用他们在撒马尔罕建立了阿拉伯世界的第一个造纸厂，后来又在巴格达、大马士革建立造纸厂。大马士革遂在数百年间成为向欧洲供应纸张的主要产地。9 世纪时，造纸技术又传入埃及。10 世纪以后，摩洛哥的首府非斯成为非洲造纸业的中心，造纸术由此地又传入欧洲的西班牙、意大利等国。中国的十进位记数法也在唐代传入印度，直接推动了"印度数字"（现代通用的印度阿拉伯数字的前身）的产生。药王孙思邈的《千金方》

在唐代也传入波斯、阿拉伯，被译成波斯文、阿拉伯文，广为流传。阿维森纳所著的《医典》中有关切肠术、糖尿病的记载都吸收了中医的理论。

隋唐、五代、北宋时期，黄河流域与邻近的东亚和东南亚各国，尤其是朝鲜、日本的交往更为频繁，使早已存在的经济、文化交流进入到一个繁盛的新阶段。

朝鲜半岛在魏晋南北朝时分为高句丽、百济和新罗三国。后来，新罗在唐朝的帮助下统一了朝鲜半岛的大部分地区。到五代时，朝鲜半岛再度分裂，后由高丽王朝统一。新罗与唐朝、高丽与北宋的交往都很密切，双方的使者、僧侣和商人往来不断。新罗在统一朝鲜半岛后才十多年的时间就宣布建立国学，规定以儒家经典为教科书，后来又仿效唐朝的制度对政治、经济、教育制度进行一系列改革，此外还仿照唐律改订新罗法律，采用唐历，行唐年号，服唐衣冠。就连都城庆州的建设也仿照隋大兴、唐长安的规制。许多新罗人来到长安和山东沿海地区经商或谋生，那里设有专供他们居住的"新罗坊""新罗馆"。大批新罗、高丽的学生来到长安、洛阳留学，学成回国时都带回了大量的中国典籍，积极推动本国儒学、史学、文学的发展。新罗的崔致远13岁留学长安，19岁考中进士，长期在中国任职。他的汉文著作《桂苑笔耕集》20卷是保存至今的新罗最古老的诗文集之一。唐朝诗人李白、杜甫、白居易的诗作在朝鲜备受推崇，高丽的诗歌多仿效之。朝鲜长期使用汉字、汉文。7世纪末，新罗人薛聪创造"吏读"法，以汉字为音符来标注朝鲜语的助词、助动词等，帮助阅读汉文，这为以后朝鲜创造自己的文字开了先河。

隋唐、五代、北宋黄河流域流传的各种佛教、道教教派也纷纷

鼎盛时期的黄河文明

传入朝鲜，新罗、高丽先后在各地修建了许多寺庙、石窟寺和宫观。中国的天文历算、医学、建筑、造纸、印刷术、种茶以及书法、围棋等也在朝鲜流传开来，对朝鲜经济、文化的发展产生了积极的作用。

当隋朝结束了中国的分裂战乱局面时，日本圣德太子派出了第一批遣隋使，于开皇二十年（公元600年）到达长安，受到隋文帝的热情款待。从此开始，日本先后23次派出遣隋使、遣唐使、迎入唐使、送客唐使，实际到达隋、唐都城的有19次。还有大批日本的留学生、学问僧和商人前来求学、求法或经商。唐朝的使者、僧人和商人也常乘船前往日本。到了北宋，日本实行闭关锁国政策，但宋朝的商船仍频繁驶往日本进行贸易，有些日本僧人就搭乘宋船来到中国，前往宋都东京及五台山等地礼佛求法。中日双方频繁的交往使黄河文化以空前的规模传入日本，对日本政治、经济、文化产生重大影响。

公元645年，日本的大化改新就是由留学唐朝归国的人策动的。他们仿照唐朝的制度进行政治和经济改革，先后颁布了班田制和租庸调制；在中央建立二官八省一台，在地方置国、郡、里；在京师设立太学，郡国设立国学，以儒家经典为主要教材；模仿唐朝律令制定《太宝律令》。后来又仿照唐都长安的格局，先后建成平城京（奈良）和平安京（京都）。由于日本统治者的提倡，儒家思想在日本广泛流行。到宋代，理学也开始传入日本。在很长一段时间，儒学一直是日本占统治地位的思想。

入唐求法的僧人返回日本后也纷纷建寺开宗，将中国的各种佛教宗派传入日本。到了宋代，日本的佛教进入兴盛时期，特别是中国化的佛教宗派禅宗更为流行。宋太宗时，日本僧人奋然带领几名弟子搭乘中国商船来华，受到宋太宗的热情款待，并赠送一套刚刚印成的长达 1000 卷的《大藏经》，这对日本佛教的勃兴更起了推波助澜的作用。

大批日本学生在唐都长安留学，其中有的还广交中国的诗人、学者，互相作诗相赠。这些留学生在归国时不仅带回大批中国的文学著作，归国后还用汉文写出大量作品。日本留学僧和留学生还将中国的绘画和书法引入日本，至宋代，日本便产生了典雅流丽的大和绘，出现了不少书法名家。日本长期使用汉字，至隋代尚无自己的文字。到唐代，空海仿汉字草书制定平假名，吉备真备取汉字楷书偏旁制定片假名，奠定了日本文字的基本格局。唐人衣食住行的风俗习惯和打马球、角抵、蹴鞠、围棋等游艺活动也在日本广泛流行。唐朝的服装在日本风行一时。唐人的食品和烹饪方法深受日本人的喜爱。茶在奈良朝传进日本，至平安朝便掀起饮茶的风气。中国先进的犁、水车、造纸、印刷术以及天文历法、医学、数学也先后被引入日本，有力地推动了日本经济、文化的发展。

黄河流域在将自己先进的文化传播到朝鲜、日本的同时，也吸收了它们的一些优秀的文化成果。朝鲜的高丽乐在隋代传入长安等地，被隋朝列入九部乐，被唐朝列入十部乐。朝鲜的高丽纸、松烟墨很得中国文人的喜爱。日本的刀和折扇也传入黄河流域，深受中国人的欢迎，北宋东京相国寺的市场里就有专门出售日本扇子的商店。

黄河流域经济文化发展的高峰

从隋唐五代到北宋，在黄河流域广阔的黄土地上，以精耕细作为主要特征的农业生产获得了空前的大发展。

作为主要耕作工具的耕犁，犁铧和犁壁在汉代已基本定型，魏晋南北朝时向轻便化发展，到了隋唐时又向多样化的方向发展。

隋唐在关中、宁夏平原以及黄河流域的其他地区都兴修了许多水利工程。北宋王安石变法期间，全国兴修了1万多处水利工程，其中有部分就在黄河流域。随着溉灌条件的改善，黄河流域的一些原先并不种植水稻的地方，从隋唐起开始种植水稻。北宋时还利用黄河、泾水、汴渠以及漳、洺、胡芦、滹沱、汾、泾、惠民等混浊的河水，有计划地实行大规模的人工放淤，以改造北方的盐碱地。王安石变法时，从熙宁到元丰的10余年间，北方放淤田几近20万亩。原来斥卤不可种植的土地，经淤灌后，土质细润，小麦生长良好，产量大增。河北、京东、京西、河东诸路，水稻的种植面积也在扩大。

从隋唐起，耕地面积不断扩大。开元、天宝年间，"耕者益力，四海之内，高山绝壑，未耜亦满"。据估计，唐玄宗时全国的耕地面积已达830~850万顷。北宋统辖的疆土较唐朝小，但耕地面积仍然有所扩大，最高数字估计在900万顷上下。隋唐时期，黄河中下游的河南、河北、山西一带是农业生产最发达、最富庶的地区。隋代京师所需粮食多数来自这个地区。唐代的粮食生产又进一步发展。天宝八年（公元749年），官仓存粮共有粟米9 600万石。其中，尤以河南、河北、山西一带产粮最多，仓库存粮的数量也最大。由于粮食产量的不断增加，到北宋已作为一种常见的商品大量投入市场。除粮食外，北宋经济作物如桑、麻、药材的种植也有很大的发展。唐代兴起于南方的茶树栽培到北宋时也在北方的陕西开始种植。北宋时，还从印度引进了优良的绿豆品种，称为"西天绿豆"。契丹也从回鹘（回纥于唐贞元四年，即778年改称为"回鹘"）引进原产于西域的西瓜，在北方栽种，后又传至江南。经济作物的大量种植反映了农产品商品化的程度正在提高。

在农业发展的基础上，黄河流域的手工业也达到了一个新的高度。唐代北方以善织绢而著称，河南、河北、山西是当时的丝织业中心，产量与质量皆居全国首位。到北宋时，南方两浙与四川的丝织业迅速崛起，但北方定州的缂丝、大名府的绉縠以及京东兖州的丝织品仍是名闻遐迩的名牌产品。北宋的河北东路、京东东路还出现了一批独立经营丝织业的机户，他们以家庭手工业作坊的形式，为出卖商品而组织生产。

瓷器的生产获得了更加迅猛的发展。在唐代，北方的白瓷已足以和南方的青瓷相抗衡。到北宋，制瓷技术又有提高，并逐渐形成定（在今河北曲阳）、汝（在今河南宝丰清凉寺村）、钧（在今河南禹州）、哥（在今浙江龙泉）、官（在今开封东南之陈留）五大名窑，其中除哥窑外，其他四大名窑均在北方。定窑的产品以白瓷为主，俗称"粉定"或"白定"，胎质莹白如粉，器薄而轻，造型工巧，有划花（以刀雕刻花纹）、绣花（以针剔刺花纹）、印花（以带图案的陶范印成花纹）等三种，是国内外市场上最负盛名的瓷器之一。钧窑的瓷器釉色种类较多，除青釉瓷外，还创造出红釉瓷，色彩滋润均匀，华而不俗。钧窑还生产一种"窑变"瓷，通体呈天青色或月白色，与彩霞般的紫红釉互相辉映，极为美观。官窑的产品专供宫廷使用，品格大致与钧窑相同，胎薄色青，以粉青为上，淡白次之，油灰为下。汝窑名列宋代五大名窑之首，所产青瓷色近"雨过天晴"，敦厚温润，有"青瓷之首，汝窑为魁"之称。它专门为宫廷烧造御用青瓷器，烧造工艺达到中国陶瓷史上的极致。北宋的瓷器美观大方，丰富多彩，远销世界各地，受到各国人民的广泛欢迎。此外，唐代还生产一种施黄、绿、蓝等彩釉的陶器，称为"唐三彩"。后来，辽朝曾仿照唐三彩生产三彩釉，也颇具特色。

冶铸业也取得很大的进步。铁的产量从唐元和元年（公元806年）的207万斤增至北宋元丰元年（公元1078年）的550万斤。这时，不仅普遍用铁制造兵器、农具和各种日用器物，而且还能铸造大型的佛像、狮子等。后周广顺三年（公元953年），山东匠人李云为河北沧州开元寺铸造的铁狮子又名"镇海吼"，重约40吨，高达5.78米，长6.5米，身宽3.17米多。狮子头颅高昂，双目怒视，巨口大开，似在仰天长吼，十分雄伟壮观。

煤炭在黄河流域发现较早，但广泛开采则是在北宋之时，主要产地在今河南、山西、山东和陕西等地。东京的居民普遍使用煤炭做燃料。在河南鹤壁市发现的北宋煤矿遗址，使用圆形竖井，井口直径2.5米，深46米，有4条较大的巷道通向8个采煤区。采煤时将矿田分成若干小块，采用跳格式的方式开采，并创造出比较成熟的排水方法，这些都是比较先进的技术。

商业在隋唐非常繁荣。除了涌现长安、洛阳两个世界大都会外，黄河中下游地区的宋、贝（治今河北清河）、魏（治今河北大名）等州以及上中游地区的一些州县城，商业也较发达。此外，北方的广大农村还兴起一批定期交易的草市。唐代的城市出现了许多兼营旅店、货栈和商品交易的邸店，后来又从中分离出专营货币存取和借贷的柜坊，这比欧洲地中海地区出现的金融机构要早六七百年。唐代后期还出现了最早的兑汇——飞钱。北宋时，世界上最早的纸币交子首先在四川出现，后来也在陕西、河东、京西流通。

隋唐至北宋，随着封建经济的空前繁荣，加上思想学术气氛比较宽松自由，教育科举进一步发展。黄河流域的文化在继承前代成就的基础上积极吸收外来文化的精华，登上了封建文化的高峰，处于当时世界的前列。

魏晋南北朝时期，由于南北的分裂与对峙，儒家的经学处于分立的状态。唐太宗即位后，定下儒、佛、道三教并用而特重儒学的政策，并诏国子祭酒孔颖达与诸儒撰定《五经义疏》170卷，作为学校的经学课本，用于分科取士，从而实现经学的统一。但是，这次经学的统一偏重于文字的训解，未能建构出适应时代要求的儒学体系。佛、道两教的兴起又使儒家思想受到严重的冲击。到唐中期，为捍卫儒学的正统地位，邓州南阳（今河南孟州）人韩愈（公元768—842年）和他的学生陇西成纪（今甘肃秦安县北）人李翱（公元772—841年）先后著文批判佛教灭情以见性的人性论，宣扬性命说。这在一定程度上融会佛、老的思想，从而导致宋代理学的产生。

理学兴起于北宋中期，在黄河流域有以张载为代表的关学和以程颢、程颐为代表的洛学。张载（公元1020—1077年），祖籍大梁（今河南开封），生于长安，后侨居凤翔眉县横渠镇（今属陕西），曾做过几任小官，后辞职归里，讲学终身，著有《正蒙》《横渠易说》等大量著作。程颢（公元1032—1085年）和程颐（公元1033—1107年）两兄弟是河南洛阳人。程颢曾做过监察御史里行，程颐曾任崇政殿说书，后来两人在洛阳讲学，并写下大量著作，后人辑为《二程遗书》《二程外书》等。张载与二程吸收佛道学说，对佛道精致的形而上学体系进行批判。张载把"气"视为宇宙的本体，认为气的运动变化都有规律可循，这个规律就是"理"。程颢把"理"看作是宇宙万物的永恒本原和最高主宰，认为"天下只是一个理"。张载和二程以"气""理"学说为依据，批驳道家"有生于无"和佛教的"山河大地为见病"之说。北宋中期兴起的理学至南宋发展为一个完整的思想体系。理学将传统的儒家思想推进到一个新的阶段。蒙古贵族建立的元朝实行蒙古文化本位之策，儒学被边缘化。明朝代元而起，实行尊孔重儒之策，倡导理学，从此理学便成为明、清两朝占统治地位的思想。与此同时，佛、道也彼此互相吸纳融摄，并援儒入佛、入道。从魏晋南北朝开始的儒、佛、道三教合流至此便完成了。

从隋唐到北宋，黄河流域的史学极其繁荣。唐代以前，史书大都是私家著作。唐太宗开始设立史馆，指派专人编写前代和本朝国史，并令宰相监修。从此，作为正史的纪传体的编修工作便完全由官府掌握，官修正史的制度一直延续到清代。除官修正史之外，私家编写的其他史书仍然很多。就这个时期而言，黄河流域就涌现出三部重要的史学名著，即刘知几的《史通》、杜佑的《通典》与司马光的《资治通鉴》。

刘知几（公元661—721年）出生于徐州彭城（今江苏铜山）的一个文化世家，武则天长安二年（公元702年）入京任著作郎，兼修国史，从此领史馆20余年。因其主张多不被采纳，愤而私撰《史通》。50岁时《史通》脱稿，是中国第一部史学评论的专著。

杜佑（公元735—812年）出生于京兆万年（今陕西西安）的名门世族，是唐朝肃、代、德、顺四朝的理财能臣。他白天办公，晚上挑灯苦读，博览群书，积36年之功撰写了中国第一部典章制度专史《通典》，分别记述从传说的黄帝至唐天宝年间经济、政治、文化等所有典章制度的沿革历史。

司马光（公元1019—1086年），字君实，陕州夏县（今属山西）人。宋神宗时官至翰林学士，后因变法问题与王安石意见相左，自请外任，改判西京御史台，遂退居洛阳，潜心读书著史。经与同修刘恕、范祖禹、刘攽等人的共同努力，以19年之功，在元丰七年（公元1084年）撰成一部294卷的历史著作。书中按年编次，记载了自周威烈王二十三年（公元前403年）至北周世宗显德六年（公元959年）共1362年的历史。司马光自述他编写这部史书，"止欲叙国家之兴衰，著生民之休戚，使观者择其善恶得失，以为劝戒"，宋神宗便为之定名《资治通鉴》。这部著作取材宏富，剪裁得当，考订精确，文字洗练，是继司马迁《史记》之后的又一部历史巨著。后人把司马光与司马迁合称为"两司马"。

从隋唐到北宋，中国古典诗歌的创作先后涌现出唐诗与宋词两座高峰。黄河流域的诗坛呈现出一派姹紫嫣红、百花吐艳的景象。

唐代的黄河流域不仅涌现出王绩、王勃、杨炯、杜审言、沈佺期、宋之问、王之涣、王昌龄、祖咏、王湾、崔颢、王维、高适、张巡、杜甫、刘长卿、刘晏、严武、耿湋、储光羲、韦应物、韦庄、卢纶、韩愈、吕温、张说、王建、柳宗元、李约、白居易、元稹、贾岛、李贺、杜牧、李商隐、温庭筠、聂夷中、韩偓等一批著名诗人，而且它本身也是唐代诗人活动的中心舞台，成为唐诗创作的重要孕育之所。特别是长安作为全国的政治和文化中心，不仅是王昌龄、韦应物、韦庄、杜牧、韩偓的故乡，也是许多诗人为官任职、居住吟咏的地方，如骆宾王、杨炯、杜审言、沈佺期、宋之问、陈子昂、贺知章、张九龄、王昌龄、崔颢、王维、李白、高适、杜甫、岑参、韩愈、吕温、张籍、刘禹锡、张说、柳宗元、李约、李绅、白居易、姚合、元稹、李贺、许浑、杜牧、李商隐、温庭筠、皮日休、韩偓等人，都曾在长安担任过高低不等的官职。此外，孟浩然"年四十，乃游京师"，李颀有《望秦川》诗，祖咏望"终山阴岭秀"，常建"梦太白西峰"，孟郊考中进士后"一日看尽长安花"，崔护在城南吟咏"人面桃花相映红"，他们都曾在那里留下了传颂千古的佳作。

唐代的黄土地上，诗家云集，流派众多。他们以不同的创作手法，生动而又深刻地反映了唐朝由兴盛到衰亡的历史发展过程。伟大的浪漫主义诗人李白和伟大的现实主义诗人杜甫则把中国古典诗歌的创作推向了绝顶。李白（公元701—762年）字太白，绵州（今四川江油）人，他才华横溢，作品气势磅礴，又清新飘逸，想象丰富，语言明快，人称"诗仙"。李白怀有建功立业的非凡抱负，但不肯"摧眉折腰事权贵"，他的诗中充满了"济苍生""安社稷"的政治理想，表现了蔑视权贵与封建礼法的傲岸性格和叛逆精神。他热爱祖国的大好河山，一生足迹遍及九州，以豪迈的气派，写下许多赞颂黄河的名作。如《将进酒》的首句，描写黄河一泻千里、浩荡东去的雄伟气势："君不见黄河之水天上来，奔流到海不复回！"《赠裴十四》中描写万里黄河奔腾向前的雄姿："黄河落天走东海，万里写入胸怀间。"

杜甫（公元712—770年）字子美，河南巩义人。他忧国忧民，诗作或气魄雄浑，或沉郁悲怆，或质实古朴，或清新俊逸，语言凝重精练，人称"诗圣"。杜甫生活在安史之乱爆发前后。他具有敏锐的洞察力和高度的社会责任感，在安史之乱爆发前夕就写下了深刻揭示当时社会矛盾的名句"朱门酒肉臭，路有冻死骨"，对社会危机的即将到来表示忧虑。安史之乱爆发后，他又写下"三吏""三别"等一系列反映人民痛苦流离的不朽名篇，并在《江汉》一诗中用"落日心犹壮，秋风病欲苏"的诗句表达了对大唐中兴的信心。

经过安史之乱的冲击，唐朝的政治军事力量急剧衰落，许多诗人逐渐形成追求宁静寂寞的清丽纤弱诗风。张籍、王建乃转而探求诗歌的通俗化，至李绅、元稹、白居易形成"歌诗合为事而作"的新乐府运动。白居易（公元772—846年）字乐天，晚号香山居士，下邽（今陕西渭南）人。作为新乐府运动的主将，他用乡间老妪皆能听懂的通俗语言创作了《秦中吟》和《新乐府》，对朝政的黑暗现象作了无情的揭露批判，对下层人民的生活遭遇表示深切的同情。

除新乐府外，白居易的叙事诗也有很高的成就，其代表作《长恨歌》和《琵琶行》韵味绵长，余蕴不绝，是脍炙人口的佳作。

词是唐代兴起的一种配上音乐可以歌唱的诗歌，到宋代随着商品经济的发达而趋于繁荣。在北宋，黄河母亲用她甘甜的乳汁培养了大批词人。全国各地的许多著名词人，如晏殊、欧阳修、张先、柳永、苏轼、秦观、周邦彦等，都曾到东京游历或任职，在黄土地上留下了许多佳作。洛阳词人朱敦儒性爱自由，不喜拘束，蔑视科第功名，以布衣负重名。少壮之时，他正处于北宋的盛世，词采秾艳。中年遭逢靖康之变，离家南迁，词风一变而为沉咽凄楚，如《苏幕遮》中的"故国山河，一阵黄梅雨"、《减字木兰花》中的"万里东风，国破山河落日红"，都表现出了沉痛的爱国情怀。济南女词人李清照出生于北宋后期一个学术空气浓厚的家庭，前期的词作多是吟咏自己幸福美满的爱情生活，热情明快而又天真活泼。靖康之变后，丈夫不幸身亡，李清照只身漂泊江浙一带，写出了一系列缠绵凄苦的词作，表现自己国破家亡、痛失亲人的伤感情怀。其中的《声声慢》，感情深沉真切，字句深入浅出，音律和美动听，达到了抒情词的极高境界。谈到北宋的词，不能不提到苏轼。苏轼（公元1037—1101年）号东坡居士，祖籍赵郡栾城（今属河北），他的先祖苏味道为初唐五言律诗开拓者之一。他晚年被贬为眉州（今四川眉山）刺史，死后葬于原籍栾城。他的一个儿子未回原籍，留居眉州，形成眉州苏氏。苏轼虽出生在四川眉州，但多次来到东京，在朝廷任职，而真正的"苏词"是在密州（今山东诸城）太守任上产生的。苏轼和父亲苏洵、弟弟苏辙都不忘祖籍，时常在文章、诗作、书画作品中提及，苏轼的许多书画盖的都是"赵郡苏氏"的印章。他们父子三人死后都葬于河南的中州之地。因此，苏轼的创作与黄河文化有着密切的关系。苏轼多才多艺，诗、词、文、书画俱佳。他的词作将题材从个人生活的狭小天地扩大到广阔的人生社会，举凡爱国思想、个人怀抱、山川景物、乡村风土、吊古怀人，无不纳入词中；他还将词进一步诗化和散文化，并开创雄伟奔放的豪放派词风，开辟了宋词发展史上的一个全新的天地。其词作的诸多佳句，如《念奴娇》中的"但愿人长久，千里共婵娟"、《水调歌头》中的"大江东去，浪淘尽千古风流人物"，堪称是词坛绝唱。

唐宋时期的黄河流域还是文学革新运动的孕育之地。中国古代的散文创作具有优良的传统，但自魏晋以来却趋向骈偶化。到南北朝，骈文盛极一时，文章只讲形式，讲究骈偶对仗，堆砌词藻典故，内容空洞无物。中唐时期，著名文学家韩愈和河东（今山西永济）人柳宗元（公元773—819年）倡导古文运动，主张"文以载道"，恢复先秦两汉文章（即古文）的传统。他们用散文写下一系列说理、叙事、抒情、写景的作品，都获得极大的成功，荡涤了形式主义的文体文风。到了北宋，先后在洛阳、东京为官的欧阳修继续推行古文运动，得到苏洵、苏轼、苏辙、王安石、曾巩的响应，他们也都写出了一批成就很高的散文作品。后人把他们和韩、柳一起合称为"唐宋八大家"。

隋、唐、五代北宋时期，黄河流域的绘画雕塑艺术也是繁花似锦。隋唐著名的画家有展子虔、阎立本、尉迟质跋那父子和吴道子等。展子虔是渤海（今山东滨州）人，一生经历北齐、北周和隋三朝。他善画车马山水，"技法甚细，随以色晕"。展子虔的作品流传至今的只有一幅《游春图》，描绘阳春时节一群仕女出游的场景，是中国现存第一幅独立的山水画。阎立本（？—公元673年）是唐初京兆万年人，其父阎毗和兄阎立德都是画家。他的画笔力刚健，线条如盘屈的铁丝，留传至今的作品有《步辇图》《历代帝王图卷》《萧翼赚兰亭图》。尉迟质跋那及其子尉迟乙僧是于阗（今新疆和田）人，人称"大尉迟"和"小尉迟"。他们从西域来到长安，亦以善画驰誉中原。大尉迟的画风"洒落有气魄"，小尉迟"用笔紧劲，如屈铁盘丝"，注重线条，在长安等地的寺院中创作了大量壁画。吴道子（公元685—758年）是河南阳翟人。他在传统的兰叶描和西域的铁线描之外新创了一种莼菜条的笔法，笔力劲张，极具动感。他用这种笔法画出的人物，神情生动逼真，衣带飘飘若飞，人称"吴带当风"。此外，唐朝宗室李思训、李昭道父子以金碧山水画著称，是北派山水画之祖；诗人王维首创水墨山水画，则成为南派山水画之祖。

　　与绘画艺术相联系的石窟艺术也在隋唐时期得到很大的发展。大同云冈、洛阳龙门石窟寺最大的洞窟都是这时开凿的，敦煌莫高窟的大部分洞窟也开凿于这个时期。隋唐的画师、雕塑家在这些洞窟里绘制了大量精美的壁画，雕塑无数形象生动的佛像。这些作品都已摆脱外来宗教艺术的影响，形成中国自己的特色。北朝时期，石窟的佛像雕塑个个袒胸露臂，宽额隆鼻，细眉长眼，具有十足的印度味道，带有明显的犍陀罗与笈多风格。隋唐时期的佛像雕塑则是面部丰满圆润，方额广颐，眉目清秀，更像当时现实中的中国人形象。龙门奉先寺的卢舍那大佛像身着简朴的通肩式袈裟，弯眉秀目，面相端庄，嘴角微含笑意，安详地俯视人间，充分展现出中国人心目中的崇高之美。现今，莫高窟、云冈石窟同龙门石窟一样，也都被列入了《世界文化遗产名录》。

北宋从太宗起，许多皇帝都喜好书画。宋太宗于雍熙元年（公元984年）特命在东京设置翰林图画院，罗致全国名师画家。崇宁三年（公元1104年）宋徽宗又在东京设立画学，培养大批画师高手，使东京成为全国的绘画中心。中国的绘画艺术在这个时期进入发展的辉煌时代，名家群出，题材广泛，技法多样，风格也多姿多彩。在人物画方面，一大批丹青高手，如高益、高文进、王道真曾为皇家寺院开封大相国寺绘制过壁画，涿郡人高益所绘《阿育王变相》《炽盛光佛》《九曜》等图皆为一代名品。担任朝奉郎的舒城（今属安徽）人李公麟（公元1049—1106年）则以创立一种"扫去粉黛，淡毫轻墨"的白描技法而著称。东京画院张择端所作的《清明上河图》以精妙的画笔生动地展现了东京的繁荣景象，画面上的人物、街市、村野、车船安排得错落有致，更是中国美术史上难得的精品。在山水画方面，宋徽宗时的书画学博士米芾及其子米友仁把传统的水墨渲染技法提高一步，开创了水墨大写意画。花鸟画方面，宋徽宗赵佶笔法工整，精细逼真，也很有名。

隋唐至北宋，黄河流域的书法艺术取得了很高的成就。隋唐五代时期的书法以"中和美"为主导，偏重于壮美。欧阳询和虞世南是由隋入唐的书法大家，他们两人和稍后的褚遂良并称为初唐三大书法家。他们三人虽然出生于江南地区，但都在长安朝中任职。继初唐三大书法家之后，出生于江南的金吾长史张旭则以善书狂草而著称。他常在醉后落笔疾书，笔画萦回连绵，纵逸飞动，气势博大，激情充溢而不失矩度，人称"张颠"。进入盛唐，京兆万年人颜真卿（公元709—785年）异军突起。他摒弃以往以姿媚为尚的风气，开创新

龙门石窟卢舍那大佛（陈红宇 摄）

的书风，世称"颜体"。颜真卿的楷书结字由初唐的瘦长变为方形，用笔浑厚强劲，内含筋力，大气磅礴，极具盛唐气象。他的行草书遒劲郁勃，结构沉着，气势开张，点画飞扬，也别开生面。中晚唐之交的京兆华原人柳公权（公元778—865年）是与颜真卿齐名的大书法家。他楷、行、草皆精，而以楷书为最。其楷书撷取诸家之长，结字严密，用笔刚利，体势自雄。五代书法家以陕西华阴人杨凝式最为有名，他楷、行、草俱佳，尤精于行草。到了北宋，书法则趋向以情为主，偏于"优美"。著名的书法家有蔡襄、苏轼、黄庭坚、米芾，世称"宋四家"。此四家皆出自江南，但又都曾在东京的北宋朝廷任职。他们的书法都有很高的成就，而又各具特色。

从隋代到北宋，随着生产的发展、经济的繁荣，特别是大运河的修建，黄河的航运获得了空前的大发展。

隋文帝即位后，为营建大兴城，开皇三年（公元583年）即令漕运关东及汾、晋之粟以给京师。第二年命宇文恺主持修建广通渠，从大兴城东引渭河水到达潼关，与黄河连接起来，用以漕运关东的粮食。开皇七年（公元587年），为准备渡江灭陈，又派梁睿沿春秋时吴王夫差所开的邗沟故道，开挖山阳渎，自山阳（今江苏淮安）引淮水，经江都至扬子（今江苏仪征）入长江，用以向南方运兵、运粮。

隋炀帝即位后，在洛阳营建东都，着手修建大运河，以便漕运黄河下游和江、淮地区的物资以给东都，并加强对黄河下游及江南地区的控制。大业元年（公元605年）修建通济渠，从洛阳西苑引谷、洛二水到达黄河，再从板渚（今河南荥阳东北）引黄河水入泗水，复自大梁东面引汴水入泗水，最后到达淮水。同年，又对隋文帝时开挖的山阳渎进行疏通、扩大。大业四年（公元608年）修建永济渠，引沁水南达黄河，北到涿郡。大业六年（公元610年）又在长江以南开挖江南河，从京口（今江苏镇江）引长江水到达余杭（今浙江杭州）。贯通南北的这条大运河全长四五千里，是古代世界上最长的运河。它的开通使海河、淮河、长江、钱塘江流域和黄河流域连接在一起，极大地促进了黄河航运的发展，对南北的交通产生了重大的作用。

唐朝仍以长安和洛阳为都，需要继续从关东和东南调运粮食和财货，所以也很重视黄河和汴渠（即通济渠）的疏浚和维护。大运河的开通，特别是汴渠的开凿，为漕运的发展提供了条件。但由于受到三门险滩的阻碍，从洛阳到陕州300里长的路段只能陆运，无法行船。唐高宗曾下令调动6000士卒，试图打通三门险滩，但没有成功；过了一段时间，又命将作大匠杨务廉在三门凿山烧石，在岩侧架设栈道。栈道驾设完成后，只在三门一段实行陆运，三门上下便全通水运了。开元二十九年（公元741年），唐玄宗又命陕郡太守李齐物组织人力，在三门北岸的山岩之间凿开一条280米长、6~8米宽、5~10米深的月河。第二年即天宝元年正月，月河开凿完工，称"开元新河"，从此漕船便可避开三门险滩，从洛阳直接溯流而上，经渭河而达长安，进一步减省了漕运的时间和费用。此外，唐朝还对汴渠进行过几次小规模的疏通，使河、汴的通航能力大大提高。天宝二年（公元743年），一年内运到关中的粮食多达400万石，创造了唐代漕运的最高纪录。

安史之乱后，河、汴的航运几度遭到战争的破坏，唐朝都尽量设法加以恢复，运至关中的粮食多者可达年百余万石。但是，由于唐末以来黄河干道泥沙大增，到了乾宁四年（公元897年），汴渠终于中断，江淮的漕运遂告中止。不久，唐朝被黄巢大起义推翻，河、汴的航运长期陷于中断，直到后周建立后才逐步得到恢复。

北宋建立后，定都于东京开封府，仍需仰赖东南的漕运，因而也很重视黄河及开封周围的汴河、广济河、惠民河、金水河等的航运。上接黄河，下通淮河、长江的汴河，更是维系东南漕运的命脉，尤其受到北宋王朝的高度重视。宋太宗有一次视察汴河的决口时就曾明言："东京养甲兵数十万，居人百万家，天下转漕，仰给在此一渠水，朕安得不顾？"宋朝在汴口设立了"勾当汴口"的专职官员，常年负责在河口"均调水势"，以便保持6尺的水深，能通行重载的船只。汴河沿线还设有"提举汴河堤岸司""都提举汴河堤岸"的官署、官员，负责汴河堤岸的防护和河道的疏浚。每当发生决口，负责汴河修防工作的官署、官员都能及时征发丁夫堵塞，对河道的淤积也能随时采取措施加以疏浚，保证漕运的畅通。漕粮的数量因之不断增加，到至道初年已增至580万石，至大中祥符初年更猛增至700万石，不仅远远超过唐代汴渠的漕运量，也创造了本朝的最高纪录。

到了熙宁年间，由于政治腐败、官吏玩忽职守，汴河的泥沙淤积日益严重，从开封东水门以下到雍丘（今河南杞县）、襄邑，河床高出堤外平地1丈2尺多。北宋朝廷决定撇开黄河，另行修建引洛入汴的工程。此项工程于元丰二年（公元1079年）四月动工，六月完成。它先是从巩义神尾山到士家堤修建47里长的河防大堤，拦住黄河水使之不再流入汴河，同时自任村树沙谷口到河阴县（治今河南荥阳东北）瓦亭子旧汴口附近挖掘51里长的新河道，把洛水引入汴河，河道每隔20里修一束水闸，以减缓水流的湍急之势。在氾水关以北还挖了一条通往黄河的河道，上下各置一道闸门，可供进出黄河的船只通行。另外，在洛河旧口还设置水闸以通黄河，一旦洛河遇到特大洪水，可将其泄入黄河。这项工程完成后，不仅大大减少了汴河的泥沙，还使航行的条件得到很大的改善。从此直到北宋末年，一般每年的漕运量都在 500 万石以上。

靖康之后，金朝统治着黄河流域的大部分地区，南宋偏安东南一隅，与金互为敌国，汴河的漕运因此停顿，后来便逐渐湮没颓败了。

从隋朝到北宋，黄河的水患也随着经济的发展、生态环境的破坏而日趋加剧。特别是到了北宋，黄河的决溢更是突破有史以来的最高纪录，河道频繁迁徙，使两岸人民的生命财产遭受巨大的损失。北宋王朝不得不投入大量的人力、物力和财力，对黄河进行治理。

自东汉王景治河以后，直到唐朝末年，黄河安流了 800 多年。隋唐时期，由于经王景治理后形成的主河道已经进入它的晚期，河患显著增加，黄河的个别河道也曾发生过变动。如山东境内的一段河道，乾元以前在棣州（治今山东惠民东南）之南，乾元以后北徙至棣州北面；黄河的尾闾在景福二年（公元 893 年）以前从无棣县东南流入渤海，景福二年以后却向北迁徙，穿过无棣县境入海。不过，相对于三四千年的黄河变迁史来说，隋唐时期黄河的决溢次数相对而言毕竟是少数，而就黄河下游的主河道来说，从三国直至唐末，变迁也很微小。因此，这段时间尚属于黄河的安流时期。

为了维护黄河的安流，减少洪水泛滥的灾害，唐朝曾展开几次治河活动，修筑分水河道，修建堤防。唐代还随时注意维修河堤。唐朝的法律规定，河流堤防由所属州县行政长官负责，他们必须定期进行检查，如有损坏，必须在每年秋收后进行修复。如在汛期出现险情，则不拘时限，要及时组织抢修。从现存的史书记载来看，唐代所修堤防的规模相当大，堤顶可以兼做通衢大道。大堤之外还有遥堤，可在洪水漫决大堤之后起到阻拦的作用，限制其泛滥的范围。这些措施在一定程度上减少了洪水的灾害，对唐代经济的发展起到了重要的作用。

但是，在展开治河、减少水患的同时，隋唐王朝又继续秦汉王朝的做法，把黄河中上游的大量牧地改为农田，并大肆砍伐成片的林木。黄河流域的生态环境再次遭到严重的破坏，黄河的泥沙和洪水急剧增加。

东汉末年以后，由于游牧民族的大量南下东进，在黄河上中游地区，大致东以云中山与吕梁山、南以陕北高原南缘山脉与泾水为界，形成两个不同的区域。此线以东、以南基本上是农业区；此线以西、以北基本上是牧业区。北魏以后，情况又逐渐发生变化。北魏在灭夏以后百年之间，就在今银川平原、无定河、窟野河、蔚汾河一带及其以南地区不断设置郡县。此后又历七八十年，经西魏、北周到隋代，除在北魏原来的辖区之内陆续增置许多郡县，还将郡县的北界向北推进。到大业五年（公元609年），隋朝在黄河上中游边地和河套地区已设有18郡94县。入唐以后，由于社会的安定、生产的发展，人口迅速增长，到天宝十四年（公元755年）全国人口已由西汉末年的6000万增加到8000~9000万，其中约有4000万集中在北方地区。因此，郡县的设置又有所增加，到天宝元年（公元742年）增至26郡108县。北魏和隋朝设置郡县时并不像西汉那样将游牧民族通通赶走，同时迁入大量汉人，而主要是让定居在那里的游牧民族逐渐转向农耕。由牧转农的过程是较为缓慢的，而且规模不是很大。而隋末农民战争及随之而来的割据战争又使这里的人口锐减，加上唐朝曾在这里设有大量的公私牧场，这都在一定程度上减缓了由牧变农的速度。安史之乱以后，这个地区的郡县建置虽有所减缩，编户锐减，但被日益严重的土地兼并和苛政暴敛赶出家园的农民却纷纷涌了进来，开山伐木，垦地种植。他们往往利用唐朝官府为安集流民而颁布的五年之内不征赋税的垦荒令，在免税期间拼命垦植，期限一到又复逃弃，另辟新荒，这不能不进一步加速植被的破坏。再加上安史之乱后设有大量牧场的陇右地区曾为吐蕃所占，大中初年收复后未再恢复原有的牧场，而是听民垦辟，从而由原来的以农为主、农牧兼营变而成为基本是单一的农业区，使水土流失的范围更加扩大。五代以后，这种趋势变本加厉地继续发展，水土的流失也就越发严重。

除了将黄河上中游大片牧地改为农田，这个时期还大量砍伐森林。此前，北魏孝文帝迁都洛阳后，为营建宫室和贵族的邸宅，曾大量砍伐黄河中游吕梁山和阴山一带的林木。隋唐两代营建大兴城、长安城和东都洛阳以及遍布各地的寺观、陵墓、王公贵族的邸宅，更是伐木不止。为营建长安，唐廷特在陈仓、周至、户县、眉县设四监司，采伐长安周围秦岭、陇山、岐山、横山的林木。到开元年间，长安附近诸山已无巨木可采，又到更远处的岚、胜（治今内蒙古托克托西南）诸州，采伐太行山的森林。为了营建东都洛阳，唐廷还在陆浑（今河南嵩县东北）、伊阳（今嵩县西南）设两处监司，砍伐伊河两岸熊耳山与外方山的林木。到北宋之时，长安附近的岐山和洛阳附近黄河南北的山岭都变成了光秃秃的童山。除了营建工程，每年冬季皇宫和贵族富宦之家的取暖也需耗费大量的木材。当时，长安冬季的薪材，很大一部分就是取之于终南山。此外，唐廷还设有马坊牧监，饲养官马。从唐太宗贞观到唐高宗麟德年间，从关中道的长安到陇右道的岐（治今陕西凤翔）、邠（治今陕西彬县）、泾（治今甘肃泾川）、宁（治今甘肃宁县）4州共设8坊48监，后又增置8监，布列于河西一带。仪凤年间又增置8监于盐州、8监于岚州。唐玄宗整顿马政后又购入大批突厥马匹，放牧于朔方、河东和陇右诸道。这些牧监马坊都占用大量田地，募民耕种，以给刍秣，对当地的森林也造成了一定的破坏。

黄河上中游大片土地改牧为农，草原缩小，农田扩大，加上森林的大量砍伐，必然要导致新的侵蚀，使大量泥沙输入黄河的支流和干流之中。唐代后期，泾河水便由清流重又变为混浊。现在陕西靖边的白城子及其周围地区原本是一片水草肥美之地，从它旁边流过的河水也是清澈可鉴的。十六国时的赫连勃勃曾在那里建统万城作为夏国的都城。到了唐初，它被改称为夏州，仍然是北方边陲的一个重镇。但到唐末，夏州附近一带已变成一片茫茫的沙碛，夏州城则被称为"碛中"，这就是现今毛乌素沙地的前身。从那里流过的河水也因含沙量过大，并且由于泥沙的堆积而使河道频繁摆动，开始有了"无定河"的称呼。河套以南的库布齐沙漠也更加扩大，被定名为"库结沙"。在大量泥沙泻入黄河的同时，唐代又不断兴建河防工程来约束河流的运动，将黄河约束于两堤之间，泥沙便逐渐淤积，河床日益抬高，形成"悬河"。及至唐末，黄河下游已是"河势高民屋殆逾丈"，黄河的大规模决溢改徙也就不可避免了。景福二年（公元893年），黄河的河口段在厌次县（今山东惠民东南）界决口，向东北流经渤海县西北，至无棣县东南入海。到了五代，决溢更加频繁。

进入北宋，黄河流域植被的破坏继续加剧。北宋定都东京开封府，那里地处东部平原，缺乏木材。为了营建东京，就大肆砍伐西部山区的森林。当时，渭河上游秦陇地区尚有不少天然森林，北宋朝廷在此设置采木务，砍伐巨木。东京的许多达官贵宦为营建私宅，也不顾朝廷禁止私人采伐巨木的规定，到秦陇一带偷砍私伐，就连著名的宰相赵普也不例外，陇西森林的面积急剧减少。宋代道教兴盛，为了修建宫观，又在泾、渭、北洛河上游及晋陕峡谷流域大肆砍伐松柏巨木。到了北宋中期，陕北的鄜（今陕西富县）、延（今陕西延安）、绥（今陕西绥德）一带已是林木奇缺，无定河流域的绥州也是"山林无巨木"，陕北地区的天然森林已被砍伐殆尽。

北宋的疆域比隋唐大为缩小，但人口不断增加。到北宋末年，总人口估计已超过 1 亿，其中北方人口接近 4000 万。为了养活这庞大的人口，只好拼命垦荒辟田。北宋初年曾将北方与辽、西夏交界的数十里或三五里处划为不耕之地，作为双方的隔离地带。到北宋中期，为了解决边防驻军的粮食供应，也都尽行耕垦。此外，北宋还在与辽、西夏的交界地带修筑大量的边砦、堡、城、关，驻扎大批军队，所需建筑材料和日用燃料就地取材，当地的灌木杂草遂被铲除殆尽。宋夏交界的横山以北地区因此变成了一片不毛之地，"皆沙碛，乏水草"。为了阻止契丹的南进，北宋还在河北平原大修城池，为此又不惜砍伐太行山的大量林木。建立辽与西夏的契丹与党项本是游牧民族，但建立政权后也注意发展农业。如西夏即在河套地区唐代原州牧马地内设立屯田务，把那里的草原全部改为农田，开垦耕地 5 万顷。西夏还把山上多树木、远望如骏马的贺兰山当做皇家苑囿，驻扎 5 万重兵，并大兴土木以筑城池，使贺兰山东坡下的森林遭到严重破坏。辽朝也在今河北大清河以北以及山西雁北地区铲除大量天然植被，开垦农田。太行山的北段原本"溪涧峻狭，林木壅遏"，辽朝为了在进攻北宋时便利骑兵的通过，大肆砍伐那里的林木。

北宋时期，黄土高原植被的进一步破坏所引发的大量泥沙最后都汇注到黄河之中，"泥沙相半"，淤积严重。黄河因此不断地决溢，灾患频繁。从建隆元年（公元960年）到太平兴国九年（公元984年），25年间只有9年没有明确的决溢记载。淳化四年（公元993年）的决口灾害尤其严重，河水从滑州决口后，淹没了滑州城（今河南滑县东旧滑县镇），经澶、濮、曹、郓等州，注入梁山泊，又汇合清水河、古汴渠东入于淮。宋真宗征发兵夫堵住决口，但仅过4个月，又再次于滑州城西北天台山决口，直至天圣五年（公元1027年）十月才堵住决口，将黄河勒回故道。景祐元年（公元1034年）七月，黄河又于澶州横陇埽（今河南濮阳东）决口，流向东北，经今河南清丰、南乐，进入河北大名境界，在今河北馆陶、山东冠县一带折向东北，再经今聊城、高唐、平原，沿着京东故道之北流动，下游分成数股河道，由棣、滨二州之北入海。这条新的河道，宋人称为"横陇故道"。但是，黄河沿横陇故道也只流淌了14年，便因下游河道淤塞而再次改道。庆历八年（公元1048）六月，黄河在澶州商胡埽（今河南濮阳东昌湖集）决口，改道折向西北，经河南内黄之东、河北大名之西，穿过今滏阳河和南运河的中间地带，至青县汇入御河，经界河（今海河）至今天津入海。宋人称这条河道为"北流"或"北派"。仅过12年，黄河又于嘉祐五年（公元1060年）在大名府魏县第六埽（今河北南乐西）决口，分出一道支河，东北流经一段西汉大河故道，下循马颊河入海，名二股河，宋人称之为"东流"或"东派"。此后，黄河时而东、北二流并存，时而单股东流或北流，变动不定。

一派官员主张维持北流，另一派官员主张回河东流，朝廷对如何治河一直犹豫不决。后来，东流派的意见占了上风，东流分水的工程陆续兴修，到绍圣元年（公元1094年）修筑新堤70余里，尽闭北流，使全河之水东还故道。但仅过5年，黄河又于元符二年（公元1099年）六月在澶州和内黄决口，重新冲出一条河道，北流至乾宁军（治今河北青县）一带注入渤海。此后，黄河的流路未再发生大的改变，直至南宋建炎二年（公元1128年），东京留守杜充为阻止金兵南下，在滑县李固渡（今河南滑县西南沙店集南三里许）以西，人为决开黄河，它才自泗入淮，改道南流。

北宋王朝多次兴工回河东流均遭失败，这正如北流派欧阳修所指出的，主要是由于东流自两汉以来经过多次泛滥，河床已经淤高，河水无法顺畅排泄，而御河以西地区地势相对低下，尽管北流入海的路程比较迂远，黄河溃决之后，还是按照水往低处流的自然规律，向北而去，从河北一带注入渤海。北宋王朝逆水之性，执意回河，它的失败也就不可避免了。

第七章

折入迟暮的黄河文明

北京城、京杭大运河与明长城

在波谷中徘徊的黄河流域经济

频繁的水患与黄河的治理

缓慢发展的科技文化

黄河文明在越过隋唐、五代至北宋的鼎盛时期之后，由于北方经济的日趋衰落，便逐步走下坡路了。

长期以来，由于黄河流域的经济一直处于全国领先的地位，中国的政治、经济和文化中心都在黄河流域，三者往往合而为一。特别是黄河中游的关中盆地和伊洛盆地自西周以来一直成为黄河经济文化的轴心地带，同时也是中国都城的所在地。西晋以来，黄河流域屡遭战争的破坏，人口大量外迁。到了唐末五代，北方军阀混战不休，黄河河道更是屡次溃决，生产凋敝，土地荒芜，而南方的社会却相对比较安定，经济得到迅速发展，开始超过北方。到北宋建立之时，关中盆地和伊洛盆地已失去容纳都城的经济基础，北宋王朝不得不选择东京开封府作为都城，以便依靠漕运就近取得江南地区的粮食供应，从而开始出现政治、文化中心与经济中心分离的现象。靖康二年（公元

1127 年），北宋灭亡后，黄河流域的经济更是江河日下，长江流域已完全确立起全国经济重心的地位。此后，中国呈现西夏、金与南宋三足鼎立的分裂局面，出现了都城游离的状态。先后建都的城市有南宋的南京应天府（今河南商丘）和临安（今浙江杭州），金朝的中都（今北京）、上京（今黑龙江阿城市南）、东京（今辽宁辽阳）、北京（今内蒙古宁城西南）、西京（今山西大同）、中都（今北京）和南京汴京，西夏的兴庆府（今宁夏银川）。这种都城游离的状态大约维持了一个半世纪之久。到 13 世纪，崛起于北部漠北草原的成吉思汗（公元 1162—1227 年）统率蒙古铁骑，不断向西夏和金朝发动进攻，于 1227 年攻灭西夏。同年七月，成吉思汗病逝于灵州，埋葬在今内蒙古的伊金霍洛旗。不久，蒙古灭金。至元八年（公元 1271 年），成吉思汗之孙忽必烈（公元 1215—1294 年）建立元朝，随后灭亡南宋，实现全国的统一，从而结束了都城的游离状态。此后历经元、明、清三朝，除明初一度定都于南京之外，都以北京为都城。作为黄河地区同时也是全国的政治和文化中心的都城虽已转移到北京，但是经济重心仍在南方，从而长期维持着政治、文化中心与经济中心分离的局面。

北京位于华北大平原的北部，处于华北大平原、东北大平原、内蒙古高原及西北地区三大地理单元的接合处，"左环沧海，右拥太行，南襟河济，北枕居庸"，形胜甲于天下。早在远古时代，北京人就在这里定居生活。公元前 1042 年，周成王封召公奭于燕，此为北京建城之始，至今已有 3000 多年的历史。以后历经春秋战国，随着燕国都城的不断扩大和兴建，至战国末年，燕都已成为颇具影响力的一个地域政治、文化中心。秦汉魏晋时期，北京地区的范阳、蓟城、幽州都是北方的重镇。后来，辽、金两朝曾分别在此地建都，定为南京析津府和中都，北京的政治地位迅速提高，至元代定为大都，遂一跃而成为全国的政治和文化中心。

辽朝虽把北京定为辽五京之一的南京，又称燕京，但基本上是沿用唐幽州的城址，未进行大规模的扩建。金中都是金朝灭亡北宋、占据北宋的广大领土之后，决定实行迁都而扩建的。金中都建成后，仅过 62 年便被成吉思汗的蒙古铁骑夷为平地。又过了 45 年，成吉思汗的孙子忽必烈准备建立元朝，遂于至元四年（公元 1267 年）下令，在中都东北郊外金朝的离宫，即太宁宫（今北京北海一带）旧址，另建新都，命名为大都。

大都建成不到百年，元朝的统治即被明朝所取代。洪武元年（公元 1368 年），崛起于江南的明太祖朱元璋（公元 1328—1398 年）登基即位，他根据中国经济重心已经南移的形势，选定南京作为都城，而改大都为北平，并命大将徐达镇守，以防逃往塞外的蒙古贵族卷土重来。为了便于防守，徐达决定放弃北平城内北部民居空旷的部分，另建一道北城墙，并将宫城大内尽行平毁。但是，自秦汉以来，农耕文化与游牧文化在中国北部的冲突持续不断，一直成为历代王朝密切关注的重大问题。偏在江左的南京虽有财富之源，距离北方却过于遥远，难以担负起捍卫中原农耕文化的重任。用武力从侄儿建文帝手中夺取帝位的明成祖朱棣（公元 1360—1424 年）决定以他的龙兴之地北平作为都城，以"天子戍边"来抑制蒙古贵族的进袭。他诏改北平为北京，用三年的时间改建、扩充北京城，于永乐十九年（公元 1421 年）正式宣布迁都北京。北京城仍分为宫城（又称紫禁城）、皇城和外城三部分，清代继续沿用。如今，北京明清故宫、天坛、颐和园以及包括昌平明十三陵在内的明清皇陵等都已被列入《世界文化遗产名录》。

元朝定都北京，所需粮食主要依赖南方。元初运输这些粮食，一是通过海运，但使用木帆船运输常有触礁沉没之虞；二是通过隋朝开凿的以洛阳为中心的运河，但由于年久失修，运河的某些河段已经淤塞，而且路途迂回曲折，运费也高。元世祖忽必烈决定将大运河截弯取直，修建一条便捷的新运河。至元十八年（公元1281年），命兵部尚书奥鲁赤等在山东境内开凿济州河，自济州任城（今山东济宁）到须城（今山东东平）安山，长75千米。至元二十六年（公元1289年），又命礼部尚书张孔孙等开凿会通河，自今山东梁山附近的安山开渠，引汶水由寿张东北至东昌（今山东聊城），又西北至临清，与御河相接。至元二十八年（公元1291年），又命都水少监郭守敬（公元1231—1316年）开凿通惠河，自通州（今北京通州）直达大都城内的积水潭，全长80多千米。这样，由大都往南，跨过黄河、淮河、长江到达江南杭州的京杭大运河全线贯通，江南的粮食便可顺畅地漕运大都了。

明、清两代，由于黄河的频繁泛滥等种种原因，京杭大运河的某些河段常被淤塞，造成航运中断。明、清两朝曾动用大量财力和人力对运河的一些河段进行治理和改建。永乐九年（公元1411年），明工部尚书宋礼重开已经淤塞的会通河。整个工程“二十旬而工成”，会通河复又畅通。元修的京杭大运河在鲁桥（今山东济宁东南）至清河（今江苏清江市西）间借用泗水及黄河河道，常因黄河的泛滥而被冲溃。嘉靖六年（公元1527年），明总河盛应期便在山东昭阳湖东开凿一条自南阳三河口（今山东鱼台北）过夏镇（今山东微山）

至留城（今已沦入微山湖）的南阳新河，使此段运河与黄河分离。但工程未成即半途而废。嘉靖四十五年（公元1566年），明工部尚书朱衡兼理河漕，循其故迹继续施工，终于开凿成功，全长70千米，名为夏镇新河。万历三十二年（公元1604年），明总河侍郎李化龙又开泇河，由沛县夏镇东李家口引水东南合彭河，经韩庄湖口（今山东微山湖东），过泇河镇（今江苏邳县西北）合泇、沂诸水，南下至邳州直河口（今江苏宿迁西北皂河集）入黄河，全长130千米，避开徐州附近的黄河之险。过了80多年，清康熙年间，河督靳辅又在邳州以下开挖一条中河，再避黄河之险90多千米。至此，除黄、淮、运的交汇之处外，运河与黄河已基本脱离，以黄代运的局面终告结束，京杭大运河的漕运进入鼎盛时期。

明朝为了抵御蒙古贵族的袭扰，保卫黄河地区的农业文明，还在古长城的基础上修筑了明长城。中国的长城最早出现于春秋战国时代。当时的许多诸侯国为了防御邻近强敌的侵犯和兼并，开始在边境营造数百里甚至上千里的不封闭的城墙。秦始皇统一中国后，为防御匈奴，将北方边境的秦、赵、燕长城连接起来，并向东、西延伸，修建了第一道万里长城。汉武帝北击匈奴，又对长城进行大规模的修缮，使之更向西延伸到罗布泊。后来，北魏、北齐、北周、隋、辽、金也都陆续修筑过长城，明朝则是中国古代史上最后一次大规模修筑长城。明长城东起辽宁鸭绿江畔丹东虎山南麓，西至甘肃嘉峪关，全长6000多千米。这道雄伟壮观的明长城至今仍巍然屹立，被称为世界一大奇观。

屹立在黄河流域北部农业区和游牧区结合地带的这道万里长城是中国各族人民共同创造的一项伟大工程。在历史上，从秦始皇第一次在秦、赵、燕长城的基础上修筑万里长城算起，大规模修建长城的汉族王朝有秦、汉、隋、明4朝，而修建长城的少数民族王朝则有北魏、北齐、北周、辽、金5朝。长城汇聚了中国各族人民的血汗和智慧，是他们共同劳动的结晶。长城的修筑使各族人民付出了沉重的代价，但它作为一种综合性军事防御工程，在古代确实起到了抵御北方游牧民袭掠、保卫中原地区的社会生产和黄河文明以及丝绸之路中西商旅的经济文化交流的重大作用。现今，长城也已被列入《世界文化遗产名录》，吸引着国内外的大批游客。

　　黄河流域的经济在五代时期已开始被长江流域所超过。
到了金与南宋对峙时期，南方地区已完全确立起其全国经
济重心的地位。此后历经元、明、清三代，经济上南重于
北的形势始终维持不变。

　　黄河流域经济的衰落以及全国经济重心的南移是由多
种因素促成的。首先是由于黄河流域自然生态环境的破坏。
从秦汉到北宋，黄河上中游地区的天然植被不断遭到破坏，
因而引起气候的变化。这不仅导致土地的大片沙化，使黄
河泥沙大量增加，经常溃决泛滥，而且也促使黄土地上的
湖泊数量日趋缩减，土地肥力不断下降。其次是传统小农
经济的局限。中国传统的农业是建立在个体小生产的基础
之上的，以精耕细作为主要特征。它在黄河流域虽然发达
较早、成就巨大，但从一开始就显露出很大的局限性，那
就是单纯地发展种植业，特别是粮食作物的生产，而忽视

了畜牧业和林业。由于畜牧业不发达，就限制了食品结构的多样化和质量的提高，粮食便成为人们的唯一主食。随着人口的增长，粮食不足长期成为困扰人们的一大问题。这又迫使人们拼命地发展粮食生产，除了深耕细作之外，只好大肆开垦荒地，向边缘地区移民垦荒，扩大耕地面积。同时，由于没有认识到林业与农业生产的密切关系，不仅历代王朝的统治者大肆采伐森林以营建宫室、邸宅和寺庙宫观，一般百姓也把林地视为垦辟的对象而任意加以耕垦。传统农业忽视畜牧业和林业的结果，必然导致黄河流域自然生态环境的不断恶化。

除了上述原因，战争的破坏也是导致黄河流域经济衰退的一个因素。根据著名气象学家竺可桢的研究，大约公元前3000年至公元前1100年，中国的气候处在温暖时期，此后经过公元前1100年到公元前850年的西周前期的短暂寒冷期后，从公元前770年到公元初的春秋、战国、秦、西汉时期又进入第二个温暖期。在这段长时间的温暖期，气温比现在略高，黄河流域一带气候温和，雨量比较充沛，比较适宜于人类的生活和农作物的生长，境内河流和湖泊也比现在要多，利于灌溉和航运，也利于水量的调节，加上黄土冲积平原的土壤肥沃而疏松，便于使用简单的工具进行开垦，因此农业生产首先便在黄河流域发达起来，处于领先全国的地位。从公元初年到公元600年的东汉、三国到六朝时代，中国的气候转入第二个寒冷期。此时，长江流域的气候条件变得适宜人类的居住，铁工具的普遍使用也使砍伐森林、清除灌木、排除积水、开垦洼地变得更为容易，长江流域的经济逐渐发展起来。特别是西晋末年和十六国时期，黄河流域恰正处于战乱时期，社会动荡不安，生产遭到严重破坏，人口纷纷外流，其中有不少人迁移到南方，更进一步促进了长江流域的开发，江淮、太湖地区的荒地大量被开垦，成为新的财富之区。从公元 600 年到 1000 年的隋唐至北宋初期，中国的气候进入第三个温暖期，长江流域又变得湿热难熬，加上开发初期必须投入更多的人力和财力，而北方地区在隋和唐前期的大一统形势下，社会安定，迁往境外包括迁往南方的人口又纷纷回到黄河流域，南北方的经济同时得到了盛大的发展，而北方经济更占有一定的优势。但是，唐中期安史之乱的爆发又使黄河流域的经济遭到严重的破坏。安史之乱平定后，接踵而来的藩镇割据又导致战乱频发，使社会生产再度遭到摧残。长期的战乱使作为唐朝主要赋粮来源地之一的两河地区（河北、河南）的优势丧失殆尽，一向富庶的关中平原也失去了往日的风采。到了五代，黄河流域的各个封建军阀仍然混战不休，而南方地区在安史之乱以后较少受到战乱的影响，大批北方人民又纷纷南下避难，南方的社会经济得到迅速发展，开始超过北方。北宋建立后，黄河流域的经济逐渐得到恢复和发展，但自庆历八年（公元 1048 年）黄河在澶州商胡埽决口改道北流后，河患频繁发生，北方经济再度遭到严重破坏，京师的粮食供应大部分要仰赖长江流域。到了南宋与金对峙的时期，南方经济已彻底压倒黄河流域，完全确立其全国经济重心的地位。此后，中国的气候仍在不断变化。历经公元 1000 年至 1200 年两宋时期的第三个寒冷期和公元 1200 年至 1300 年南宋中期到元代中期的第四个温暖期之后，从公元 1400 年至 1900 年，中国虽然处于长时间的寒冷期，但由于南方的开发已最终完成，这种气候的变化对经济的影响已经很小，南方的社会生产继续朝前发展，更把黄河流域远远抛在了后头。

北宋灭亡后，黄河流域的经济继续下滑，主要仍然是肇因于自然生态环境的破坏和传统小农经济的局限。金、元、明、清四朝定都北京，都大肆砍伐晋东北和北京周围的原始森林。永定河上游晋东北地区原有大片森林，水源丰富，河水清澈，北魏时还被称为清泉河。辽、金将北京定为都城后，大肆砍伐那里的森林，导致大量泥沙冲入河中，使河水变成褐色，清泉河也因此被改称为"卢（黑的意思）沟河"。元代修建大都城及城内外的大量寺庙，更是大肆砍伐卢沟河上游及北京西山地区的林木。仅至元二十二年（公元1285年）修建万安寺，一次就伐木5.86万株。明代修建北京城，所耗材木更超过元代。紫禁城三大殿的修建，所需巨木"出于卢沟，称之神木"，卢沟河也因此变得更加混浊，而被称为浑河，经常改道，泛滥成灾，至明末更被称为无定河。至清代，清圣祖为了"制止"无定河的泛滥和改道，赐名永定河。北京的佛寺也愈修愈多，至明成化时多达639所，其中多数建在西山一带，对西山森林的砍伐更甚。北京城里所需的柴薪也靠西山供应。西山柴薪不够供应，明廷在宣德年间还派兵到浑河、白河上游地区采伐薪柴，顺流而下，运至卢沟桥、通州等地，再卖给京城的百姓燃用。经过不断的砍伐，再加上明长城的修建，自山西浑源、河北蔚县，经居庸关到古北口沿长城一线，原先郁郁葱葱、绵亘成片的大森林到明中叶已是"木植日稀"了。清代由于北京周围地区已无巨木可伐，清廷甚至下令砍伐原先受明廷保护的十三陵的数十万株松柏，将其"剪伐尽矣"。

另外，中国的人口在这段时间增长很快。在南宋与金对峙时期，中国的人口总数估计已突破1.2亿，经过元代一段时间人口的下降后，到明万历二十八年（公元1600年）估计已达到1.97亿，至清道光三十年（公元1850年）更激增至4.3亿。为了维持如此庞大人口的生存，在小农经济占统治地位的时代就只能拼命垦荒种地，发展粮食生产。如明廷大力提倡屯田，不仅移民就宽乡，大力发展民屯，还普遍推行军屯，"于卫所所在有闲旷之土，分军以立屯堡，俾其且耕且守"。在边地还有商屯。军民于是竞相开垦荒地，林草覆盖的山地丘陵都被辟为农田。清初为防止蒙汉人民联合反抗其统治，明令禁止汉民进入蒙古地界开荒种地，后来却又允许蒙古王公贵族招徕汉民为其种地。到了晚清，迫于人口压力，同时也为了增加朝廷的财政收入，清廷甚至鼓励汉民到蒙古草原包种土地。有清一代，黄土高原东北部的不少草原都被开垦，变成了农田。由于土地兼并严重，大量失去土地的流民更是大批涌入尚未开发的山区，毁林开荒，种植粮食。明永乐、宣德以后，就有不少流民涌入秦岭、大别山区，砍伐森林，垦荒种田。清中叶以后，涌进秦岭的流民更多，"老林邃谷，无土不垦"。汾河东西两侧的太行山与吕梁山也遭遇同样的命运。这样，植被的破坏越来越严重，水土流失不断加剧，土地肥力日趋下降，黄河泥沙日益增加，决口泛滥更加频繁，这不能不严重地阻滞北方经济的发展。

　　除上述原因之外，金、元、清三朝统治者在入主中原的过程中所造成的破坏也是导致黄河流域经济下滑的一个不可忽略的因素。金、元、清这些少数民族王朝，特别是元、清两朝的建立，无疑为推动边疆少数民族的封建化、促进民族的融合和国家的统一、奠定中国的历史版图作出了重大的贡献。但是，这些王朝的统治者在入主中原的过程中都毫无例外地实行残暴的屠杀和掳掠，并力图将其落后的生产方式强行推广到中原内地。例如，金朝在用武力征服黄河以北地区的过程中，杀掠现象十分严重。攻灭北宋后，金朝的势力深入到黄河北岸，又把女真人口大量迁入中原，刮取汉人土地分给女真贵族和军户，并四出掳掠汉人充当奴隶，把他们的奴隶制度推行到中原地区。北方人口因此进一步南流，黄河流域的人口锐减。蒙古对黄河流域的征服战争和残暴统治对社会经济的破坏与金初相比，更是有过之而无不及。蒙古的一些将领嗜杀成性，蒙古士兵也"以杀为嬉"，他们在攻占汴京以前一直实行"凡攻城不降，矢石一发则屠之"的政策。窝阔台四年（公元1232年）围攻汴京16个昼夜，城内外金兵死者以累万计。入据中原之后，元朝统治者认为"汉人无补于国，可悉空其地以为牧场"，又大肆掠人圈地，圈占大批农田改为牧场，掳掠大量人口充作奴隶，强制推行奴隶制的生产方式。一些汉族人口纷纷南流，黄河流域的人口急剧下降，生产萎靡不振。清初的情况与金、元初年也基本相似。清军在入关之前，仅崇祯二年至十一年（公元1629—1638年）就三次破关入侵华北地区，除大肆屠戮、掳掠牲畜和金银财宝外，还掳走不下二三十万的汉人带往东北充作奴隶。崇祯十七年（公元1644年）入关占领北京后，清军不仅用武力残暴地镇压各族人民的反抗，强制推行薙发易服，实行民族同化，稍有不从即加屠杀，还圈占京畿一带的大片土地分给八旗兵丁和满洲贵族，把大批汉人掳为奴隶。此外，金、元、清三朝的统治者都无例外地实行残暴的民族压迫政策，以维持本民族的特权地位。当然，这些文化较低的征服民族最终都免不了为文化较高的被征服民族所征服，接受汉民族的文化，进而改取适应中原地区经济状况的封建政策，采取一系列措施来劝课农桑，恢复社会生产，使黄河流域的经济重新呈现复苏的状态。但是，经过破坏、恢复、再破坏、再恢复的多次反复，黄河流域的经济上下波动，必然大大滞缓其发展的步伐，拉大北方与南方的差距。

自然，说黄河流域的经济在金、元、明、清时期趋向衰落不等于说这个时期的经济没有发展，只是发展的速度远远落后于长江流域和东南沿海地区罢了。在农业生产方面，适应北方各种农田和作物的农具在元代均已配套定型。元人王祯所写《农书》，记载各种农具多达70余种。明、清两代，基本上仍是沿用元代的农具，创新不多。精耕细作技术的推广和发展提高了农作物的亩产量，而高产作物的引进又加快了黄河流域农业的发展。水稻的种植范围比前代进一步扩大。金代中都路的燕京和南京路的曹、单二州等地都有水稻种植。到了明代，关中、河南、河北、山西、山东的许多地方和北京等地也开辟了不少稻田。长安出产的"线米"，"粒长而大，胜于江南诸稻"，成为"贡品"。明中后期，南方从拉丁美洲辗转引进的玉米、甘薯、马铃薯等高产粮食作物也陆续传入黄河地区，在北方的一些山地和丘陵地带种植，这对解决不断增长的人口的粮食问题起了很大的作用。此外，从国外引进的一些经济作物，如花生、烟草、棉花等，也陆续由南方向北方推广种植。

手工业生产同样获得很大的发展。由于山东、河南、河北在明代已遍种棉花，当地的棉纺织业也相应发展起来。不过，因为北方气候比较干燥，容易出现断纱问题，棉纺织品的质量较次。到了明末，北直隶的肃宁一带，人们开挖几尺深的地窖，在地窖上盖房子，檐高距地两尺多，开窗户透过阳光，在地窖房中"就湿气纺织"，这才解决了断纱问题。后来经过不断的改进，已能织出相当细密的棉布，达到当时著名的松江棉布的中等质量水平。从此，北方的棉纺织业迅速地发展起来。丝织业仍很发达，山西的潞州逐渐发展成为黄河流域的丝织业中心，明代极盛时有织机1.3万张，所产潞绸远销海内外。陶瓷在前代的基础上继续发展。琉璃器则是这个时期的著名产品。琉璃的烧制工艺早在战国时代即已出现，但因质料不纯，烧出的琉璃器有时容易与料器相混淆。后来经过不断探索，在宋代终于烧出纯正的琉璃器。元、明以来，山西成为琉璃器的主要产地，此外，陕西、河南、山东以及直隶的宛平和北京的琉璃厂也有出产。

随着农业和手工业生产水平的提高，商品经济也日趋活跃，并在明代实现了白银货币化。明中叶，内阁首辅张居正实行改革，将此前在江南某些地方施行的"一条鞭法"推向全国，把田赋和劳役一律折收银两。实行赋役货币化以后，农民需要出卖农产品换取银两以缴纳赋税，更进一步促进了商品经济的发展。商品生产与交换的发展又引起社会分工的扩大，出现了粮食和经济作物生产、原料和手工业品的地域分工的趋势。如山东、河南的农田多半种植棉花，作为原料与江南地区交换棉布。到了清代，这种趋势更加明显，不仅山东、河南，连河北的许多农田也大量种植棉花。山东的中部山区则专门种植柞树养蚕。随着商品经济的发展，农村中早就存在的市集庙会贸易从明中叶起更加发达。许多中小城市也随之应运而生，如大运河的沿岸出现了天津、德州、临清等著名市镇。西安、太原、开封等城市的商业也很发达。就连地方偏僻的河北宣化，至清代也已是"贾店鳞比"了。北京在金代建成中都城后，人口达到百万，陆海百货，萃于城中，不仅是金朝的政治中心，也是当时北方的商业中心。此后在元、明、清三代，北京不仅是全国的政治和文化中心，同时也是全国的商业中心。

伴随着商品经济的发达，从明中叶起，黄河地区商人的活动十分频繁。他们都是自由商人，是我国开始出现现代化因素的征兆。这些商人往来各地，兴贩牟利，逐渐结成一些地域性的商人集团，著名的有晋商、关陕商、京商和山东商。陕西商以关中为据点，往来于甘肃、青海、宁夏、内蒙古、新疆、四川、云贵、江淮以及东南沿海，甚至远至辽东、广州等地，毛皮、布匹、药材、盐、茶、水烟以及各种杂货，无不经营，对西北少数民族地区社会经济的发展曾起过积极的作用。晋商则是当时人数最多、资本最为雄厚的商人集团，可与江南最富有的徽商并驾齐驱。晋商兴起于明前期，至明中后期形成为拥有巨额资本的地域性商人集团，入清以后更与清廷紧密结合而拥有特权地位，称雄于国内市场，享誉于国际商界。他们在明代主要经营盐、粮、布、绸等，清代进一步扩展至茶、洋铜、

山西票号（张沛 摄）

折入迟暮的黄河文明

木材、烟、棉花、丝、毛张、毛毡、大黄、玉石、书籍等，活动的范围也从明代的"半天下"发展到清代的"遍天下"，不仅在蒙古和西北地区十分活跃，而且频繁往来于北京、天津、张家口、武汉、南京、苏州、广州各地，甚至还把势力伸向国外的俄罗斯、日本及东南亚等地。晋商还把商业资本与金融资本结合起来，在道光初年（公元1823年前后）创办了经营汇兑和存放款项业务的金融机构——票号。至道光末年，山西票号已有11家，到20世纪更增至33家，基本垄断了全国的汇兑业务，其中以日昇昌、蔚泰厚、蔚丰厚、大德通、天成亨、合盛元、协同庆等几家票号最为著名。晋商的主要发源地山西平遥古城现已被列入《世界文化遗产名录》。后来，随着外国资本主义势力的入侵，中国逐步沦为半殖民地半封建社会，黄河流域的商人集团和票号随即迅速地衰败下去。

值得注意的是，明代中期出现了社会转型的苗头。到明代后期，这种苗头已较普遍、显著地成长起来。所谓社会转型，系指由自然经济向商品经济转化，由农业社会向工业社会转化，由古代传统政治、文化向近代政治、文化转化，由封建主义时代向资本主义时代转化。这种转化首先出现在经济领域，然后引起阶级结构、社会生活、政治关系、思想意识、文学艺术、科学技术发生相应的变化。但是，这种社会转型却遭到封建等级特权制度及其所造成的封建统治阶级的政治腐败的阻滞，到清朝入关，更遭到空前专制的封建统治的扼杀而趋于泯灭了。

自南宋建炎二年（公元1128年），东京留守杜充掘开黄河以后，河水南流由泗入淮。此后，黄河逐渐南流，北流基本断绝。金初数十年，黄河"或决或塞，迁徙无定"。至大定年间，决溢次数更多，灾害也更严重。明昌五年（公元1194年），黄河又在阳武（今河南原阳东南）决口，灌封丘而东，至山东寿张入梁山泺，再分为南北两股，北流水势较小，由北清河（今黄河）注入渤海，南流水势较大，由南清河（泗水）取道淮河注入黄海。明昌中年，北流断绝，黄河全部取道淮河注入黄海。元代定都大都后修建京杭大运河以通漕运，其山东段的运河借道黄河之道，含沙量极高的黄河之水注入淮河和运河，不可避免地要产生淤塞和顶托的作用，威胁到漕运的安全。一旦黄河泛滥，不仅山东尽成泽国，运河也难以通航。因此，元、明、清三代的治河始终是以保障京杭大运河的漕运为目标，所以尽管取得了很大的成就，却不可能从根本上解决黄河的为害问题。

有元一代，黄河决溢频繁。到元朝末年，河患益发严重。至正三年（公元1343年），黄河在白茅口（今山东曹县境内）决口。第二年又决白茅堤和金堤（西起今河南汲县、滑县，东至山东张秋镇东），淹没今河南、山东一带的大片土地，并往北侵入会通河与北清河，影响到漕运和沿海盐场的生产。此后，黄河仍决口泛滥不止。至正十一年（公元1351年）四月，元行都水监贾鲁受命为工部尚书、总治河防使，主持治河工程。整个工程按照"疏塞并举"的方针进行，即塞北流，疏南流，挽河水向东南流，沿金代明昌五年灌封丘而东的故道，汇合淮河东流入海。第一步是疏浚故道，即疏浚南流140多千米的河道，重点是挖深拓宽从黄陵冈（今河南兰考东）的白茅至归德府（今河南商丘南）哈只口90多千米的旧河道。第二步是堵塞决口，即修复白茅堤，堵住北流的决口。到当年十一月，所有埽工和堤防工程全部完工，终使黄河沿故道经归德出徐州入淮河，东流入海。后来，为了纪念贾鲁治河的功绩，便称其疏浚的这段黄河故道为贾鲁河。

不过，贾鲁虽然将黄河之水勒回了故道，却没能解决河道泥沙的排泄问题。仅仅过去14年，至正二十五年（公元1365年）黄河便在山东东平决口，再次冲入大清河。到了明代，黄河决溢更加频繁，成为中国历史上河患最为严重的时期，平均每年水患高达2.5次。有记载的决溢年份就有59年，从洪武元年（公元1368年）到弘治十八年（公元1505年）的138年间，不仅河道变迁不定，忽南忽北，而且多条河道并存，此淤彼决。明廷虽多次组织修治，但都未能止住决溢。弘治六年（公元1493年），为了确保漕运的安全，明孝宗命副都御史刘大夏负责主持治河。当时，汴道的地势北低南高，北岸比南岸更易发生溃决。北岸一旦溃决，洪水必将溃向东北，冲入与黄河合一的济州河与会通河，阻塞漕运，同时又会减少徐州以下一段河道的水源，使漕船无法通航。因此，明前期治河一直是采取"北堤南分"的方针，即加强北岸的堤防，遇到特大洪水则由南岸分流入淮。刘大夏治河就是遵循这个方针。他组织民工，于第二年先堵住张秋的决口，然后又筑塞黄陵冈、金龙口（今称荆隆口）等7处决口，并在黄河正流的北岸修筑180千米的太行堤，在太行堤之南又筑一道80千米的长堤。前后两堤相翼，迫使黄河正流通过会通河入淮，北流于是绝断，形成黄河史上的又一次大改道。

弘治年间修筑河南境内北岸的堤防之后还在南岸修筑堤防，河患算是暂时被消除了。但是，泥沙问题没有解决，河床还是不断抬高，后来黄河便又在山东和南直隶一带不断决口。从正德元年（公元1506年）到崇祯十七年（公元1644年）的139年，有记载的决溢年份达到53年，不少年份还出现多处决口。而决口向南直隶转移不仅影响漕运，还直接威胁到明泗州（今江苏盱眙）祖陵、凤阳皇陵和寿春诸王坟的安全，更是令明廷感到头疼。因此，在明中后期，明廷便专设总理河道之职，派专门的官员长期负责河患的治理。但他们对河患大多束手无策，直到潘季驯总结出"束水攻沙"的理论，并把它付之实施，治河才算取得较好的效果。

潘季驯（公元1521—1595年）是明末的治黄专家，浙江乌程（今浙江吴兴）人。他在嘉靖四十四年（公元1565年）任右佥都御史，总理河道，开始了治黄生涯。后来又在隆庆四年（公元1570年）、万历六年（公元1578年）、万历十六年（公元1588年）三次担任

折入迟暮的黄河文明

总理河道之职，前后治河达 10 余年之久。潘季驯认为黄河之所以决溢泛滥，不在于水量大而在于含沙量高，治理黄河的根本在于治沙。他受到西汉张戎"水性就下，行疾则自刮除成空而稍深"和明初陈瑄、明中期刘天和、万恭等人"蓄清刷黄"即将淮河的清水注入黄河之中以冲走泥沙等主张的启发，提出了"筑堤束水，以水攻沙"的理论，主张合流以增强河水的冲刷力量，起到"以水攻沙，以水治水"的效用。在第三任时，他在内阁首辅张居正的支持下，开始实施自己的治河方策。潘季驯治河的重点放在黄河下游河段，所建工程都围绕着一个目标来展开，即堵住南岸的所有分水口，改分流为单一的固定河槽。为此，他首先在河槽的附近修筑缕堤，束水以攻沙。为了防止缕堤的溃决，在缕堤之外又加筑一道遥堤。此外，在缕堤的薄弱地段或险工地段的外侧还修建一孤形的护堤，以保护缕堤，称为月堤；在缕堤与遥堤之间又建横堤，称为格堤，它把缕堤与遥堤之间的空地划分成一个个格子，让漫溢出缕堤的洪水滞留其间，待沉淀后再回流到河槽之内，起到淤滩固堤的作用。在苏北宿迁以下河道上则建崔镇、徐昇、季泰、三义 4 座减水坝，遇到洪水可起分洪减水的作用。同时，将洪泽湖东岸的高家堰修缮加高，以扩大蓄水量，使由西南方向注入湖中的淮河之水不至向东溃溢淹没东边的土地，而尽由东北边的清口（泗水入淮口，至今江苏盱眙西北，亦称泗口、淮泗口、清河口）流入黄河之中，达到蓄清刷黄的目的。

潘季驯倡说"束水攻沙"的理论，一改往昔疏、浚、塞并行之说，开辟治河的新途径，并把它付之实施，建成从郑州至黄河入海口的千里大堤，使下游的河道基本趋于稳定，这是一大贡献。后来，他将自己的治河理论和实践经验写成《河防一览》，对后来清代的治河曾产生重大的影响。

但是，潘季驯不懂得黄河的泥沙源自黄土高原而误认为主要来自河南地区，他的治河还只限于治理河南以下的黄河下游一带，对泥沙来源的黄河中上游地区未加治理；同时，他对河床的冲淤规律也认识不足，不懂得单靠束水攻沙是不可能将全部泥沙输送入海的。潘季驯治河之后，黄河的局部溃决仍不断发生，蓄清治黄的效果也不甚理想。因为淮河水量较黄河少，黄强淮弱，蓄清以后就扩大了淮河流域的淹没范围，对泗州祖陵等更构成严重的威胁。万历二十三年（公元 1595 年），杨一魁总理河道，只得实施分黄导淮方案，在洪泽湖北边的桃源（今江苏泗阳西南）黄家嘴开挖 150 多千米长的黄坝新河，分泄黄河之水入海，并辟清口沙 3.5 千米，在高家堰上建武家墩、高良涧、周家桥 3 个分水闸，分泄洪泽湖水经里下河地区入海，又分疏高宝湖群水由芒稻河排入长江，以解除泗州祖陵的水患。但不久，黄家坝新河即因淤塞而断流。过了几年，黄河又在商丘萧家口决口，全河崩溃入淮，分黄导淮的计划宣告彻底失败。

明末清初由于 40 多年的战乱，黄河河道淤塞严重，清口以下至河口处的淤塞尤其严重，更是频频发生决口泛滥。在清世祖福临执政的 18 年中，仅《清史稿·河渠志》记载的决口就有八九年之多。清圣祖执政后，从康熙元年（公元 1662 年）到十六年（公元 1677 年）之间，黄河下游更是几乎年年溃决，多达 67 次。清圣祖玄烨决心对黄河进行大规模的治理。康熙十六年命安徽巡抚靳辅为治河总督，负责此项工作。靳辅（公元 1633—1694 年）将博学多才却怀才不遇的陈潢（公元 1637—1688 年）引入幕府，协助自己治河。陈潢认为黄河的泥沙来源于上中游的黄土高原，西北黄土高原的水土流失是造成水患的根源，治水需先治沙，不仅要治理下游，还应治理上中游。可惜他的这一正确观点没有得到当时人的理解，未能引起广泛的重视。他继承并发展了前人的治河方策，提出"或疏、或蓄，或束、或泄、或分，或合，而俱得其自然之宜"的主张，成为靳辅治河的指导方针。

在陈潢的辅助下，靳辅花费11年的工夫，对黄河下游清口以下淤塞严重的河段作了比较全面的治理。他非常注意"坚筑堤防"，在黄、淮和运河两岸整修千里长堤，并对防止洪泽湖东溃的主要屏障高家堰作了培修加固，又修筑从云梯关（今江苏滨海西南）到海口的束水堤18000余丈，还对河道进行疏浚。在修筑堤防的同时，陆续堵塞了黄河两岸的决口21处、高家堰决口34处。针对黄河河道"上流河身至宽至深，而下流河身不敌其半"，行洪不畅的状况，又在砀山以下至睢宁之间狭窄的河段因地制宜地修建了一批减水闸坝，作为异常洪水的分洪之用。另外，在河道弯曲之处则开凿引河，截弯取直，使水流更加通畅。为了保证漕运的安全，靳辅还在黄河北岸自骆马湖经宿迁、桃源至清河的仲家庄开凿了一段新运河，称为中河。过去，运河的漕船出清口后必须行经90千米的黄河河道，那里风涛险恶，不仅行速缓慢，还常有沉覆的危险。中河开凿后，漕船出了清口，只要在黄河中行驶10千米，即可经由中河往北进入迦河运河，从而大大减少风涛之险，并提高了运输效率。经过这次大规模的整治，"水归故道，漕运无阻"，"河以治安者五十年"，苏北一带长期被洪水淹没的大片土地变成了可耕的肥沃田地。

靳辅的治河仍然未能解决黄河泥沙的根本问题。乾隆以后，清口一带的上下河段，泥沙的淤积日益严重，河水倒灌之事时有发生。随着时光的流逝，下游的河道愈淤愈高，河槽与滩地的高差极小。

嘉庆、道光年间，黄河连年决溢，决口也从睢州（今河南睢县）以下地方向睢州以上转移，河督多为堵口抢险而疲于奔命。咸丰五年（公元1855年）六月，黄河终于在兰阳（今河南兰考）铜瓦厢大溃决。溃决的洪水先淹没兰阳、封丘、祥符（今河南开封）、仪封、考城、长垣等县，后分为三股，一出曹州（治今山东菏泽）东赵王河，至张秋镇，一出长垣，至东明雷家庄又分为两股，皆东北流至张秋。三股洪水汇合于张秋镇，穿过运河，经小盐河夺大清河，由利津牡蛎嘴口入海。东出曹州的一股在咸丰八九年淤塞，另一股则变成黄河的新河道。黄河下游因此又发生了一次重大改道，结束了700多年东南夺淮入海的历史，重又改回在渤海湾入海。

咸丰五年，黄河在铜瓦厢溃决后，清廷正为对付捻军、太平天国起义而焦头烂额，根本无暇顾及治河问题，朝廷大臣则为是挽河回归徐淮故道还是任其由山东入海的问题而争论不休。直隶和山东沿河两岸的百姓只能自己动手，修筑民埝以自卫。同治十一年（公元1872年），山东巡抚丁宝桢上书请求挽复徐淮故道。直隶总督李鸿章则上书，极言淮徐故道不可再复。于是，从同治末年开始，清廷便在直隶、山东民埝的基础上陆续修建了一些河堤，至光绪十年（公元1884年）形成一道比较完整的新河堤防，黄河河道至此也基本确定。这道新的河堤，上段堤距较宽，约20~40里，下段堤距较窄，约五六里至八九里。进入大清河的泥沙不断增加，河床也不断抬升。到光绪二十二年（公元1896年），河床已高于堤外平地，堤内滩地高于堤外平地1~8尺。因此，光绪年间，黄河的决口大多集中在大清河、新河道口，黄河尾闾的南北摆动也很大，三角洲也不断向海中延伸。

进入近代以后，随着西方近代水利科学技术的传入，人们开始对治黄进行新的探索。从 19 世纪末起就有一些西方的水利专家先后来华考察黄河，提出一些治理黄河的主张。但他们所提出的固定河槽、双重堤防等主张仍未能超过潘季驯当年的治河方略。后来，一批到西方留学归来的中国水利专家深入黄河地区继续进行实地调查和观测，并把外国先进的水利科学知识和中国传统的经验结合起来，探索治黄的新方略。其中，尤以李仪祉的贡献最大。李仪祉（公元 1882—1938 年）是陕西蒲城人，曾两度赴德国留学，回国后在华北、黄河、淮河和陕西省的水利机关担任重要职务，悉心研究中国古代的治河经验。他经过精心的钻研，写出《黄河之根本治法商榷》《黄河治本的探讨》等著作，提出了上、中、下游全面进行综合治理的方案。他主张在黄河上中游植树造林，保持水土，在山谷间修建横坝，拦截泥沙，淤出平坝；在上中游各支流建立水库，拦蓄洪水；在下游稳定中水河槽，等等。这就比潘季驯单纯在下游加强堤防的方略前进了一大步。然而，在当时的半殖民地半封建社会，由于帝国主义的侵略和政治的腐败，他的综合治理方案根本无法实现，黄河仍然继续溃决泛滥。据统计，在北洋军阀政府和国民政府统治的 30 多年间，黄河有 17 年发生溃决，每一次溃决都给人民带来了深重的灾难。

随着黄河流域经济的逐步衰落，金、元、明、清时期黄河流域的科技文化也呈现下滑的趋势。当然，这种下滑的速度是非常缓慢的，而且在下滑之中也有发展。特别是科学技术，元、明之时中国仍然居于世界领先地位，在北方的黄土地上继续涌现出许多先进的科技成果。只是从明末清初开始，当英国取得资产阶级革命的胜利、西方自然科学技术日新月异地向前飞速发展的时候，中国的科学技术因备受高度强化的封建专制统治的压制摧残而丧失了先进地位，黄河地区也同全国的其他地区一样未能再涌现世界一流的科技成果，逐渐与西方拉大了差距。

这个时期，天文历法最突出的成就当推郭守敬主持编订的《授时历》。郭守敬是顺德邢台（今属河北）人。为了指导农业生产，至元十三年（公元1276年），元世祖下诏设太史局（后改为太史院）改订历法，命王恂和郭守敬负责主持。郭守敬改进并研制了一批天文观测仪器，并亲自参加和主持了一次规模空前的天文测量。观测的范围东起朝鲜半岛，西至川、滇和河西走廊，北至北海（在今西伯利亚），南达南海（在今西沙群岛），共设立 27 个观测点。其中，设于今河南登封的一处观星台至今遗迹犹存。根据实测的数据，郭守敬等终于编订出一部新的《授时历》，于至元十八年（公元 1281 年）颁行全国。它以 365.2425 天为一年，比地球绕太阳一周的实际时间只差 26 秒，与现行的公历即罗马教皇格里高利于公元 1582 年确定的历法周期相同，但比现行公历的确立早了整整 300 年。由于《授时历》对节气的推算比较准确，对农业生产的帮助很大，朝鲜、越南等国都曾经采用。后来，郭守敬还主持修建通惠河，出色地解决了工程中的许多难题。

数学方面，这个时期黄河流域也出现了几位著名的学者。元代真定栾城（今属河北）人李治（《元史》作李冶）是研究天元术的专家。天元术是中国古代建立数学高次方程的方法。他的《测圆海镜》《益古演段》两部专著是流传至今的最早的研究天元术著作。大都人朱世杰对多元高次方程组的解法、高阶等差级数和招差术（有限差分）都有独到的研究，著有《算学启蒙》《四元玉鉴》。李治、朱世杰、钱塘人杨辉、南宋的秦九韶并称为宋元四大数学家。明末的徐光启、李之藻等人则积极翻译西方的数学著作。徐光启与意大利传教士利玛窦合译了公元前 4 至前 3 世纪希腊数学家欧几里得 15 卷的几何学著作的前 6 卷，以《几何原本》为名出版，还合译了《测量法义》。李之藻也与利玛窦合译了《同文算指》《圜容较义》。这些著作的翻译为明代数学的研究焕发了新的生机。清代蒙古族的数学家明安图，幼年即入钦天监做官学生。他经长期的钻研而撰写的《割圆密律捷法》

把三角函数和圆周率的研究提高到了一个新水平。他的研究成果已含有微积分思想的某些萌芽，为中国后来的数学研究从常量转向变量奠定了重要基础。

在物理学方面，明代黄河地区涌现出一位杰出的科学巨匠朱载堉，他在声学领域取得了突破性的进展，创制了十二平均律。朱载堉（公元1536—1612年）是明仁宗朱高炽的六世孙，郑恭王朱厚烷的儿子，出生于河南怀庆府（今河南沁阳）的郑王府，从小在精通音律的父亲的指导下学习音乐和数学。万历十九年（公元1591年），父亲病故后，他将本应由自己继承的王爵让给同族兄弟，迁居怀庆府城外，继续从事研究与写作。朱载堉一生著作繁富，主要代表作为《乐律全书》。他创立的十二平均律解决了近千年来音乐理论上的难题，是对世界文化史的杰出贡献。

农学是这个时期黄河流域成就比较突出的一个部门。元代的农学成就体现在《农桑辑要》《农书》《农桑衣食撮要》这三部农书中，前两部著作就产生于黄河地区。《农桑辑要》是元朝司农司组织孟祺、畅师文等人撰写，用以指导农业生产、推广先进农业技术的著作。书中总结了13世纪以前北方地区主要是黄河中下游地区的农业生产技术。《农书》的作者王祯是东平（今属山东）人，曾在元成宗时做过几任县尹。《农书》中最有创造性的是农器图谱部分，它绘出各种农具、农业机械图306幅，并有详细的文字说明，介绍其构造、演变及使用方法。《农书》最后还附录《造活字印书法》，详细介绍制造木活字和排版、印刷的方法。

明代农学的最高成就体现在徐光启的《农政全书》之中。徐光启（公元1562—1633年），字子先，号玄扈，上海人。他42岁考中进士后在京城的翰林院任职，后升任礼部尚书兼东阁大学士、文渊阁大学士。徐光启深入钻研过中国古代的天文志和农书，后来又曾跟随来华传教士利玛窦学习西方的自然科学知识，是明代少有的一位学贯古今、兼通中外的科学家。他一生著作极多，除主持《崇祯历书》的编撰和西方自然科学著作的翻译外，还独自写出《农政全书》这部巨著。全书共70多万字，全面总结了中国历代，特别是明代农业的技术成就，是中国古代农业科学最完备的一部总结性著作。

中国特有的中医学，这个时期在黄河流域也有很大的发展。中国医学史上著名的金元四大家刘元素、张从正、李杲、朱震亨，前三家就出生在黄河流域。

这个时期，黄河流域的文学创作仍在继续发展，但已丧失汉唐那种昂扬向上的气势，而表现出更加关注社会现实的特点。

金代的文学以诗词为主，以元好问的成就最高。元好问（公元1190—1257年）是太原秀容（今山西忻州）人。他的诗词留存至今的有380余首，有描绘壮丽山川的，有抒发豪情逸兴的，更有哀痛国破家亡的，皆"奇崛而绝雕刿，巧缛而谢绮丽"。他的词作《水调歌头·赋三门津》描绘黄河三门津的壮丽景象，雄伟豪放，是金代诗词中少有的佳作："黄河九天上，人鬼瞰重关。长风怒卷高浪，飞洒日光寒。峻似吕梁千仞，壮似钱塘八月，直下洗尘寰。万象入横流，依旧一峰间。仰危巢，双鹄过，杳难攀。人间此险何用？万古秘神奸。不用燃犀下照，未必饮飞强射，有力障狂澜。唤取骑鲸客，挝鼓过银山。"

元代的文学以元曲的成就最为突出，它与唐诗、宋词并称，是中国文学史上璀璨夺目的明珠。元曲包括散曲和杂剧。散曲也是一种可以配上音乐歌唱的诗歌，最初兴起于金末北方，但尚未形成完整的体系。蒙古统一全国的过程中，北方少数民族的胡乐输入中原，在金代俗谣俚曲的基础上逐渐融入胡乐，散曲最终形成了。元朝实行蒙古文化本位之国策，儒学失去独尊的地位，儒士也被边缘化。在政治上找不到出路的儒士纷纷投入被视为下九流的元曲的创作行列。黄河地区涌现出大批著名的散曲作家，如大都人马致远（约公元1250—1321年），他的《天净沙·秋思》便是一首脍炙人口的作品："枯藤老树昏鸦，小桥流水人家，古道西风瘦马。夕阳西下，断肠人在天涯。"

元杂剧主要是通过人物的动作、歌唱、道白和舞蹈来表演一个完整的故事。中国的戏曲渊源于秦汉的乐舞、俳优和百戏。到唐代出现参军戏，宋代出现杂剧，金代又出现院本和诸宫调。元杂剧是在继承并融合前代多种艺术成就，特别是金院本与诸宫调的长处的基础上发展繁荣起来的。由于它全部使用北曲演唱，故也称"北曲杂剧"。山西临汾等地现在尚保存着元代杂剧戏台11座，完好的有8座。山西洪洞县的广胜寺水神庙保存着一幅元杂剧的壁画，描绘了元代杂剧的演出场面。图中的戏台分前后两个部分，台上有净、末、生、旦等角色，有的还挂须，勾脸谱，分别使用刀、剑、笏、扇等道具进行表演，旁边还有两男一女用皮鼓、笛子、拍板进行伴奏。戏台横额上书"大行散乐忠都秀在此作场"，末尾题署"泰定元年四月"的日期。此画可以说是元杂剧发展状况的一个缩影。

元杂剧作家众多，最负盛名的有关汉卿、白朴、马致远、郑光祖"四大家"和王实甫，他们都出生在黄河流域。关汉卿（生卒年代不详）是元代最伟大的剧作家，其代表作《窦娥冤》真实地描绘了当时残酷黑暗的社会现实，生动地刻画了坚强勇敢、至死不屈、反抗恶势力的下层劳动妇女窦娥的光辉形象，并以满腔的悲愤对主宰世界的天地作了大胆的抨击："地也！你不分好歹何为地？天也！你错勘贤愚枉为天！"

白朴（公元 1226—1306 年）创作的杂剧以提倡男女自由结合、婚姻自主的《墙头马上》最为出色。马致远的杂剧以描写昭君出塞的《汉宫秋》最为有名。郑光祖是平阳襄陵（今山西临汾西南）人，根据唐代陈玄祐《离魂记》创作的《倩女离魂》是其代表作。王实甫字德信，大都人，生卒年月不详。他的代表作《西厢记》是以金代董解元据唐代元稹《莺莺传》敷衍铺陈而成的《西厢记诸宫调》为基础改编的，重新塑造了莺莺这个叛逆女性的形象，表达作者对青年男女争取婚姻自由、追求幸福爱情、反对封建礼教、反对禁欲主义的叛逆精神的肯定和颂扬。剧中文笔工丽，曲辞优美，如描写长亭送别的词句："［正宫·端正好］碧云天，黄花地，西风紧，北雁南飞。晓来谁染霜林醉？总是离人泪。"

明清两代的文学则以小说的成就最高，先后涌现出了罗贯中的《三国演义》、施耐庵的《水浒传》、吴承恩（约公元 1500—1582 年）的《西游记》、兰陵笑笑生的《金瓶梅》、曹雪芹（约公元 1715—1763 年）的《红楼梦》等长篇小说以及蒲松龄（公元 1640—1715 年）的《聊斋志异》等短篇小说，把中国古典小说的创作推向了高峰。

第八章

黄河儿女 不 可 辱

不屈的黄河儿女

黄河在呜咽，黄河在咆哮

黄河儿女站起来了

不屈的黄河儿女

多少年来，黄河自西向东日夜奔流，滋润着中国北方的大片土地，哺育着一代又一代的儿女。令她感到骄傲和自豪的是，她哺育成长的儿女们不仅聪明智慧、刻苦耐劳，而且酷爱自由，富于革命的传统。在往昔的岁月里，他们不仅用劳动和汗水创造了光辉灿烂的黄河文化，而且用鲜血和生命，向黑暗势力的统治和外来民族的压迫展开英勇的斗争，推动着历史车轮的前进。

黄河儿女从来不能容忍黑暗势力的统治，他们在历史上发动过无数次艰苦卓绝的斗争，以革命的手段来达到推翻和改造这种统治的目的。早在西周共和元年（公元前841年），他们不堪忍受周厉王的残暴统治，就曾在镐京发动"国人暴动"，冲进王宫，赶跑了周厉王。进入封建社会，他们更是发动过无数次大大小小的农民起义和农民战争，扫荡社会上的种种污泥浊水，击落一顶又一顶皇冠，促成了许多朝代的更迭。

秦朝末年，中国历史上爆发了第一次大规模的农民大起义。秦始皇虽有雄才大略，但过于急功近利。统一六国的战争本已耗费了大量的人力物力，人民的负担极其沉重。完成统一后，他未给百姓以喘息的机会，又发动南征北战，大兴土木，进一步加重了人民的负担。当时，农民每年缴纳的租税高达收获物的2/3以上，全国服役的人数占到总人口2000万的1/10，人民苦不堪言，怨声载道。秦朝的统治又特别残暴，刑法非常严酷，人民摇手触禁，动辄陷刑，把全国变成了一座大监狱。秦始皇死后，秦二世胡亥与宦官赵高的统治更加残暴。秦二世元年（公元前209年），南阳郡阳城（今河南登封南）雇农陈胜（？—公元前208年）、陈郡阳夏（今河南太康）贫农吴广（？—公元前208年）的起义在淮河流域爆发并迅速席卷黄河流域。"苦秦久矣"的黄河儿女闻风而动，纷起响应，起义队伍迅速壮大。一支队伍很快打到距秦都咸阳仅有百里之遥的戏（今陕西临潼东北戏下村），另一支队伍渡过黄河，在河北农民的支持下攻占了邯郸。这次大起义最后虽以失败告终，但动摇了秦王朝的统治基础。而这场大规模起义所激发出来的敢于抗争、不屈不挠、战斗到底的斗争精神更是宛如奔腾不息的黄河水，一直激励着后来的劳动人民勇敢地反抗封建地主阶级的腐朽统治。

历史很快就翻过了1000年，唐咸通十五年（公元874年），在黄河下游的河南和山东又爆发了轰轰烈烈的唐末农民大起义。黄巢（？—公元88年）是这次起义的著名领袖，曹州冤句县（今山东曹县西北）人，自幼以贩卖私盐为生。他练就一身好武艺，善于骑射，并识文断字，粗涉书传，兼有士人和豪侠的身份。乾符元年（公元

874 年），濮州（治今山东鄄城北）人王仙芝聚众数千在长垣（今属河南）发动起义。次年六月，黄巢召集数千人起兵响应，攻城略县，横行山东。唐廷急调官军镇压，王仙芝、黄巢遂采取流动作战方式，转战河南。后来，黄巢与王仙芝分手，王仙芝于乾符五年（公元 878年）战死于黄梅（今湖北黄梅西北）。黄巢则挥师南下，渡过淮河、长江，进军江西、浙江，然后挺进福建，转战广东，攻下广州。接着，起义军又攻占了桂州（今广西桂林）等城市。趁着敌人还没喘过气来，黄巢又挥师北伐。起义军一路势如破竹，仅用一年的时间，于广明元年（公元 880 年）冬攻占洛阳。次年初，再破黄河岸边的潼关天险，进占京城长安，建立大齐政权。起义军除了救济贫苦百姓，还公开发布文告说："黄王起兵，本为百姓，非如李氏（指唐朝皇帝）不爱汝曹，汝曹但安居无恐。"百姓欢呼雀跃，竞相慰问义军，整个长安掀起了军民共庆胜利的热潮。

继黄巢之后，李自成领导的明末农民大起义在黄河流域上演了一出更为波澜壮阔的活剧，将中国古代农民战争推向了顶峰。天启七年（公元 1627 年），明末农民大起义首先在灾荒极为严重的陕西澄城爆发，迅即遍及贫瘠的陕北大地，涌现出高迎祥等几十支起义队伍。张献忠、李自成也相继投入起义。张献忠（公元 1606—1646 年）是延安人，崇祯三年（公元 1630 年）投奔起义，称"八大王"。李自成（公元 1606—1645 年）是陕西米脂人，出身农民家庭。他幼年在地主艾家当牧童，21 岁时充当银川驿卒，后来投奔甘肃巡抚梅之焕的标下当兵。崇祯三年，他所在的队伍开到金县（今甘肃榆中），由于不堪忍受贪暴将吏的压迫，李自成率领一部分士兵，杀了领兵的将官与金县县令，打回陕西，投奔起义军，几经辗转，加入闯王

陕西榆林李自成行宫（杲文川 摄）

高迎祥的农民军。崇祯九年（公元1636年）秋，高迎祥被捕牺牲，李自成被起义军拥戴为闯王。此后，李自成和张献忠率领的农民军成为起义军的两支主力，分别转战于河南、湖北、安徽、四川等地。崇祯十一年（公元1638年），由于明廷的残酷镇压，起义一度转入低潮，张献忠在湖北谷城受抚，李自成也在陕西潼关南原战败，隐伏于豫、楚、陕三省交界的商洛山中。

崇祯十二年（公元1639年）五月，张献忠在湖北谷城重新举兵反明。李自成随即率部东出武关，重新活跃在陕、鄂、川边境。第二年冬，他趁明军主力入川追击张献忠而河南空虚之机，率部从郧阳地区出发，经兴安、商洛进入河南。当时的河南正闹饥荒，"从者无数"，起义军迅速扩展成数十万众。李自成提出"均田免粮"的口号。"均田"就是平均土地，"免粮"就是免除税粮，"三年免征"。这个平均主义口号自然是个无法实现的空想，但它反映了广大农民反对封建剥削、要求得到土地的强烈愿望，产生了巨大的号召动员作用。

崇祯十四年（公元1641年），李自成攻克洛阳，诛杀福王朱常洵。附近的几支起义军纷纷归附李自成，李自成的队伍空前壮大，号称百万。明廷被迫调集重兵，重点进攻李自成。李自成三次围攻开封，并开展项城、南阳、襄城、汝宁诸战役，歼灭明军主力，于崇祯十六年（公元1643年）攻占西安。第二年初，在西安建立政权，国号"大顺"，建元永昌。二月，李自成率部渡过黄河，迭克太原、大同、宣府、居庸关、昌平。三月十九日，攻占北京。

李自成一进入北京，就得到百姓的热烈拥护。北京市民"安心开张店市，嘻嘻自若"。但农民阶级毕竟不是新生产力的代表，他们可以推翻封建王朝，却不能彻底摧毁封建制度。李自成也不例外，他陶醉在一时的胜利之中，对当时的形势未能作出正确的判断，对山海关外的清军入关抢夺胜利果实的危险缺乏足够的认识，既未能改变政策措施，继续执行攻占西安之后对明朝官绅实行"追赃助饷"的政策，也未能部署重兵镇守山海关，而仅仅派部将唐通去招降宁远总兵吴三桂和山海关总兵高第。吴三桂的父亲吴襄及其家属均在北京，吴三桂和高第决定投降，由唐通接管山海关防务。吴三桂于是率部入京"朝见新主"，在到达河北玉田时却掉头折返，突袭唐通，占领山海关，并向清朝乞降。李自成闻讯，才匆匆忙忙率领大约10万人马东征。他在山海关遭到吴三桂与清军的夹击，失利后不得不回师北京，向陕西撤退。清军随即进占北京。清世祖迁都北京，命豫王多铎和英王阿济格带领降清的明将，兵分两路攻打陕西。大顺军与清军激战月余后，潼关失陷。李自成放弃西安，撤至湖北，于顺治二年（公元1645年）五月在通山县（今属湖北）九宫山遭到地主武装的袭击，不幸牺牲，年仅39岁。第二年初，张献忠也在四川西充凤凰山被清军射杀。

中国自古是多民族的国家，从秦汉起形成统一的多民族国家。汉族是黄河流域的主体民族，除汉族外，这片黄土地上还居住着众多的少数民族，其北部和西部更是少数民族聚居的地方。所有的黄河儿女，不论是汉族还是少数民族，他们都主张彼此友好相处，互相尊重，赞成平等联合，反对民族压迫。面对其他民族统治者强加给自己的民族压迫，他们为捍卫本民族的利益和尊严，都毫不犹豫地奋起抗争，表现出崇高的民族气节。

苏武这位以尽忠守节而彪炳千古的西汉大臣出生在黄河支流渭水之滨的杜陵（今陕西西安东南）。汉武帝天汉元年（公元前100年），他以中郎将身份出使匈奴。苏武的副使张胜卷入匈奴内部的政治斗争，苏武受到牵连。匈奴单于为了诱逼苏武投降，先是将他幽闭在雪地深窖之中，但他拒不屈服。单于又将苏武远徙到冰天雪地、荒无人烟的北海（今俄罗斯贝加尔湖）。他手持汉节，以牧羊为生，凭借惊人的忍耐力和意志力，顽强地生存下来。后来，西汉与匈奴和亲，他才得以回到长安。苏武在匈奴前后被囚禁达19年之久，他像黄河母亲一样，不畏强暴，不畏艰险，誓死不辱汉节，体现了一个外交使节的浩然正气。

1000多年后，黄河岸边又诞生了一位抗金名将，就是中国人民极为熟悉并十分景仰的民族英雄岳飞。岳飞（公元1103—1142年）出生在相州汤阴（今属河南）的一个佃农家庭。他年少时沉默寡言，有志气，母亲在他背上刺了"精忠报国"四个大字。他曾学习技击、骑射，研读《孙子兵法》。不久，金兵入侵，岳飞于是立志从军，投身于抗击金兵侵扰的战场。主战派领袖宗泽派他率领500骑兵去抵抗汜水关（今河南汜水镇西）的敌人。岳飞面对数倍于己的金兵，命令士卒每人缚好两束交叉的柴草埋伏在前山脚下，等到半夜，点燃柴草，发动突然袭击，大败金兵，表现出卓越的军事指挥才能。岳飞的部队军纪严明，对百姓秋毫无犯，"冻死不拆屋，饿死不打掳"，被百姓称为"岳家军"。岳家军作战勇敢，令金军闻风丧胆，说："撼山易，撼岳家军难！"绍兴四年（公元1134年），岳飞率兵北上，进攻金朝扶植的傀儡政权伪齐，收复了襄阳、信阳等6个州郡。绍兴六年（公元1136年），岳飞兵分两路，再次北伐，一路从邓州向东北杀向蔡州，一路从襄阳杀向西北，攻取商州和洛州，后因后方供应不继而撤兵。绍兴十年（公元1140年），金兵再度南下攻宋，宋军组织反击。岳飞在此时又一次率兵北伐。他从鄂州（今湖北武昌）挥师北上郾城，一面派义军首领至太行山组织接应，一面出兵收复河南各地，占领了距开封府仅45里之遥的朱仙镇。他兴奋地写下一首充满爱国主义激情的《满江红》，以表达他收复故土的决心："待从头收拾旧山河，朝天阙。"

但是，正当岳飞指日渡河、北上收复故土之时，宋高宗与宰相秦桧却强令各路宋军退兵，向金朝屈辱求和。岳飞上书要求停止班师。宋高宗和秦桧坚不应允，秦桧连发12道金牌逼令岳飞撤兵。岳飞痛心疾首地高呼："十年之功，毁于一旦！"绍兴十一年（公元1141年），宋高宗解除岳飞等抗金将领的兵权，与金议和。秦桧指使爪牙，以"莫须有"的罪名杀害了岳飞及其子岳云。

对于外来民族的侵略，黄河的儿女们更是不能容忍。面对强敌的入侵，他们同仇敌忾，坚决予以抵抗，以捍卫自己国家的领土和主权。明朝中期的民族英雄、抗倭名将戚继光就是这方面的杰出代表。戚继光（公元1528—1587年）于明中期出生在山东登州（今蓬莱）的武将家庭，自幼刻苦好学，从他父亲戚景通那里学到许多军事知识，17岁那年承袭父职为登州卫指挥佥事。后来考中武举，又升任都指挥佥事，负责山东沿海的防倭事务。面对倭寇的横行，戚继光愤慨地赋诗说："封侯非我愿，但愿海波平。"他整顿营伍，刷新卫所，操练士卒，严肃军纪，逐渐巩固山东的海防。过了两年，明廷把他调到倭患最为严重的浙江，担任浙江都司佥事，不久又升任宁绍台参将。戚继光招募贫苦农民和矿工，组成一支斗志昂扬、战法熟练、纪律严明的"戚家军"，在短短的四五年时间征剿浙江、福建的倭寇。广东总兵官俞大猷也歼灭广东的倭寇，从而解除东南沿海的倭患，保障了祖国海疆的安宁。

在解除沿海地区外来倭寇入侵的警报后，戚继光又奉命赶往黄河以北的长城沿线，主持修缮从居庸关到山海关的长城，防御蒙古的袭扰。戚继光为此感到无比自豪，挥笔写下了这样的诗篇："但使雕戈销杀气，未妨白发老边才。勒名峰上吾谁与？故李将军舞剑台。"

从国人暴动的镐京平民到黄巢起义军的将士再到李自成农民军的将士，从苏武到岳飞再到戚继光，这些英雄人物不愧是黄河母亲的儿女。他们的脉搏与黄河母亲一起跳动，他们的血液与黄河母亲紧密相通，他们的身上折射出了永不屈服的黄河精神。

当历史老人跨进近代门槛的时候，来自大西洋岸边的新兴资本主义国家英国于道光二十年（公元 1840 年）用炮火轰开了中国的大门。中国从此由封建社会逐步变成半殖民地半封建社会，黄河儿女从此饱受西方列强的欺凌。目睹这一切，黄河在呜咽，母亲在哭泣！

黄河儿女在这片黄土地上曾经创造了举世瞩目的汉唐文明，创造出闻名世界的四大发明。后来，其前进的步伐虽然逐渐落后于长江儿女，但是整个中国的经济文化仍然长期居于世界前列。到了明末，当腐朽的明朝封建专制统治被李自成领导的农民起义推翻后，清朝的满洲贵族借助其强劲的铁骑，入关镇压全国的反抗势力，刀兵过处，玉石俱焚，对全国的生产力造成了惨重的破坏。随后，清朝在全国建立起更加专制的封建专制统治，实行闭关锁国政策，隔绝与外部世界的往来。清朝统治者妄自尊大，满足现状，固守传统，反对变革，禁锢思想，蔑视科技，并实行限制工商业的政策，严重地制约了社会的进步，明后期出现的社会转型的一线曙光逐告熄灭。此时的西方世界在英国取得资产阶级革命胜利之后，正大踏步地跨进近代社会，其政治、经济、文化正以前所未有的速度向前发展。中国历史的前进步伐便逐渐与西方拉开了距离。

落后就要挨打。正当清朝关起国门、陶醉于"康雍乾盛世"之时，西方的殖民强盗却在磨刀霍霍，随时准备把侵略的魔爪伸向中国。就在清朝"盛世"过后不到50年，英国殖民者的炮火就轰开了中国的大门。清军的不堪一击和清政权的腐败使侵略者的胆子越来越壮，胃口也越来越大，从1840年到1900年的60年间，外国侵略者发动的大规模侵华战争有鸦片战争、第二次鸦片战争、中法战争、甲午中日战争和八国联军侵华战争等，几乎每十年，中国就遭受一次残暴的蹂躏。其中，第二次鸦片战争和八国联军侵华战争直接洗劫了黄河流域政治、文化中心北京，甲午中日战争则将战火烧到了黄河下游的山东。尽管黄河儿女对来犯的侵略军进行英勇的抗击，但由于清朝统治者的腐败，战争最后都以清廷屈辱"议和"而告终，这进一步加重了中国人民的苦难。在第二次鸦片战争中，英法联军于1860年8月占领天津，10月攻入北京。侵略军野蛮地洗劫了北京城，并闯入西郊的圆明园，抢走无数的古铜器、珐琅瓶、翡翠珍珠、象牙制品、手稿图书等珍贵文物和工艺品，大批运不走的物品则被任意践踏，甚至用炮车碾碎压坏。英法侵略者疯狂抢劫了好几天，然后放火焚烧圆明园。

在八国联军侵华战争中，英、法、美、德、日、俄、意、奥组成的联军于1900年7月攻陷天津，8月14日攻入北京。慈禧太后携光绪帝仓皇出逃。八国联军占领北京以后，"特许军队公开抢劫三日"，但侵略军"爱杀就杀，爱拿就拿，实际上抢了八天"。他们烧杀抢劫，奸淫掳掠，无恶不作。某些西方传教士也直接参与抢劫。黄土地上创造的大量珍贵典籍和文物，包括《永乐大典》607本、四库藏书47500多本等稀世宝物和珍贵典籍均被侵略者抢夺走。户部的银库、钱库被日军盗劫一空，然后放火焚毁。一群外出逃难的中国百姓被法军赶到一条死胡同里，用机关枪疯狂扫射。八国联军还将抓来的中国妇女赶到胡同里进行奸污凌辱。八国联军的暴行把千年古都变成了人间地狱，"尸积遍地，白骨纵横"，其罪恶实在是罄竹难书。

1911年，随着武昌起义一声炮响，腐朽的清朝统治终于被推翻，中国历史上绵延2000多年的封建帝制也宣告结束。但是，中国人民还没来得及庆贺这一伟大的胜利，辛亥革命的胜利果实就被河南项城出生的北洋军阀首领袁世凯窃夺。各帝国主义国家大量借款给袁世凯，把他作为进一步侵略中国的新工具。袁世凯为了取得帝国主义的支持，扩充实力，进而实现复辟帝制、自做皇帝的野心，不惜出卖国家主权。后来，袁世凯的复辟丑剧在全国人民的讨伐声中宣告破产。国民政府在南京成立，开始了蒋介石专权的时代。

1929年，资本主义世界发生了空前严重的经济危机。日本帝国主义为了摆脱经济危机，决定进一步扩大对中国的侵略。1931年，日本发动"九一八事变"，不到半年的时间就侵占了东北。由于蒋介石推行卖国的不抵抗政策，日本侵略军又于1933年2月侵占热河（今内蒙古、河北和辽宁的一部分），接着进攻长城要塞，逼近北平、天津。5月，国民政府同日本签订卖国的《塘沽协定》，事实上承认日本占领东北三省和热河，把河北东北部划为"非武装区"，使华北地区陷入日军的控制之下。1937年7月7日，日本侵略军又悍然发动"卢沟桥事变"。日本侵略者在中国的土地上横行霸道，无恶不作，特别是在黄河下游地区的黄土地上野蛮地烧杀掳掠，残酷杀害千千万万的爱国军民。

古老的黄河，在近代100多年的历史中目睹了侵略者的贪婪凶残和不肖子孙的卖国投降，伟大的母亲河发出了心中的吼声：黄河儿女携起手来，把帝国主义侵略者赶出中国去！中华民族要独立富强！

　　黄河儿女没有辜负母亲河的期望。面对近代中国 100 多年帝国主义列强的侵略，面对清朝政府、北洋军阀和国民政府腐败不堪的政治现实，刚强不屈的黄河儿女无不奋起抗争。在 19 世纪后半段，这片黄土地上先后爆发了捻军起义、陕甘回民起义、义和团起义，太平天国的北伐勇士们也在这片土地上鏖战过。但是，由于没有先进阶级的领导，这些斗争都以失败而告终。

　　1919 年"五四"运动的爆发，中国无产阶级开始登上政治舞台。1921 年，无产阶级政党中国共产党成立，使中国的革命面貌焕然一新。1931 年，"九一八"事变以后，面对日本帝国主义的侵略，蒋介石执行"攘外必先安内"的政策，对日本妥协，却调动大军对中国共产党创建的中央革命根据地和工农红军先后发动了五次围剿。1935 年 10 月，临时党中央被迫决定实行战略转移。中央红军于是从福建、江西中央革命根据地出发，开始进行长征。在中共中央和毛泽东的率领下，经过25 000里行程，中央红军抵达陕北保安县的吴起镇，与刘志丹领导的陕北红15军团胜利会师，创建了陕甘宁根据地。面对日益加深的民族危机，中国共产党提出建立抗日民族统一战线的主张。1936年底，爱国将领张学良、杨虎城发动西安事变，扣押蒋介石，要求停止内战，联共抗日。在中共代表的调停下，蒋介石被迫接受停止内战、联共抗日的主张，抗日民族统一战线初步形成。卢沟桥事变后，工农红军改编为八路军、新四军，成为抗击日本侵略的中流砥柱，中共中央所在地延安变成了敌后战场的战略总后方。

陕甘宁抗日根据地的建立和八路军的英勇战斗吸引了全国许多工农群众、进步青年和知识分子。他们纷纷冲破艰险，跋山涉水，投

延安宝塔山（梁志胜 摄）

入黄河母亲的怀抱，加入抗日的战斗队伍。抗日民族女英雄李林就是其中的一位杰出代表。李林是福建龙海人，幼年侨居印度尼西亚爪哇，14岁回国，就读于爱国华侨领袖陈嘉庚创办的集美中学，后入北平民国大学深造，加入中国共产党。1937年夏，她奔赴山西雁北抗日前线，为创建雁北抗日根据地迭树伟功。1940年在反围剿中，为掩护晋西北专署机关人员及群众安全转移，她怀着腹中三个月的胎儿，率领骑兵在平鲁县东平太村东大沟来回冲杀，身负重伤，仍坚持战斗，击毙日寇7名。在日军的重重包围逼近时，她用最后一颗子弹结束了自己的生命，壮烈殉国，年仅24岁。黄河流域波澜壮阔的抗日战争还得到全世界人民的同情和支持。伟大的国际主义战士诺尔曼·白求恩受加拿大共产党和美国共产党的派遣，于1938年来到延安，后来到晋察冀边区，帮助黄河儿女抗击日寇，1939年11月因公殉职。

在黄河中下游及广袤的华北平原，随着太原的失陷，以国民党军队为主体的正规战争告一段落，而以共产党八路军为主体的游击战争逐渐成为抗日战争的主要力量。此后的几年里，八路军建立了晋察冀、晋冀鲁豫、晋绥等敌后抗日根据地，同日本侵略者进行了长期的艰苦卓绝的斗争。1939年，由著名作曲家冼星海谱曲、诗人光未然作词的《黄河大合唱》就是在抗日游击战争蓬勃发展的时候创作的。这部大合唱在延安公演后获得极大成功，周恩来亲自在冼星海的笔记本上写下了"为抗战发出怒吼，为大众谱出呼声"的题词。《黄河大合唱》共分8个乐章，用中国人民喜闻乐见的音乐形式，表现出中华民族不怕牺牲、不畏强暴的英雄气概。这部大合唱很快传遍黄河两岸。歌声响处，长城内外，大河上下，到处燃起了战斗的烽火。历经磨难的中华民族就像那激流澎湃的黄河水一样，前进的步伐不可阻挡！

1938 年秋，抗日战争进入相持阶段。日本除了诱降国民政府中的汪精卫亲日派集团，使之公开叛国投敌，还集中主要兵力进攻抗日根据地。日军疯狂地对抗日根据地进行大扫荡，实行烧光、杀光、抢光的"三光政策"。根据地的军民在极度艰苦的条件下坚持战斗，不断壮大力量，于 1940 年下半年发动了震惊中外的百团大战。八路军在彭德怀的指挥下，先后组织 100 多个团，在华北 2000 多千米的战线上，向日军发动大规模攻击，主要目标是破坏敌人的交通线，摧毁日伪军队的据点，狠狠地打击日本侵略者。经过 3 个半月的战斗，百团大战胜利结束，毙伤日伪军 4 万多人，破坏敌人交通线 2000 多千米，拔除日伪据点近 3000 个，大大打击了日军的侵略气焰，鼓舞了全国军民抗战必胜的信心。

各个抗日根据地的军民还积极开展反"扫荡"、反"蚕食"、反"清乡"的斗争，创造出地雷战、地道战、麻雀战等多种斗争形式，给予日寇以有力的打击。在这一系列的战斗中，黄河母亲目睹了八路军副参谋长左权将军浴血太行的英雄事迹和狼牙山五勇士誓死不当俘虏、纵身跃下悬崖的壮举。正因为有许许多多黄河儿女前仆后继、浴血奋战，中国人民才取得了抗日战争的最后胜利。1945 年 8 月 15 日，日本帝国主义被迫宣布无条件投降。

抗日战争结束后，全国人民渴望和平、民主，但以蒋介石为首的国民党不顾全国人民的反对，在美国的支持下悍然发动内战。美国人出钱、出枪武装国民党军队，并帮助蒋介石运送军队到黄河两岸的军事重镇。1946 年 6 月 26 日，蒋介石命令国民党军队向中原解放区发动全面进攻。随后，华东、晋察冀、晋绥等解放区也遭到敌人的疯狂进攻，内战全面爆发。解放区的军民同仇敌忾，奋起自卫。从战争开始到1947年2月的8个月里，人民解放军歼灭敌人71万多，平均每个月歼灭敌军约8个旅。人民群众也积极支援解放战争。广大翻身农民积极参军参战，白发苍苍的老人送儿子上前线、新婚妻子送郎君参军上战场的感人场面在黄河两岸的解放区随处可见。不少优秀的黄河儿女用鲜血和生命谱写了一曲曲争自由、求解放的英雄壮歌。山西省文水县云周西村的女共产党员刘胡兰是这方面的典型。1947年1月，阎锡山的军队突然袭击云周西村，刘胡兰不幸被捕。敌人用铡刀威胁她说出村里的共产党员，刘胡兰宁死不屈，在敌人的铡刀下英勇就义，时年仅15岁。毛泽东亲笔题写"生的伟大，死的光荣"八个大字，以纪念和表彰刘胡兰的高贵品质。正是由于解放区军民的积极抗战、密切配合，才可能在短短的8个月里粉碎蒋军的全面进攻。

从1947年3月起，国民党军队放弃对解放区的全面进攻，改为对山东和陕北的重点进攻。蒋介石的战略目标是企图在解放区的东西两翼与共产党领导的人民解放军主力进行决战，并将解放军堵在黄河以北，使战火继续在解放区内燃烧。此外，重点进攻延安和陕甘宁边区，意在逼迫中共中央和人民解放军总部撤出西北。当时，西北野战军只有2万兵力，不及敌人的1/10。中共中央制定了诱敌深入、集中优势兵力在运动中将敌人各个击破的作战方针。解放军利用陕北的险要地势和良好的群众基础，在广大地区与敌人迂回转战，经过青化砭、羊马河、蟠龙镇三次战役，仅以伤亡2200余人的代价，歼敌14000余人，粉碎了敌人企图消灭共产党和人民解放军首脑机关及西北解放军主力或将共产党赶过黄河的狂妄计划。在山东方面，华东解放军则采取以一部正面阻击、以主力向敌人阵线两端反击的战术，在泰安、临沂、蒙阴、沂蒙抗击敌人，特别是孟良崮一战，全歼国民党军五大王牌部队之一的整编74师，迫使进犯的国民党军队全线溃退。

粉碎国民党军队的重点进攻后，人民解放军迅速壮大，而国民党军的作战兵力则大大减少，且分布在漫长的战线上，机动兵力明显不足。针对战争形势的消长变化，中共中央及时作出以主力打到外线去，将战争的主要战场引向国民党统治区的战略决策。1947年6月底，刘伯承、邓小平率领的晋冀鲁豫野战军主力从河南张秋镇至临濮集地段上强渡黄河，挺进大别山，从而在国民党统治的心脏地区插进了一把尖刀。随后，陈赓等率领的晋冀鲁豫野战军太岳兵团从山西南部平陆、河南北部孟县间强渡黄河，挺进豫西。陈毅、粟裕率领的华东野战军主力也出师南征。三路大军呈"品"字形，展开在中原地区，把战线从黄河南北推移到了长江北岸。与此同时，彭德怀、贺龙率领的西北野战军，聂荣臻、徐向前率领的晋察冀野战军，许世友、谭震林率领的华东野战军山东兵团，也开始内线反攻。各路解放军的大举进攻迫使国民党军由重点进攻转为全面防御，日渐陷于崩溃。

在随后的两年内，国民党军队兵败如山倒，黄河流域各省相继解放。1949年10月1日，随着毛泽东主席在天安门城楼上向世界宣布中华人民共和国的成立，黄河儿女站起来了。黄河母亲从此告别半殖民地半封建社会，开始迈向社会主义的新时代。

第九章

历史遗留的巨大创伤

水土流失的惨象

河床抬高，迁徙不定

洪水泛滥的遗患

水土流失的惨象

多少年来，黄河母亲用她甘甜的乳汁哺育了一代又一代的儿女。黄河儿女用他们的聪明才智和辛勤劳动，在黄土地上创造出了光辉灿烂的文明，令她感到无比的骄傲和欣慰。但同时，黄河儿女却未能很好地善待自己的母亲河，他们为了自己的生存和发展，往往只顾眼前的、局部的利益，拼命向自然界索取，严重地破坏周围的生态环境，使母亲河由一条不很混浊的河流变成一条浊浪滚滚的泥河，这又不能不让她深深地感到遗憾和忧伤。

黄河的中下游是黄河儿女的诞生地。在人类社会的早期，这里的气温、降水、土壤、植被等都适宜人类的生存繁衍和劳动作息。黄河儿女利用这种优越的自然条件，在黄河流域的历史舞台上演出了一系列威武雄壮的活剧，创造出辉煌的黄河文明，为中华文明的形成和发展作出了重大的贡献。但是，同所有初始阶段的人类一样，由于生产

历史遗留的巨大创伤

力的低下、科学知识的缺乏，黄河儿女当初并不懂得发展生产必须遵循自然规律，正确处理人和社会与自然界的关系。他们只知道与天斗、与地斗，毫无节制地掠夺大自然，造成生态环境的失衡、土壤的侵蚀、地表土的流失，不仅给母亲河留下了累累的伤痕，也给自己带来了巨大的灾难，极大地限制了社会经济的发展。

远古时代的黄土高原，天然植被的覆盖面虽然不及长江流域，但确实存在着不少森林和草原，特别是一些盆地、河谷以及自然条件较好的山地丘陵地带，植被的覆盖率要远远超过今日的数倍。据著名气象专家竺可桢的研究，从仰韶文化时期到殷墟时期，中国境内大部分地区的年平均温度比现在要高出 2℃ 左右，冬季 1 月的平均温度比现在高出 3℃ ~5℃。近年，有学者经研究进一步指出，在仰韶温暖期，华北与黄河中下游地区年平均温度比现在高出 2℃ ~3℃，冬季 1 月的平均温度比现在高出 3℃ ~5℃。加之当时青藏高原的隆起程度没有现在高峻，西北内陆干旱化的程度没有现在严重，天然森林和草原的分布面积要比现在广阔得多，干旱沙漠与荒漠面积也远比今日要小。从反映植被状况的孢粉分析资料和其他的有关资料来看，当时华北与黄土高原的大部分地区以及山东半岛为温暖带、亚热带，有广泛的森林和草原分布。其中，黄土高原的陇西等地为温暖带针、阔叶混交林区；燕山与京津唐平原、河北平原、山东半岛、黄土高原中北部也为温暖带阔、针叶林区，但含有多少不等的一些亚热带植物种属；黄土高原东南部平原、华北平原中南部及苏北徐海平原为亚热带落叶阔叶与常绿阔叶混交林区；内蒙古高原东部与鄂尔多斯高原是温暖带稀树草原区。此时正值新石器时代，黄河儿女已开始从事原始的农业生产，并逐渐掌握了铜器，从而对天然植被造成轻微的破坏。后来又逐步发明了青铜器、铁器和牛耕，使农业生产得到发展，加剧了对自然生态环境的破坏。不过，当时的人口毕竟还比较稀少，主要集中在渭河下游的关中及其以东的平原地区，农业生产也还比较粗放，对生态环境的破坏还不是很严重。因此，从先秦直到秦汉，黄河流域还存在着大片的森林和草原。

　　我们先来看看陕西渭河下游关中平原的植被情况。这里的西安半坡、临潼姜寨、宝鸡北首岭、华阴西关堡等地，在新石器时代的文化遗址中都曾发现过遗存的木炭，临潼姜寨还发现过木柱和木椽，半坡遗址发现过榛子、栗子、朴树子和斑鹿、野兔、狸、貉、獾、羚羊等动物的遗骸，证明当时这里有着大片的森林。关中平原在先秦时代存在许多被称为"塬"的高敞平阜的台地。其中，位于平原西部的周原是周人赖以兴起的根据地，面积很大，大约包括今陕西凤翔、岐山、扶风、武功四县的大部分和宝鸡及眉县、乾县、永寿等县的小部分，东西延袤70多千米，南北宽达20多千米。《诗经·大雅·绵》描写说"周原膴膴，堇荼如饴"，说明当年周原是个土壤肥沃、树木繁茂的地方。到了西周，关中的河谷冲积平原河流两侧的阶地仍存在大面积的森林。这些森林因其规模、树种和地域的不同而有平林、中林、棫林、桃林等名称。渭河以南的秦岭，"崇山隐天，山林穷谷"，资源更远胜关中。秦人自雍迁都咸阳后，看中这里优美的自然景观，即在此地建立皇家园林，称为上林苑。西汉建都长安，仍以上林苑为皇家园林。汉武帝进行大规模扩建，将其范围向四周大大拓展，东南至今陕西蓝田县的焦岱，南至今西安市长安区，西至周至县终南镇，北跨渭河，包容兴平、咸阳一带的秦汉离宫别馆，周边150多千米。从司马相如《上林赋》的描写来看，那里尚保留相当数量的原始森林和草原，水土流失的情况还很轻微。

渭河、泾河上游及其以西洮河、祖厉河一带，远古时代也分布着大片的森林和草原，主要集中分布于子午岭、六盘山以及祁连山的东部余脉。今甘肃甘谷县灰地儿新石器遗址出土的木炭证明当时存在着森林。由于林木繁富，取材容易，所以这里长期盛行"板屋"。这一带的草原水草非常肥美，"畜牧为天下饶"。战国末年，有个叫乌氏倮的人曾在泾水上游今甘肃平凉一带经营畜牧，"畜至用谷（山谷）量马牛"。与此相连的湟水河和大夏河流域及其附近地区也有成片的森林和草原。湟水流域的乐都柳湾、大夏河流域的永靖蒋家坪、马家湾、大河庄、兰州青冈岔、曹家嘴的新石器遗址都曾出土过木炭，柳湾遗址也发现过木棺和木头，青冈岔遗址还发现过炭化的木头。另外，在湟水河流域的大通上孙家寨一处距今 4500 年前的原始墓葬中发现有牛、羊、猪、狗等的兽骨以及随葬的马、牛等，表明那里存在着草原和畜牧业。

关中平原往北的陕西黄土高原为横山、乔山、梁山等山脉所分割，有皇甫川、沙梁川、窟野河、秃尾河、榆溪河、芦河、红柳河等 9 条河流穿行而过，其间冈峦起伏，梁、峁、沟、壑交错，是黄河泥沙的来源地。据 2005 年的报道，在这个 1.88 平方千米的支流流域内，每年的粗泥沙（粒径大于 0.1 毫米以上）输沙数达到每平方千米 1400 吨以上。但在远古时代，这里原有大片的森林和草原。考古工作者曾在长城沿线府谷、神木、榆林、横山、靖边等地发现过一连串的旧石器和新石器文化遗址，说明当时这一地区的气候宜人，分布着森林和草原，因此才会有许多古人类活动的遗迹。周人常有南北二山的说法，南山指终南山，北山则指陕西高原南缘诸山。现在，从事森林分布的研究工作者通常把北山地区划入草原地带，古代这里是既有草原也有森林的。陕西靖边的白城子及其周围地区在十六国时期既有河湖泽薮，也有茂草巨木，大夏王赫连勃勃曾在此建统万城。近年在统万城遗址的窖穴中发现过许多尚未腐朽的林木，据考证当为赫连勃勃建统万城时的遗物，这些木材很可能就取之于当地。

陕北高原西北面是鄂尔多斯高原，从这里发源或流经的皇甫川、沙梁川、窟野河、秃尾河、榆溪河、芦河、红柳河等都以泥沙含量高而著称。鄂尔多斯高原东部和西部的准格尔旗和杭锦旗现在都有相当广大的沙漠，而以杭锦旗尤甚。可是，在远古时代，那里并不完全是荒漠。考古工作者曾在这个地区发现过30多处新石器文化遗址，说明那里是适宜人类活动、生存的地方。战国时期，活动在鄂尔多斯东部的林胡又称林人，即林中之人的意思，说明这个地方原本存在着森林。到战国后期，活动于北方阴山、河套地区的匈奴崛起，很快越过黄河，占据河南地即鄂尔多斯，长期与秦汉王朝对峙。考古工作者近年在准格尔旗及杭锦旗发掘当时的一些墓葬，发现墓中的棺椁都是采用原木制作的，木料均为松柏，直径有至0.4米者。墓中还发现有鹿、虎等形状的装饰物和明器。这也证明，当时的鄂尔多斯高原除了草原之外，还有相当规模的森林存在，沙漠分布的范围比现在要小得多。

山西境内在古代也曾分布着大片的森林和草原。考古工作者曾在沁水县下川的新石器遗址中发现木炭混合物，又在娄烦县山城峁的新石器遗址中发现了木炭。《山海经》说中条山有杻、橿、竹、穀、柞、槐等树种，太岳山有穀树，泌河源头的谒戾之山多松柏，丹河源头有田林。《水经注》引《司马政庙碑》提到"西河旧处山林"，

黄土高原的植被被破坏，水土流失严重（梁志胜 摄）

西河郡界于晋陕间，跨河东西，东抵吕梁山，西达鄂尔多斯高原，不仅有肥美的草原，且有茂盛的森林。北魏在洛阳大造宫殿，林木就来源于西河郡。到北周时，京洛所用木材仍是"尽出西河"。雁北大同盆地，古代也有森林。近年在平朔露天煤矿发掘出大量木结构的汉代墓葬以及现存辽代所建的应县木塔，便是一个有力的证明。应县木塔所用木材就取自当地的黄花梁山，至今民间犹有"毁了黄花梁，建起应县塔"的说法。山西东北部的恒山、五台山、太行山北段也曾是森林密布的地区。直到宋代，《宋会要稿》还说太行山北段"林木茂盛""松木遍布"。《清凉山寺》记述宋代的五台山，也说当时"四面林峰拥翠峦，万壑松声心地响"。恒山直到明代还保存一条百里长的林带，树木"大者合抱干霄，小者密比如栉""虎豹穴藏，人鲜径行，骑不能入"。山西中南部的林木比北部更加茂盛。《诗经·商颂·殷武》曾描述太行山南段说："陟彼景山，松柏丸丸。"北宋的沈括在《梦溪笔谈》中说："渐至太行，松木太丰。"到明朝中期，于谦在《夏日行太行山中》还说："信马行行过太行，一川野色共苍茫。云蒸雨气千峰暗，树带溪声五月凉。"山西南部的中条山，唐朝畅当的《蒲州道中》形容它"苍苍中条山，厥形极奇魁"。直到明中期，薛瑄的《登中条山》一诗还写道："两岸势转黄流静，万壑声塞碧树秋。"

河南的豫中、豫西山区，古代也存在不少森林。考古工作者曾在陕县庙底沟、洛阳王湾、偃师二里头等新石器遗址中发现过木炭。据《山海经》记载，崤山上有柳、楮、榖、桑、樗、枸、棕、柟、箭竹等树木。《山海经》还记载了熊耳山的漆林、棕林及其附近的竹林，并提到嵩山"百草木成囷"。魏晋时期，豫西、豫中的森林仍然相

历史遗留的巨大创伤

当茂密。阮籍的《咏怀诗》说今偃师市西北的首阳山"下有采薇士，上有嘉木林"。张协的《登北邙赋》描述邙山说："松林摻映以攒列，玄木搜寥而振柯。"可见，当时的森林植被还保存得相当完好。

至于山东地区，从大汶口、龙山等新石器遗址出土的木炭和木结构房屋以及当时狩猎对象鹿的存在也反映出当时森林、草原和沼泽的存在。有学者分析推算，在公元前 5000 年前后，以现在的行政区划为准，山东的森林覆盖面积大约是 7 万平方千米，覆盖率为 46%，其余为草原和沼泽。先秦的一些史籍也零星记载了山东森林的一些情况。山东的农业发展较早，到春秋战国已达到相当高的水平，平原洼地的林木被大量砍伐。到秦汉时，黄淮海平原的开垦进入高潮，平原地区的森林已基本被砍光，近山森林也逐渐减少，但沂蒙山、泰山和胶东深远山区仍有原始的针、阔林存在。

分布如此广泛的天然森林和草原植被之所以遭到破坏，不排除黄土高原的自然侵蚀作用。不过，这种自然侵蚀的速度是极其缓慢的，程度也很轻微。造成黄河流域生态环境恶化的主要原因乃是人类不合理的经营活动。在原始社会的早期，人类以狩猎和采集为生，主要是适应周围的自然环境，当时人口非常稀少，活动范围有限，对环境的影响不是很大。后来，随着工具的改进、农业和手工业的发明，人类对周围环境的破坏便开始了。尤其是当金属工具被发明并且普遍使用之后，农业得到迅速发展，耕地面积不断扩大，更使大片森林和草原遭到破坏。经过翻耕的土地，植物的根茎在阳光的曝晒之下很快枯死，即使实行休耕，在短时期内也很难生长出次生植被。地表裸露之后，一旦天降暴雨，不仅原有的沟壑会继续加深扩大，而且原来没有沟壑的平地也会因为缺乏植被的保护而被冲出一道道细沟，由细沟冲成沟壑。经过暴雨的反复冲刷，这些沟壑就会不断地溯源、下切、侧蚀，使黄土高原遭到严重的侵蚀。随着人口的不断增加，人类为了生存的需要，从小农经济的传统观念出发，除加强深耕细作之外，便是无限制地向山区和草原挺进，拼命地开垦荒地，以便增加粮食生产。于是，农田的范围不断扩大，森林和草原的面积日趋缩小。而历代王朝的统治者从自己的利益出发，又无节制地掠夺自然。特别是从秦汉开始，历代统治者无不大肆砍伐林木以营建都城、宫室、陵墓、寺庙宫观、高第豪宅，并大规模移民实边，开疆屯田，再加上万里长城和河防工程的多次修建也都耗费大量的材木。这种对大自然的长期无节制的索取和对土地资源的不合理开发更使黄土地上的天然植被遭到惨重的破坏。

经过两三千年的不断破坏，黄河流域的生态环境日渐恶化，大片的森林和草原从黄土地上消失。农业发达较早的山东，到秦汉时，广大平原已是阡陌纵横，邹、鲁之地已"无林泽之饶"，梁、宋之地也"无山川之饶"，不仅"百姓苦乏材木"，就连王公贵族也难以就近找到他们所需要的巨木。原本"积棘充路"的泰山，在秦始皇封禅时已是鲜见花木，使他不得不下达一道"无伐草木"的禁令。后经历代的继续耕殖，至清代农田垦辟达到高峰，许多地方已出现"无土不垦"和"有山无木"的童秃景象。到 1949 年以前，据统计，山东仅剩残林 30 万顷，而且还多是胶东地区的赤松次生林。自山东溯河而上，黄河两岸的情况皆与此大同小异。如黄河上游的贺兰山，到明万历末年，东山坡下的森林已被伐尽。黄河上游的甘肃，原先覆盖着大片的森林和草原，曾是许多少数民族的游牧地。特别是河西走廊上的祁连山，西起与新疆交界的伊吾地区，东至甘肃的景泰、靖边的 1200 多千米地带，深山穷谷森林密布，山谷坡地青草依依，一度成为匈奴生生不息的乐土。祁连山之外，子午岭、六盘山等地也有大片森林。但是，自秦代蒙恬收复河南地，特别是霍去病夺取河西后，秦汉王朝开始向陇东及河西走廊移民屯垦，变牧为农，并修建长城，当地黄土高原的原面、陇南的河谷以及河西走廊的绿洲便开始遭到大规模的破坏。后经历代的不断砍伐耕垦，到清代末年，子午岭的森林已被破坏殆尽。六盘山的森林也受尽摧残，至光绪末年已是"群山如赭秃无枝，竹树萧疏独见兹"。就连曾被青海毛杉和祁连山圆柏覆盖的祁连山脉，也由于林木的不断砍伐而导致森林的萎缩。到清代末年，森林面积已由原来的数千万亩减少到 13.3 万公顷。到 1949 年前后，浅山近沟已很难见到森林了。

黄河流域天然植被的大量破坏造成了极其严重的后果。首先是导致旱灾的频发。由于森林资源的锐减和草原的萎缩，土地丧失了涵养水源的功能，从而引起湖泊的干涸和缩小及沼泽湿地的减少，导致旱灾频繁发生。以山西为例，从山西中南部的一些方志记载来看，古代的山西很少发生旱灾，在隋大业十四年（公元 618 年）以前，平均 144 年才出现一次旱灾，但是到元朝却发展到每 34 年发生一次旱灾，明清又发展到每 5 年一次，到民国更发展到十年九旱的地步。其次，土地荒漠化的速度加快。由于天然植被的严重破坏，特别是经农耕翻土，草根也被铲除，地表沙土裸露，经日晒之后干裂，遇风吹扬，就会形成流沙，导致土地的荒漠化，使农田、牧场、城镇、村庄、交通道路和水利设施受到严重威胁。如现今河套西北乌兰布和沙漠北部，西汉时原是一处边地垦区，曾建有三座城镇，表明当时还是个植被良好的地方。但经过垦殖之后，遭到破坏的植被已无法重新恢复，东汉以后便逐渐沙化，西汉所建的三座城镇后来便为流沙所掩埋。到北宋太平兴国六年（公元981年），王延德出使高昌经过此地，已是"沙深三尺，马不能行"，而被称为"六枣沙"了。

天然植被破坏后的一个更为严重的后果是导致水土流失。由于地表的大量裸露，没有植被的保护，暴雨来时，不仅原有的沟壑会不断加深扩大，而且原来平整的黄土地也会被冲出沟壑。经过暴雨的反复冲刷，黄土高原的部分地区就变成原峁破碎、沟壑纵横的童秃之地。黄河流域属于干旱少雨区，年平均降水量为400~600毫米，而且又经常集中在夏秋之际，6~10月的降水占全年降水量的65%~80%以上。其中，尤以七八月的降水最为集中。7月、8月、9月和10月的降水又往往以暴雨的形式出现。特别是在黄河中游地区，这种特点更为明显，往往在几天之内就倾泻全年的大部分雨水，有时两天的降水量就达到100~150毫米，甚至更多。当地百姓有句俗语，说"一年雨水三天下完"。这种暴雨的冲刷能力特别强大。遇到伏秋时节的强大暴雨，黄土地上的大量泥沙就由大小沟壑冲入支流，由支流带入干流，使黄河由一条原本并不混浊的河流变成一条浊浪滔滔的泥河。从战国时起，黄河已有"浊河"之称，西汉时已是"河水一石，其泥六斗"；到清代，泥沙更是与日俱增，"平时之水，沙居其六，一入伏秋，沙居其八"。特别是黄河中游的黄土高原，那里是黄土堆积深厚、质地疏松、坡度陡峻、植被破坏最甚的地区，水土流失的状态尤为严重，更成为黄河泥沙的主要来源地。有的河段的高含沙洪水，浮力很大，以至于小孩跳入河中，竟可躺在水面上玩耍而不沉没，因而有"掉进黄河淹不死"的说法。据测算，自河口镇至龙门段的来沙占黄河总沙量的56%，龙门口至潼关段来沙也占到 34%，而河口镇以上河段的来沙仅占 9% 左右，三门峡以下伊洛河、沁河来沙只占 2% 左右。

根据水文资料统计，黄河多年平均输沙量为 16 亿吨，而黄河年径流量仅为 580 亿立方米。在国内的河流中，只有同样发源于黄土高原的海河含沙量与黄河相近，其他河流的含沙量均小得多。其他国家的河流，以美国科罗拉多河含沙量最高，但每立方米的含沙量也比黄河少，印度和孟加拉国的恒河的年输沙量虽然达到 14.5 亿吨，但它的水量是黄河的 10 倍。黄河含沙量之高，在世界江河中是绝无仅有的。据估算，这 16 亿吨泥沙，含氮、磷、钾总量达 3000 多万吨。有机肥的大量流失不可避免地要导致土地的贫瘠。而大量泥沙的淤积又必然大大降低湖泊和水库蓄滞洪水的能力，并抬高黄河的河床，使之成为悬河，从而诱发河道的迁徙和严重的洪灾。

两三千年来黄河流域自然生态环境的破坏导致严重的水土流失，输入河中的泥沙，多年平均为 16 亿吨。然而，黄河的水量很小，平均径流量只有 580 亿立方米，比闽江的水量还小，只及长江的 1/20，无法把这么多的泥沙都输送入海。这 16 亿吨泥沙，约有 4 亿吨淤积在山东利津以上的河道内，约有 8 亿吨淤积在利津以下的河口三角洲和滨海地区，其余 4 亿吨冲入海中。冲入大海的泥沙，大部分淤积在河口附近的浅海区，平均每年造陆 25~30 平方千米，使三角洲不断向海中推进。淤积在河道内的泥沙，日积月累，使河床不断抬高，黄河便成为高出两岸地面的悬河。历史上的多段河道，特别是下游河道，最终不可避免地都几乎变成悬河。20 世纪以来，下游河道平均每年要淤高 3~5 厘米。一旦洪水到来，便容易溃决泛滥，并且发生河道摆动迁徙的状况。"善淤、善决、善徙"是黄河的一大特点。

引黄灌溉（彭山 摄）

　　黄河上中游河道的改道迁徙主要发生在泥沙容易淤积的河谷开阔地带。如上游地区自宁夏青铜峡至石嘴山之间的银川平原，在历史上曾发生黄河主溜东迁西摆的现象。银川平原位于贺兰山与鄂尔多斯高原之间，呈现自西南向东北倾斜的状态，坡度不大，黄河流到这里，支岔繁多，流速减缓，泥沙易于沉积。秦汉时期，人们就在这里修建秦渠、汉渠、汉延渠、光禄渠、美丽渠、七星渠等，引黄河水灌溉，大力发展农业生产，呈现"谷稼殷积""群羊塞道"的繁荣景象。北周灭陈后，把陈将吴明彻的部众迁至灵州，因江南之人"尚礼好学，习俗相比"，遂称此地为"塞北江南"。但因黄河两岸土质疏松，汛期一到，洪水暴涨，主溜不时发生摆动。灵州的治所薄骨律镇在北魏时原建于黄河的沙洲之上，位于今宁夏灵武西南6千米处。到唐代主溜西移，灵州治所所在的沙洲已与原先河道的东岸连成一片，并在那里建起附郭回乐县。明初废州，另置灵州千户所。洪武十七年（公元1384年），主溜东摆，千户所城被河水冲毁，又在旧城之北3.5千米处另建新城。宣德以后，河道继续东徙，所城又迁到今灵武县。弘治年间，明廷重新设州，把千户所城改为灵州城。此后，河道仍继续东徙，至清顺治初年又冲毁灵州城。以后主溜复又西摆，到乾隆年间已离州城约10~15千米。后来复又东侵，又再西徙，直至近代才逐渐形成今天河道的形势。黄河出磴口后，进入地势平坦的河套平原，摆动的幅度更大。考古工作者曾在今黄河西岸磴口北约20千米处发现西汉朔方郡下辖的临戎县城遗址，并在这座城址周围30千米的范围内发现自西向东排列的三条古废河道，表明当时的河道是在不断东移的。就是由于河道的不断东摆，自乌加河口至西山嘴一带原有的一些湖泊后来便逐渐淤废而不复存在了。

禹门口以下的中游河段，历史上也常东西摆动。河水出禹门口，两岸地势豁然开阔，河床拓宽至数千米，到潼关又突然收束，形成一个卡口。洪水来时，在卡口处无法顺利排泄，因此这个河段便不断东西摆动，使沿河两岸的一些城镇如永济、蒲州、荣河、万荣、河津、朝邑、芝川都不只一次地遭到水患。汾河汇入黄河的河口曾多次在旧荣河县和河津市一带来回移动。从永济市蒲州镇到潼关一段，河道的变迁尤为频繁，在今陕西朝邑县东15千米黄河西岸设置的古蒲津关在宋代改称大庆关，时而移至河东，时而又回到河西，当地百姓因而有"三十年河东，三十年河西"之说。明万历年间，因黄河西徙，大庆关隔在河东，又在朝邑县东3.5千米处置新大庆关。后因河水的多次摆动，新旧大庆关均已荡灭。1929年曾在旧大庆关置平民县，1933年也为一场特大洪水所吞噬。今河南孟津至武陟的河段，河谷开阔，流速缓慢，在历史上也有过显著的南北摆动。今河南孟州市原为孟县，其南偏西约9千米处的花园渡大致相当于古代著名的黄河渡口孟津。周武王曾经在此大会诸侯，渡河伐纣。由于这里河面较为狭窄，河中又有一处沙洲，是洛阳附近一带最便于渡河的地方，因此成为历代兵家必争之地。在北宋以前，黄河在这里分成南北两股从河中沙洲两侧流过，水势较为稳定。到北宋末年，北边河道因泥沙淤积，堵塞河道，水不通行。从此，黄河在南北两岸不断泛滥成灾，导致孟县县城不断搬迁。金、元以后，孟州以南的河道又多次摆动，以致孟津包括北魏、东魏所筑的河阳三城等古迹皆被荡灭得毫无踪影。就是直到最近几十年，此段河道仍在向南摆动，在孟州城南形成一片10多里宽的河滩地。

　　黄河下游则是河道变迁最为频繁的河段，人们常说的黄河"善淤、善决、善徙"主要指下游河道而言。根据文献资料的记载粗略统计，从先秦到民国的3000多年里，黄河下游的漫溢、决口和改道大约有1593次，平均每3年就有2次决口，大的改道有26次。河道时而北走河北平原，从由今海河的河道注入渤海；时而南流至皖北、苏北一带，夺淮河进入黄海，并曾一度由里下河地区汇入长江，经由长江入海。黄河就在北至天津、南抵淮河口的黄淮海大平原上来回摆动，对整个平原的地理环境和社会生产产生了巨大的影响。

　　黄河下游的河道在进入历史时期以后，至少从新石器时代起是经由河北平原注入渤海的。由于河北平原地势平坦，比降较小，流速较缓，中游带来的泥沙容易沉积而使河床抬高，加上没有堤防的约束，在大汛时便时常发生泛滥改道，有时还可能分成多股漫流，分流入海，《禹贡》所说的"北播为九河"指的就是这种情况。由于史料记载的缺乏，对于当时的决溢和河道摆动的具体状况，现已难于明了。见于记载的最早一次决口改道是《汉书·沟洫志》载王莽时大司空掾王横引《周谱》说："（周）定王五年（公元前 602 年）河徙。"这可能是大禹治水后黄河多次决口改道中的一次。由于多次决口改道，当时黄河下游曾存在着 2 条主要干流河道。这就是前面提到的《山海经·北山经》所载的大河、《尚书·禹贡》和《汉书·地理志》所载的大河。黄河下游的河道经常在这两者之间来回摆动，自由流徙。至战国中期，人们陆续在《汉书》所记大河的两岸修筑起绵亘数百里的长堤，将以往四处漫流、自由迁徙的黄河束缚在大堤之内，形成比较固定的河道。由于当时的堤距较宽，泥沙落淤的范围较大，河床抬高的速度较慢，因此从公元前 4 世纪至前 2 世纪中叶的 200 多年间，黄河未再发生过大的决溢泛滥。

但是，秦汉时期黄河上中游地区天然植被的大规模破坏，泥沙大量冲入河中，下游河道因而逐渐淤高。汉哀帝时，自今河南浚县西南淇河口以下至入海口的几百里河段，绝大多数已经变成悬河。随着河床的不断抬高，黄河便开始出现大幅度的迁徙改道。先是汉文帝前元十二年（公元前 168 年）在今河南延津西南的酸枣决口，从东南方向顺泗水入淮注入大海，首开黄河夺淮之滥觞。不久，决口被堵住。此后又有多次决口，但大多经过数年又被堵住，河复故道，仍由上述的《汉志》所记河道入海。至王莽始建国三年（公元 11 年）

黄河再次在魏郡元城决口，泛滥达 60 年之久。东汉永平十三年（公元 70 年）王景治河成功后，河道自今河南濮阳南的长寿津与西汉大河分流，至利津附近入海，形成黄河历史上的又一次大改道。此后在魏晋南北朝时期，由于大量北方游牧民族南下，黄河中上游许多土地改农为牧，生态环境得到改善，冲入河中的泥沙相对减少，这条河道稳定了 800 多年，未再发生改徙的现象。

隋唐至北宋，黄河上中游的大片土地改牧为农，大量森林被砍伐，自然生态环境进一步恶化，黄河的泥沙不断增加，到唐末，下游河床又复淤高，"河势高民屋殆逾丈"而成为悬河。景福二年（公元 893 年），黄河尾闾段发生决口，向北摆动。此后，决溢事件便屡屡发生。到了北宋，从淳化四年（公元 993 年）到天禧三年（公元 1019 年）曾两次改道南流，夺淮注入黄海，并两次合御河北流，在天津附近注入渤海。景祐元年（公元 1034 年）又再次大改徙，在今河南濮阳东面的澶州横陇埽决口，东北流经原来的河道之北，下游分成数股，经棣、滨两州之北入海，形成一条横陇河。庆历八年（公元 1048 年），黄河又在今濮阳之东的澶州商胡集决口，由此改道折向西北，至青县合御河经天津入海，宋人称之为"北流"或"北派"。过了 12 年，嘉祐五年（公元 1060 年），黄河又在今河南南乐西边的大名府魏县第六埽决口，分出一道支流，东北经过一段西汉大河故道，再循马颊河入海，名二股河，宋人称为"东流"或"东派"。此后，黄河泥沙越积越多，"河底渐淤积，河行地上"，仍不时决口，有时北流，有时东流，有时两股并存。在北宋后期 80 年间，北流 49 年，东流 16 年，两股并存 15 年，黄河下游的河道始终变动不定。

黄河下游经过数千年的决溢泛滥，已将原本地势比较低洼的河北平原逐渐淤高。相比之下，豫东、鲁西南地区反而显得低下，这就决定了下游河道不可避免地要向南改徙。南宋建炎二年（公元1128年），东京留守杜充为阻止金兵南下，在滑县李固西决开黄河大堤，黄河便再次夺泗入淮。河南的浚县、滑县之间的河段原是黄河下游的一段窄界，春秋战国以来黄河流经此地，由于受到这段河道的控制，以下河段的摆动被限制在太行山以东、泰山山脉以北的河北平原之上。杜充人为决口之后，黄河摆脱这段河道的控制，下游河道便如脱缰的野马，折向东边或东南，随意摆动于豫东北至鲁西南一带了。金朝此前已与宋朝约定双方以黄河为界，黄河南移就意味着金朝疆域的扩大，因此反而觉得高兴。绍兴十一年（公元1141年），金与南宋达成"绍兴和议"，双方约定以淮河中流为界，黄河下游已尽归金有。此时，金朝因担心"骤兴大役，人心动摇，恐宋人乘间构为边患"，仍未组织大规模的筑塞治理。黄河在几十年的时间里依然"迁徙无定"。明昌五年（公元1194年），河决阳武，至山东寿张注入梁山泺，再分为两股，北流由北清河注入渤海，南流由南清河取道淮河注入黄海，形成黄河历史上的又一次大改道。绍定五年（公元1232年），蒙古军在今河南商丘西北11千米处的凤池口决开河堤以淹金军，使河水夺濉水进入泗水。端平元年（公元1234年）蒙古军攻宋，又决开开封城北11千米处的寸金淀水以灌宋军，使黄河夺涡水入淮。到了元代，黄河仍不断决口，至元二十三年（公元1286年），河决开封、阳武、原武（今河南原阳）、睢州等15处，在原武或阳武境内分成三股，形成汴、涡、颍三条泛道。黄河到达颍水一线，这是黄河在黄淮海平原上南泛的最西极限。至正十一年（公元1351年）贾鲁治河，塞北流而疏南流，使"河复故道"，即恢复金末的河道。但堵塞决

历史遗留的巨大创伤

口的结果却使黄河失去排泄的路径，仅过 14 年，黄河便又在东平决口，再度进入大清河。到了明代，黄河的决溢更加频繁，以汴道干流为主体的河道上，时而在今原阳、封丘一带决口，北冲张秋运道，挟大清河入海，时而又在今郑州、开封一带决口，南夺涡、颍入淮。

明弘治六年（公元 1493 年），明廷为保证京杭大运河漕运的畅通，命副都御史刘大夏主持治河。第二年，在堵塞黄陵冈等 7 处决口后，在北岸修筑太行堤和长堤两道并行的堤防，迫使黄河正流通过会通河入淮，形成黄河历史上的又一次大改道。但是，此次整治黄河仅加强了北岸的堤防，南岸既未筑堤，也未堵口，濉、涡、颍诸股分流继续并存，影响到徐州以下干道的水源，运河的漕运无法得到保证。嘉靖年间，明廷陆续堵住了南岸的决口，终使黄河水流集为一股，夺泗入淮而入海。但是，水流集为一股之后，泥沙也随之增加，河床因而日渐淤高，很快又成为悬河，不久又不断决口。嘉靖后期，潘季驯奉命总理河道，他按照"蓄清刷黄""束水攻沙"的治河方略，于万历初年完成了黄河两岸堤防和高家堰堤防的修筑，将这条河道基本固定下来，这就是现今地图上的淤黄河。不过，由于上中游生态环境的破坏不断加剧，泥沙问题没有得到根本解决，小规模的溃决仍不时发生，到明末清初发展为大规模的溃决。特别是"束水攻沙"以后，自清口至河口一段河道泥沙淤积更为严重，溃决也更加频繁。康熙十六年（公元 1677 年），靳辅沿用潘季驯的方略，重点治理了清口以下的河段。但这次治理也仅收效于一时，日久之后，河床再次淤高。嘉庆、道光以后，河道更是淤废不堪。河床与滩地高差极小，乾隆年间洪泽湖水尚比黄河高出七八尺或丈余，到嘉庆元年（公元 1796 年）却反低于黄河丈余。到道光年间，堤外的河滩已高出堤内平地达三四丈之多。因此，黄河已无法在这条河道里顺畅引洪，必然要频繁溃决，发生又一次改道。

咸丰五年（公元 1855 年）六月，黄河在兰阳铜瓦厢决口，先淹没兰阳、封丘、祥符、仪封、考城、长垣，再分为三股，一出曹州东赵王河，至张秋镇，一出长垣至东明雷家庄又分为两股，皆向东北流至张秋镇。三股洪水在张秋汇合，穿过运河，挟大清河入海。东出曹州的一股后来淤塞，另一股变成黄河的新河道，从而结束了黄河 700 多年夺淮入海的历史，又回到由渤海入海的局面。直到光绪十年（公元 1884 年），清廷才修成一道较为完整的堤防。这道河堤的堤距上宽下狭，河床很快就被泥沙淤高，仍然不断溃决，发生尾闾南北摆动的现象。1938 年，国民政府为阻挡侵华日军的西进，曾炸开河南花园口大堤和中牟西北赵口大堤，两股洪水奔腾而下，泻向贾鲁河、颍河及涡河，注入淮河，形成 9 年之久的改道。直到日本投降之后，1947 年 3 月才堵住决口，使黄河回归故道。

黄河如此频繁地决口改道给两岸的土地带来了严重的沙灾。黄河每次决口，都把大量的泥沙沉积在被洪水淹没的土地上，水退沙留，在地面上覆盖了一层层厚薄不一的沙土。如 1938 年花园口决口改道，洪水在黄泛区肆虐了 9 年，把 100 亿吨的泥沙带到淮河流域。1947 年堵住决口，洪水退后，淮河流域不少地方沙岗起伏，芦苇丛生。而黄河每次改道之后，遗弃的枯河床和两岸的旧堤防便成为横卧在土地上的一条巨大的沙龙，经过长期的风化，形成绵延不绝的沙丘和沙岗，吞噬附近的大片农田、房屋，破坏城镇和交通道路，使当地的生存环境不断恶化。河南是黄河决口改道留下的沙害最严重的地区。从武陟经获嘉、新乡、汲县、滑县、浚县、濮阳、内黄、清丰和河北大名、馆陶，是西汉黄河主要流经的地方，从濮阳以上还是东汉至北宋黄河所经之地。据黄河水利委员会的实地考察，今天还残留在地面的河堤，左堤长 270 余千米（包括缺口），堤基宽 10~50 米不等，高出堤外地面 1.5~6 米不等；右堤长 283 千米（包括缺口），堤基宽数十米，高出地面 5~10 米不等。两堤之间的枯河床几乎已被泥沙填平，周围也有大片沙岗和沙地，无法进行耕种。

更令人痛惜的是，许多昔日繁华的城市因为黄河溃决而被泥沙深埋于地下，如今河南的开封市和河北省的巨鹿县城等。据文献记载，从元初至清末，开封城曾 7 次被河水淹没而被泥沙掩埋，现在的开封城为道光二十三年（公元 1843 年）所建。宋代开封铁塔原建在一座名为夷山的土山上，今天却连塔基都被埋入了地下。元代建筑的延庆观，原来的门已有一半被埋在地下。从现在的地面往下挖掘，要到三四米深才能找到明代的屋顶，到两三米深始见清代地基。至于宋代开封城地面，可能被深埋在今地下约 10 米处，而要找到魏国首都大梁的痕迹，恐怕就得再往下挖掘 10 米了。河北省的巨鹿县城因宋大观二年（公元 1108 年）的一次河决，被泥沙整个埋入地下。1919 年，当地人民挖井时才发现宋代的古城址。近年来，在地下 6 米处发现了宋代的瓷器和屋基，屋内器皿尚存，还有当时淹毙的尸骨。黄河的决口改道还严重地破坏了黄淮海平原的城镇交通。如古代著名的朱仙镇（今开封市西南）是一控扼南北交通的枢纽，清代号称为全国四大镇之一。乾隆、嘉庆年间，其商业之繁盛超过了省会开封，行旅商贾，昼夜不绝。后来，由于黄河决溢，加上铁路兴起，交通路线转移，从此一蹶不振，逐渐沦为一个普通的小村镇。

黄河的不断决口改道还严重地破坏了黄淮海平原上原有的水系

面貌。古代黄淮海平原上河流交错，湖泊密布。这些河流既可通航，又可灌溉，同时还能分泄黄河水沙，有利于黄河下游的防洪。各种湖泊、沼泽对调节平原地区气候，发展灌溉、蓄沙滞洪都有积极的作用。但是，自西汉中叶以后至北宋时期，黄河长期在河北平原决口改道，宋金以后又在黄淮平原上屡屡改徙，使许多古代可以通航的河流淤浅断流。如战国至魏晋时代的鸿沟水系、隋唐时代的南北大运河、北宋的漕运四渠等，其中不少被淤为平地。其他像涡河、颍河、濉河等虽未断流，却完全失去了航运之利。古代分布在广大平原上的许多湖泊、沼泽也先后被泥沙淤平而从地图上消失。古代著名的大陆泽、巨野泽（即梁山泊，在今山东巨野北）等经宋元明黄河泥沙的淤灌，都渐湮废。其他如雷夏泽（在今山东菏泽、鄄城交界处）、孟渚泽（在今河南商丘东北，虞城西北）、圃田泽（在今河南郑州、中牟之间）等，则在清代以前均已被黄河长期南泛的泥沙淤平。这些河流、湖泊、沼泽的淤浅湮废对黄河下游河道水沙的调节，对交通运输和农田灌溉及小气候变化等，都产生了极坏的影响。再加上黄河改道后以及古代河湖淤废后留下的沙堤、废河床、洼地等杂乱无章的地貌，使平原在伏秋时节排涝发生问题，随之形成大片盐碱地。干旱季节河流断流，湖泊湮废，又无法进行灌溉。可以说，中国历史上黄淮海平原上洪涝干旱灾害不断，黄河的决口改道负有不可推御的责任。

历史遗留的巨大创伤

洪水泛滥的遗患

由于黄河含沙量极高，水量小而变率大，因而决溢泛滥的情况也特别严重。早在先秦时期，黄河即曾多次决口改道，泛滥成灾。史载尧时"鸿水滔天，浩浩怀山襄陵"，鲧治水失败而被殛，禹治水成功而成英雄。大禹之后，水患仍未断绝。东汉张衡的《西京赋》云："殷人屡迁，前八后五。"商人何以要如此频繁地迁都呢？黄河的水患无疑是重要原因之一。春秋时期，水患日渐增多，如周庄王五年（公元前687年）秋，鲁国发生水灾，当年"无麦收"，导致部分地区闹饥荒。周桓王二十一年（公元前699年）到周惠王八年（公元前669年）的30年间，鲁国出现过4次水灾。到战国中期，黄河下游全面修筑堤防后，河道基本固定下来，从公元前4世纪到前2世纪中叶的200多年，未再出现大的灾情。

进入汉代以后，河床的淤积日趋严重，水患又渐增多。

据记载，两汉自汉文帝前元十二年（公元前168年）至汉桓帝永兴元年（公元153年）的321年间，共有15年发生过16次水灾。其中，汉武帝元光三年（公元前132年）河决濮阳瓠子，淹没豫东、鲁西南、淮北、苏北等地16郡，历时20多年未堵决口，"城郭坏沮，稸积漂流，百姓木栖，千里无庐"，五谷不登，以致发生人相食的惨剧。汉成帝建始四年（公元前29年），河决东郡金堤，漂没4郡32县，洪水长期滞留在15万余顷的土地上，毁坏公私房屋4万所，官府动员了500艘漕船，救出避居在丘陵上的9700余人，溺死者不计其数。王莽始建国三年（公元11年），河决魏郡元城，淹没清河以东数郡之地。王莽听之任之，未堵塞决口，洪水冲毁了济水、汴水的所有堤防，加之连年雨水不停，黄河和济水、汴水不断暴涨，连成一片，"潺潺广溢，莫测圻岸"，使受灾面积日益扩大，兖、豫二州（今鲁西、豫东一带）之地尽成汪洋。这次洪水泛滥持续达60年之久，使人民的生命财产遭受到惨重的损失。

东汉明帝永平十二年（公元69年）王景治河之后，黄河安流了800多年，没有出现大的改道。不过，魏晋时期还是发生过几次规模不小的水灾，仅从曹魏景初元年（公元237年）到西晋太安元年（公元302年）的66年中，有明确地点的大水记载就达12次。曹魏黄初四年（公元223年）六月的一场大雨曾使黄河三门峡以下支流伊、洛河洪水漫溢，"至津阳城门，漂数千家，杀人"。郦道元在《水经注》中这样记载："伊阙左壁有石铭云：'黄初四年六月二十四日辛巳大出水，举高四丈五尺，齐此已下'，盖记水之涨减也。"这段文字明确地记录了洪水发生的时间和最高水位高度。后人应用水文学的原理和方法进行实地调查测量，确认这次洪水水位高程为

159.1米，推算其洪峰流量为每秒 2 万立方米，这是伊洛河龙门河段千年一遇的洪水，也是我国目前发现最早的一次可以定量的历史大洪水。西晋黄河流域的水灾，《晋书·五行志》及《资治通鉴》记载了 11 次，其中一次是泰始六年（公元 270 年），黄河干流和中游洛、伊、沁河等支流同时发大水，"流四千九百余家，杀二百余人，没庄稼千三百六十余顷"，另一次水灾发生于次年，黄河干流与中游各支流又一齐发水。这两次水灾都发生在河南，损失不会太小。南北朝时，从北魏泰常三年（公元 418 年）到北齐武平六年（公元 575 年）的 158 年间，黄河沿岸州郡发生大水的记载也有 18 次，平均不到 10 年就发生一次。其中，北魏景明元年（公元 500 年）七月的大水淹及青、齐、南青、光、徐、兖、豫、东豫、司州之颍川、汲郡等地，水深达 1 丈 5 尺，居民得全者仅止十之四五。

从隋唐起，黄河的水患日趋严重。史书记载，隋代开皇十八年（公元 598 年）、仁寿二年（公元 602 年）、大业三年（公元 607 年）河南发生过大水，大业七年（公元 614 年）和十三年（公元 617 年）河南、山东又发生大水。大业十三年的大水，饿殍遍野，隋炀帝不得不开黎阳仓赈济，因"吏不时给，死者数万人"。河南、山东的这几次洪水灾害似系黄河的决溢泛滥造成的。唐代大水的记载更多，从贞观十一年（公元 637 年）到乾宁三年（公元 896 年）的 60 年间，见于记载的黄河决溢年份共有 21 年，平均 13 年多就有一年决溢成灾。唐代黄河的水患，以河南受灾最重，其中两次灾情特别严重：一次是开元十年（公元 722 年），黄河干流及各支流同时发大水，7 个州受淹，"人皆巢舟以居，死者千计，资产苗稼无孑遗"；另一次发生在开元十四年（公元 726 年），同样是黄河干流及各支流同时发大水，河南、河北尤甚，"怀、卫、郑、滑、汴、濮民皆巢舟以居，死者千计"。五代共 55 年，黄河有 18 年发生决溢，平均每 3 年就发生一次水患，共计决溢三四十处，更是开创黄河决溢的新记录。其中，后梁仅存世 14 年，为同后唐李存勖作战，竟然两次掘开黄河，人为制造水患。河水并没能挽救后梁的命运，但后梁为后唐灭亡后，决口仍然年年为患，在后唐同光二年（公元 924 年）、三年（公元 925 年）、长兴二年（公元 931 年）都发生决溢。此后，水患仍接连发生，简直达到不可收拾的程度，给下游两岸人民带来了深重的灾难。

北宋建立后，河患更加频繁。从建隆元年（公元 960 年）建国到靖康二年（公元 1127 年）灭亡的 167 年间，仅黄河下游见于记载的决溢就有 66 年之多，其中不少年份是多次决溢。太平兴国八年（公元 983 年），河南连下暴雨，谷、洛、伊、瀍四水猛涨，冲坏官署、军营、寺观、祠庙、民房万余区，溺死者数以万计。天禧三年（公元 1019 年），黄河在滑州决口，受灾州县多达 32 个。熙宁十年（公元 1077 年），黄河先在卫州王供等处溢出泛滥，后又在滑州曹村决口，沿途淹及 45 个州县，毁坏农田 30 万顷，漂没民房 38 万家。当时，洪水顺南清河即泗水涌至徐州城下，水深达 2 丈 8 尺。苏轼时任徐州刺史，曾有诗这样描写洪水退后徐州的情景："岁寒霜重水归壑，但见屋瓦留沙痕。"

金宋对峙时期，自建炎二年（公元 1128 年）杜充扒开滑县李固西的河堤后，黄河出现一次大的改道。此后，河水分成数股，忽南忽北，迁徙无定，决溢频繁。仅从金天会六年（公元 1128 年）至天兴三年（公元 1234 年）的 100 多年间，就有 13 个年份发生决溢。统治者不仅不堵塞决口，有时甚至为了自己的私利人为地扒开决口，根本不顾人民的死活。天灾加上人祸，弄得百姓苦不堪言。元灭金、宋，统一全国后，黄河的决溢也十分频繁，从至元九年（公元1272年）起到至正二十六年（公元1366年）的95年间，黄河决溢的年份达40年以上，决溢达六七十次。在元初，因不修河事，有时一年就有10余处甚至数十处决口，如至元二十五年（公元1288年）五月汴梁路襄邑（今河南睢县）、阳武等22处发生决口，"没民田""漂荡麦禾、房舍"，十二月太原、汴梁二路又发生河溢，使大片农田的庄稼受到伤害。大德元年（公元1297年）三月，归、徐、邳、睢诸州县"河水大溢，漂没田庐"，五月又河决汴梁，七月再决杞县。泰定三年（公元1326年）五月，汴梁路15县河溢，七月睢州河决，八月卫辉路汲县再次发生河决。水患最为严重的则是至正初年的一连串决溢。至正三年（公元1343年），黄河先在白茅堤决口。第二年夏，黄河中下游连降20多天的暴雨，迅猛上涨的洪水又决开白茅堤和金堤，淹没河南、山东两岸十几个州县，继而沿会通河、北清河袭击山东济南、河北河间等路州县。大片农田受淹，无数民房被冲塌。紧接着旱灾之后，蝗灾、瘟疫又接踵而至。河南、河北、山东一带不少地方变成一片荒无人烟的废墟，饥民多达100万户、500万人，不少人悲惨死去。

明清两代，河患更为惨烈。明清两朝虽然都重视黄河的治理，但明朝治河主要是为了保运与护陵；清朝虽不存在护陵的问题，但仍以保运为主要目的，因而不可能对治河作出全面的安排和根本的治理，河患之频繁和成灾之严重都突破了历史的最高记录。据统计，明代从洪武元年（公元1368年）到崇祯十七年（公元1644年）的277年间，发生决溢的年份多达111年，决溢之外的水灾尚不计在内。由于明前期多次治河都是遵循"北堤南分"的方针，黄淮平原多受其害，洪水一来，大多在这里决口，淹没大片土地。以今河南开封为例，它在金代以前原本远离黄河，金代以后河道逐渐南移，开封便经常受到洪水的威胁。元末明初，黄河常在开封府一带决口，使开封多次遭受水淹。洪武二十年（公元1387年），黄河南决，自开封的北门安远门冲进城里，淹没了无数的官廨民舍。天顺五年（公元1461年），黄河再次决口，先冲入开封外城土城，后又灌入内城砖城，官廨民舍半数被毁，周王府及开封各衙门的官吏纷纷乘船逃走，无数军民溺死水中。

万历年间，潘季驯治河，把河道固定在东南，经徐州至淮阴汇淮入海。河道一经固定，泥沙全部堆积在河道之内，河床迅速淤高。特别是黄、淮、运交汇的淮阴一带，河床更要高出其他地区，所以此后黄河也就常在那里决口，使里下河地区接连遭受洪水之害。如崇祯四年（公元1631年）六月，黄、淮并涨，海口壅塞，河决建义诸口，下灌兴化、盐城，水深2丈，村落尽被漂没。第二年八月，直隶巡抚饶京又疏报："黄河漫涨，泗州、虹县、宿迁、桃源、沐阳、赣榆、山阳、清河、邳州、盱眙、临淮、高邮、兴化、宝应诸州县尽为淹没。"

清代自顺治元年（公元1664年）到道光三十年（公元1850年）的168年间，黄河决溢的年份多达67年。有些地区几乎年年决溢成灾。洪泽湖东面高家堰在万历二十三年（公元1595年）所筑的三个分水闸，到康熙年间，武家墩、高良涧二闸颓废，仅周家桥闸尚存，洪泽湖水难以宣泄，遇到洪水就经常发生决破高家堰、淹没里下河地区的惨剧。随着黄河泥沙不断淤高，雍正年间又不断加高高家堰堤，并把土堤改为石堤。嘉庆元年（公元 1796 年），洪泽湖水已从乾隆年间的高于黄河七八尺或丈余变成低于黄河丈余。到道光四年（公元 1824 年），洪泽湖蓄水 1 丈 7 尺，尚低于黄河尺余。一遇洪水，就溃决而下，一泻千里，使淮扬一带尽成鱼鳖之所。近 300 年来，高家堰几乎是三年两决口，使里下河地区的百姓备尝水灾之害。咸丰元年（公元 1851 年），黄淮并涨，洪泽湖水位高达 16.9 米，只得开启洪泽湖大堤南端的三河坝，分泄湖中的洪水，使之经高邮、宝应等湖，由芒稻河等汇入长江。直到咸丰五年（公元 1855 年）河决铜瓦厢改道山东入海之后，灾情才稍有缓解。

清代晚期，由于封建政治的腐败，外加帝国主义的侵略，黄河决口泛滥造成的灾害更是空前严重。就在英国发动侵略中国的鸦片战争的第二年，黄河下游地区连续三年发生大规模的水灾。道光二十一年（公元 1841 年）夏，黄河中游水势猛涨，8 月 2 日在河南祥符境内决口，次日冲决开封的护城大堤，分成三股直注城下南门。惊涛骇浪，溢满城厢，深及丈余，庐舍湮没，肆市尽闭。地主官绅雇舟逃逸，平民百姓流离失所。翌年 8 月，黄河又在江苏桃源北崔镇决口，洪水直穿运河，冲毁遥堤，灌入六塘河东区。与此同时，上游徐州附近的萧县、铜山也相继出现决口。此次黄河溃决正值秋收前夕，方圆数百公里的苏北大地，待收割的庄稼连同房屋、牲畜，全被洪水席卷而去。道光二十三年（公元 1843 年）入夏以后，黄河中游连降暴雨，泾河、北洛河、渭河和黄河中游北干流河水猛涨。根据黄河干流潼关至小浪底河段 20 多处当年最高水位遗留的痕迹及题刻、碑记的记载推算，陕县洪峰流量达到每秒 3.6 万立方米，为千年来最大的一次洪水。流传至今的当地民谣说："道光二十三，黄河涨上天，冲了太阳渡，捎走万锦滩。"是年 7 月 24 日，猛涨的河水先在中牟下汛九堡冲开一道百余丈的决口。几天之后，决口扩大到 200 余丈，滚滚洪流从中牟县北部冲向东南，很快就淹没了豫、皖、苏三省的大片地区。河南还有数十个州县受灾，其中有 16 个州县因中牟决口被淹，尤以祥符、通许、阳武等县灾情最重。在安徽，黄河决口后冲往淮河，最终汇入洪泽湖。当时，安徽境内连降大雨，加上黄、淮洪水的夹击，"田庐尽被浸淹"，太和、五河、凤台、阜阳等 37 个州县都不同程度地受灾。江苏也受到中牟决口的影响。沐阳县"因黄水来源不绝……秋禾被淹……小民生计维艰"。沐阳以外，省内的 50 多个州县及徐州等 7 卫均"收成减色"。

咸丰五年（公元 1855 年），黄河又决兰阳铜瓦厢，改道由渤海入海。此次决口，洪水一泻千里，河南兰仪、祥符、陈留、杞县一片汪洋，"远近村落，半露树梢屋脊"。东明县城，被洪水围困长达 2 年。山东受灾更为严重，洪水淹没了大半个省区，几成泽国。据统计，受灾十分（即颗粒无收）的村庄有 1821 个，受灾六分以上的村庄多达 7161 个，灾民总计多达 700 万。除河南、山东之外，这次黄河铜瓦厢决口还淹及河北等地，总计波及 4 省、10 州、40 余县，受灾面积达 3 万多平方千米。洪水过处，哀鸿遍野。由于黄河下游河道移至山东，此后山东省内的河道连年决口，更使当地百姓苦不堪言。据有关资料统计，从铜瓦厢决口改道到 1912 年的 56 年间，山东省因黄河决口而受灾的年份多达 52 年，其中有 38 年就是由省内河道决口造成的。在改道后的这 56 年间，山东共受灾 966 个县次，平均每年 17 次多，是改道前的 7 倍。

辛亥革命后，在北洋军阀和国民政府统治的 30 多年间，由于军

历史遗留的巨大创伤

阀盘踞，政治腐败，河务废弛，堤防残破，黄河有 17 年发生溃决，其中以 1933 年和 1938 年两次最为悲惨。

1933 年 8 月 5 日至 10 日，黄河上中游前后出现两次大面积暴雨。雨区范围自大夏河、庄浪河向东经渭河、泾河、北洛河、清涧河、延水、无定河至山西的三川河、汾河，是黄河有实测资料以来降雨面积最大的一次。共有 4 个暴雨中心区：一是渭河上游的散渡河、葫芦河，二是泾河支流马连河的东西川，三是大理河、延水、清涧河中游一带，四是三川河及汾河中游。暴雨强度很大，实测资料最大的为清涧河清涧站，4 天降雨 255 毫米，无定河绥德最大日降雨量 71 毫米。中游的江水猛涨，陕县最大的水流量达到每秒 2.2 万立方米。黄河两岸决口 59 处，淹没河南、河北等省 67 县，受灾人口 360 万，死亡 18300 多人。河南境内临黄大堤决口 30 处，是灾情最重的一县。全县 7.33 万公顷庄稼被淹，49 万余间房屋倒塌，4.2 万头牲口死亡，受灾人口 768000 多，死亡 1 万余人。

黄河历史上最为惨重的一次洪水则是 1938 年 6 月国民党为阻止侵华日军的西进，人为地炸开河南郑州市北花园口河堤和中牟西北的赵口河堤。两股洪水汇合一处，大部分沿贾鲁河经过中牟、尉氏、鄢陵、扶沟，再经过西华、淮阳，泄至安徽亳州顺着颍河至正阳关入淮；一部分自中牟顺着涡河经过通许、太康、亳州至怀远入淮；另有小部分自西华向南至周口注入颍河。黄水与淮水至安徽怀远以下，横灌洪泽湖，而后分注江、海。这场特大洪水虽然暂时阻止了日寇的西进，却付出了无比沉重的代价。河南、安徽、江苏 3 省 44 个县市的 54000 多平方千米土地被淹，成为历史上著名的黄泛区，1200 多万人受灾，89 万人死亡。

几千年来，黄河屡屡决口泛滥，不仅吞没了无数百姓的性命财产，给人民带来无穷的灾难，还在低洼之处留下大量积水，使地下水位上升，在雨季形成内涝，旱季经强烈蒸发后产生大片的盐碱土，导致土壤的盐碱化。例如河北平原，因黄河自先秦至北宋主要流经此地入海，很早就出现大片盐碱土。《禹贡》说冀州"厥土惟白壤"，就是返盐季节土壤表层呈白色的轻度盐碱土。西汉末年，贾让的上书说当时黄河下游"水行地上，凑润上沏，民则病湿气，木皆立枯，卤不生谷"。所谓"卤"，指的就是盐碱土。到了隋唐，盐碱土的分布范围进一步扩大。元明以后，豫东、鲁西南及皖北、苏北更成为盐碱化的重灾区。据调查，河南延津县在1949年之前，盐碱地占到耕地面积的90%。考城、民权等县在20世纪50年代初，盐碱地占到全县面积的1/3以上。皖北、苏北地区，历史上也因黄河南泛的影响，使土壤逐渐盐碱化，特别是1938年河南花园口和中牟赵口决堤之后，盐碱化的现象更加显著。历史上从河北平原到淮北平原这一片因黄河决溢泛滥所形成的盐碱地，在中华人民共和国建立之后，虽屡经治理，犹未能完全得到改良，严重地限制着农业生产的发展。

　　人类对大自然的过度掠夺、对生态环境的严重破坏所产生的一系列恶果向人们昭示了这样一个真理：不能善待大自然者，最终必将遭到大自然的无情报复。人类只有协调好与自然的关系，保持好两者之间的平衡，才有可能使自己得到持续发展。

历史遗留的巨大创伤

第 十 章

六十余载建设 换 新 颜

全流域的综合治理

缀在母亲河胸前的璀璨明珠

黄河流域经济的腾飞

崛起在黄河两岸的城市家族

1949 年 10 月，中华人民共和国成立，中国人民开始迈向社会主义新时代，黄河母亲以无比激动的心情，欢欣鼓舞地迎来了其发展史上新的辉煌时期。

人民共和国成立伊始，中国共产党和国家领导人就十分关心和重视黄河的治理与开发。毛泽东出京视察的第一个地方就是黄河岸边。毛泽东对黄河怀有深厚的感情。1948 年春天，他和周恩来、任弼时率中央机关离开陕北，东渡黄河，前往西柏坡。到达黄河东岸后，毛泽东深情地凝望着滔滔南去的黄河，说："黄河真是一大天险啊！如果不是黄河，我们在延安就住不了那么长时间，日本军队打过来，我们可能又到什么地方打游击去了。过去，黄河没有很好地得到利用，今后，应当利用黄河灌溉、发电、航运，让黄河为人民造福。"4 年后的 1952 年，黄河岸边正是秋风萧瑟的深秋季节，毛泽东主席亲临黄河视察，了解河情，听取汇报，并发出"要把黄河的事情办好"的号召，揭开了新中国大规模治黄的序幕。

1954年，黄河规划委员会集中3170余名技术骨干，经过充分的调查研究，在吸取历代治黄经验的基础上，确定了将黄河的水和泥沙加以控制和利用的总方针。后来，黄河水利委员会又根据多年的治黄经验，提出了"上拦下排，两岸分滞"和"拦、调、排、放，综合治理"的治黄措施。所谓"上拦"就是根据黄河洪水陡涨陡落的特点，在中游干支流修建大型水库，显著消减洪峰；"下排"就是通过河防工程建设和河口治理，充分利用河道的排洪能力。"两岸分滞"，就是在黄河下游两岸设立分洪、滞洪区，建立分洪、滞洪工程，分流洪水，调节洪峰，保证堤防的安全和洪峰的顺利通过。"拦"主要是依靠上中游地区的水土保持和干支流控制性骨干工程，拦截入黄泥沙。"排"就是进一步加强下游河道整治、河口治理和控河疏浚等措施，排沙入海。"调"就是利用干流水库调节水沙过程，以利于排沙入海。"放"主要是在下游两岸放淤改土，淤背固堤，结合引黄供水治沙，淤高两岸背河地面，逐步形成相对的"地下河"。这个全流域综合治理措施大致分为两个层次，即在上中游植树种草，加强水土保持，减少进入黄河的泥沙，改善黄河流域的气候和地理条件；在下游则采取巩固堤防，疏浚河道，开辟泄洪区，确保不决口、不改道，保障人民生命财产安全和国家建设。

黄河中上游的水土保持工作是治黄的关键所在。新中国成立后，党和国家领导人一直非常重视。1952年12月，周恩来总理主持政务院第163次政务会议，讨论通过了《政务院关于发动群众继续开展防旱、抗旱并大力推行水土保持工作的指示》。《指示》中说：

"由于各河治本和山区生产的需要，水土保持工作目前已属刻不容缓。"1956年12月8日至14日，黄河水利委员会在郑州召开黄河流域水土保持会议。参加会议的有中央林业部、水利部、中国科学院和陕西、甘肃、山西、河南、山东、内蒙古、青海7省区负责水土保持工作的干部。1957年1月23日，水利部向国务院写了《关于召开黄河流域水土保持会议的报告》。周恩来总理逐字逐句审阅并修改了这一报告。1958年4月，周恩来总理去三门峡视察时，又多次指示黄河沿岸的干部和群众，要搞好植树绿化和水土保持工作。4月24日，他在三门峡现场会上说："不能孤立地靠修水库来解决防洪问题，必须联系、配合各方面的工作，特别是首先要以水土保持为基础。"但是，随着"大跃进"和"大炼钢铁"运动对森林的毁坏，随着"文化大革命"对年轻共和国各项事业的摧残，黄河流域初见成效的水土保持工作又遭到了空前的打击。改革开放以来，黄河水土保持工作才再度受到重视。党和国家采取了一系列重大措施，大力推动黄河中上游的水土保持工作。

第一，是制定政策法规，加大资金投入。国家相继制定了《中华人民共和国水土保持法》《全国生态环境建设规划》《黄河流域水土保持建设规划》，使黄河中下游的水土保持工作有法可依，有章可循。用以加强黄河流域的统一规划、管理，规划和调整黄河治理开发中各方面关系的《黄河法》和《黄河水资源管理和保护条例》，也正在酝酿制定之中。与此同时，中央有关部门还大幅度增加了水土保持投入，使黄河上中游地区的水土保持经费有了较大保证。

第二，充分调动广大群众治理黄河上中游水土流失的积极性。"四荒"拍卖、租赁、承包和股份合作等方式，是20世纪80年代以来群众自发创造出来的治理水土流失的新形式，对改善生态环境和农业发展条件起到了重要作用。国务院还专门下发了《关于治理开发农村"四荒"资源进一步加强水土保持工作的通知》。

群众是真正的英雄。山西西北部的右玉县，解放初期全县仅有残次林533.3公顷，森林覆盖率不到0.3%。"一年一场风，从春刮到冬。白天点油灯，黑夜土堵门"，就是对当时景象的真实写照。新中国成立后，历届县委、县政府都坚持不懈地带领群众植树造林。经过60多年的努力，现今森林覆盖率已增加到54%，高出全国平均水平近20个百分点，曾经的不毛之地变成了塞上绿洲。树种从过去的区区几种变成30多种，药用植物达到45种，野生动物50多种。如今的右玉已拥有10万公顷绿化面积，一举跃升为生态旅游县。2015年1月12日，习近平主席在人民大会堂主持召开"县委书记经"座谈会，右玉县委一任接一任带领人民治沙造林的故事受到主席的赞扬。

第三，加大政策扶持，推动科研机构、科研人员和开发公司对沙化土地的治理。中国科学院兰州沙漠研究所走在科技治沙的前列。兰州沙漠研究所针对半干旱农牧交错区沙漠化土地的特点，开发出沙地水稻、沙地西瓜、沙地经济林营造、沙地农业丰产栽培等带有区域性完整开发体系的成果。科研人员在国内外首次试验成功沙地衬膜式水稻种植新技术，一亩沙荒地水稻产量高达600至700千克，为沙漠化土地的高产高效农业闯出一条新路。

宁夏林草开发总公司在戈壁荒漠上用机械植树种草获得成功。公司成立后的几年，在开发基地和承包的戈壁荒漠及荒山上种植各种林草，成活率、保存率都达到90%以上，每种植一亩林、草的机械作业费只需要1.56元，相当于人工种植作业费的1/10。公司的试验基地在贺兰山下的镇北堡，地表坚硬，卵石遍布，年降水量仅 200 毫米左右，年蒸发量却在 2000 毫米以上，往昔不仅不长树木，连杂草也很稀少。公司用自己研制的种植机械和独特的耕作方法，先后栽植杨、榆、槐、苹果、梨、杏、桃和沙柳、柠条等 20 多种乔灌木；种植草木栖、紫花苜蓿、沙打旺、红豆草、披碱草等豆料、禾本科及当地野生草 1100 多种。到 1985 年，这个荒漠戈壁已经绿树成荫。第一批种植的 133.3 公顷杨树，胸径 5 ~ 10 厘米，高逾 4 米，长势喜人。近 3000 亩两年生草木栖长得一人来高，平均亩产鲜草 3000 千克以上。

在宁夏永宁县境内，有 2666.7 公顷沉睡了千年的沙漠。多少年来，沙漠不仅肆无忌惮地侵吞周围的良田，同时将大量沙尘飘洒在银川市上空。1996 年 3 月，广夏（银川）天然物产有限公司的沙漠征服者们进驻这片沙漠，开始大面积人工种植麻黄草。在短短一年半的时间里，他们全面完成了 1333.4 公顷沙地的平整开发、水利配套、电力机井和扬水工程，移栽麻黄草 400 公顷，植树 144 万株，荒芜千年的沙漠呈现出绿色生机。处于腾格里沙漠南端的宁夏中卫市域西沙坡头，往昔风沙肆虐，荒凉无比，古人有"到了沙坡头，白骨无人收"之语。中卫人民不断探索，总结出一套成功的治沙经验，尤其以麦草方格治沙法最为著名。多年的防风固沙结束了长久以来"沙逼人退"的困局，使沙坡头披上绿装。如今，当地政府还动员广大群众采取各种措施，对一些极难治理的沙漠进行治理。

库布齐沙漠是中国第七大沙漠，面积 1.86 万平方千米，位于鄂尔多斯高原北部，横卧在黄河"S"形的臂弯里。由于气候干旱以及历朝历代过量垦牧与战火兵燹，曾经水草丰美的宝地退化为了"死亡之海"。20 世纪以来，库布齐沙漠每年向黄河岸边推进数十米，流入泥沙 1.6 亿吨，直接威胁着河套平原和黄河安澜。深受其扰的沙区人民积极投入治沙斗争。内蒙古鄂尔多斯市提供重要的政策支撑，当地企业家加大了资金的投入。1988 年亿利集团的前身杭锦旗盐场出于对沙漠化的忧虑，开始了治沙征途。亿利集团董事长王文彪是库布齐沙漠治沙工程的发起人，也是土生土长的库布齐人。他开展的第一个治沙举措就是每卖一吨盐就拿出 5 块钱种下一棵树，后来他又用了 3 年的时间在沙漠里修建了一条穿沙公路。为了防止风沙肆虐阻碍公路通行，他们用柳条插成网格形状，把沙子锁在格子里，然后在沙里种上蒿蒿。他们研发的"沙漠水气法"种树技术不但速度快，而且种苗存活率高。经过几十年的努力，库布齐沙漠治理达到 6460 平方千米，涵养水源 240 多亿立方米，创造生态财富 5000 多亿元。2015 年，库布齐沙漠绿化成果荣获联合国颁发的年度土地生命奖。

新中国成立以来，黄河流域水土流失防治取得了初步成效。截至现今为止，累计初步治理水土流失面积 22.56 万平方千米。其中，修建梯田 555.47 万公顷，营造水土保持林 984.36 万公顷、种植经济林 207.14 万公顷，人工种草 367.02 万公顷，封禁治理 141.99 万公顷。建成淤积坝 9 万多座，其中骨干坝 5399 座，修建塘坝、涝池、水窖等小型蓄水保土工程 183.91 万处。这一系列建设工程的完成，收到了显著的经济效益、生态效益和社会效益，有效减少入黄泥沙，初步改善流域的生态环境，局部地区的水土流失和荒漠化得到遏制，改善了农业生产和群众生活条件。据 1999 年 6 月 30 日的《北京晚报》报道，在黄河中上游水土流失最严重的皇甫川流域裸露砒砂岩区，经过 10 年的水土保持综合治理和生态环境建设，如今山变绿、

宁夏中卫沙坡头（彭山 摄）

黄河两岸，一边是水稻田一边是沙漠（彭山 摄）

水变清，多年不见的白天鹅又重新在青山碧水间翩翩起舞。"三北"（东北、华北、西北）防护林工程东起黑龙江省的宾县，西至新疆的乌孜别克山口，横跨新疆、青海、甘肃、宁夏、内蒙古、陕西、山西、河北、辽宁、吉林、黑龙江、北京、天津 13 个省市自治区，东西长 4480 千米，南北宽 560 至 1460 千米，总面积 406.9 万平方千米，占国土面积的 42.4%，是迄今为止世界上规模最大的人工造林系统工程。整个工程于 1978 年启动，规划限 73 年，至 2050 年完工。启动 40 年来，已完成造林保存面积 3014.3 万公顷，使森林覆盖率由当年的 5.05% 提高到了 13.57%。"三北"防护林工程建设规模之大、速度之快、效益之高，均超过美国的"罗斯福大草原林业工程"、前苏联的"斯大林改造大自然计划"、北非五国的"绿色坝工程"，在国际上被誉为"中国的绿色长城""世界生态工程之最"。1987 年联合国环境规划署授予"三北"防护林建设区"全球五百佳"奖章，邓小平同志曾亲笔为"三北"防护林工程题词——"绿色长城"。黄河流域水土流失最严重的黄土高原就在"绿色长城"重点防治区域内。经过 40 多年的治理，沙化土地面积已连续净减少。

在黄河下游，防洪一直是治黄的首要任务。新中国成立以来，国家先后投入大量资金，在中游修建了三门峡水利枢纽、陆浑水库、故县水库、小浪底水利枢纽，对黄河下游两岸 1371.2 千米的临黄大堤进行四次系统地加高培厚，进行放淤固堤，开展大规模的河道整治和河口治理，开辟东平湖、北金堤滞洪区、大功分洪区以及齐河、垦利展宽区等分滞洪工程，初步形成"上拦下排，两岸分滞"的防洪工程体系。同时，加强水情测报、洪水调度、通讯、防洪政策法规非工程措施的建设。依靠这些防洪措施以及沿黄河广大军民的艰

三门峡大坝（岳青云 摄）

苦努力，扭转了黄河下游大堤伏秋大汛频繁决口的险恶局面。

黄河下游大堤历史悠久，是随着河道变迁经历代不断修建而成的。现行河道两岸大堤，东坝头以上建于明清时代，已有500多年的历史；东坝头以下是1855年铜瓦厢决口改道以后修筑的，也有100多年的历史。由于受当时生产力和科学技术水平的限制，当年修筑的大堤标准低，堤身单薄，加上泥沙冲淤影响，河势多变，一遇较大洪水便险情丛生，决口频繁。据有关资料统计，在现有堤线上的决口口门就有390多处。自1949年以来，采用全线加高加固大堤、锥探压力灌浆、放淤固堤等措施，至1995年共修筑加培土方约9.2亿立方米。特别是通过四次大的修堤，使大堤抗洪能力有较大提高。

如今，黄河堤防北岸起自河南孟州，南岸起自郑州邙山脚下。这两道大堤像平地崛起的山梁，横亘在华北大平原上。堤顶宽阔而平坦，并排可行两辆卡车。堤前伸出一道道石坝，抵挡着激流的冲击；堤后有黄河泥沙淤出的宽阔的淤背区，成为大堤的坚强后盾。堤肩上杨柳夹道，堤坡上覆盖着绿茸茸的青草。远远望去，巍峨壮观，雄伟至极，被人们誉为"水上长城"。两道大堤宛如钢铁长城，一次又一次地抵挡住了洪魔的袭击。1958年7月17日，黄河花园口站出现了洪峰流量每秒2.23万立方米的大洪水，这是有实测记录以来的最大洪水。洪水一到郑州，就冲掉了京广线郑州黄河铁路大桥的两个桥墩。在洪水暴涨的危急关头，正在上海开会的周恩来总理飞赴黄河，亲自指挥抗洪斗争。沿河军民齐动员，200万防汛大军开上大堤，一昼夜间修起了一条1米高600千米长的子埝工程。经过8天8夜的连续战斗，终于战胜洪水，保障两岸农业生产的丰收和人民生命财产的安全，在人民治黄史上写下了光辉灿烂的篇章。

为了防御超标准洪水和减轻凌汛威胁，国家还在黄河下游设置了

花园口大堤（孙建党 摄）

东平湖和北金堤两个分洪滞洪区。黄河下游的河道上宽下窄，形状像个漏斗。在河南省境内，河床的宽度一般为 10 千米，最宽处达 20 千米，到山东省的艾山一带，河床则只有 300 米宽。每到汛期，滔滔洪水迅猛地涌到这里，排泄不畅，就会出问题。东平湖恰巧就在宽河床和狭河床的连接处，历史上就是个天然的蓄水库，所以国家决定把它扩建为蓄存洪水的大水库。1958 年，在老湖区的西南方向又增建新湖区。新筑 50 多千米湖堤，修建进湖闸、出湖闸、运河穿黄船闸等建筑物，昔日的古梁山水泊正式被命名为"东平湖水库"。一旦黄河出现超过山东河段防洪标准的洪水，就可将洪水引进湖里"休息休息"，缓和一下局势，然后再放出去。人们风趣地称它是黄河洪水的"招待所"。

与东平湖圆圆的肚子不一样，北金堤分洪滞洪区看起来像一个长长的口袋，将上游来的部分洪水装进口袋中，起到分洪滞洪的作用。但这个口袋不能乱用，因为那里居住着成千上万户人家，一旦放进洪水，这些人家的房舍、田地将被淹没，人们的生命也难以保全。1949 年新中国成立前夕，为缓解洪水压力，确保黄河洪水不给即将诞生的人民共和国造成不良的政治影响，曾起用过北金堤滞洪区，结果共淹没 1100 个村庄，50 余万人受灾。所以，1958 年发那么大洪水，也没再起用北金堤分洪滞洪区来分洪。

黄河下游除东平湖、北金堤两个分洪滞洪区外，还修建了齐河、垦利展宽区以及大功分洪区，以缓解山东窄河段的凌汛威胁。目前，东平湖是重要滞洪区，北金堤作为保留滞洪区临时分洪防御特大洪水，其他几处已取消分滞洪任务。

此外，黄河干、支流上的三门峡水库、小浪底水库、陆浑水库、

黄河湿地（彭山 摄）

故县水库都起到了控制洪水、调节水沙的重要作用。目前，小浪底水利枢纽控制了黄河流域面积的 92.2%、全河 91.2% 的水量和几乎全部的泥沙，是防治黄河下游洪水、协调水沙关系的最关键工程。

值得注意的是，自 20 世纪 60 年代起，我国还开始在黄河流域设置一批自然保护区。1992 年我国签署《关于特别是作为水禽栖息地的国际重要湿地公约》之后，又在黄河流域建立了三江源、诺尔盖、青海湖、河南黄河湿地、豫北黄河故道、下游河口三角洲等一批湿地自然保护区。这对保护黄河流域的生态环境产生了积极的推动作用。黄河流域目前共建立各级自然保护区 167 个，其中湿地类自然保护区 32 个，是流域珍稀、濒危物种及特有鱼类的集中分布区；与黄河干流水利联系的湿地类自然保护区 21 个，是黄河水生态保护的重点。

综观中华人民共和国成立以来的历史，上中游的水土保持和下游的防洪建设都取得了很大的成就，充分体现了社会主义制度的优越性。上中游黄土高原的水土流失得到初步治理，每年平均减少入黄泥沙约 3 亿吨。下游也初步形成一个防洪工程体系，减少了洪水的泛滥。同时，上中游也加强了防洪建设，下游也加强了水土保持。黄河的综合治理取得了显著的成效。

　　中华人民共和国成立以来，在滔滔奔涌的黄河上兴建了不少大型的水利水电工程。它们就像一颗颗耀眼的明珠，缀在母亲河的胸前，熠熠生辉。与这一系列水利水电工程相伴而建的还有遍布在黄河干流和支流上大大小小的灌溉工程和城市供水工程。

　　黄河流域有着丰富的水力资源，可开发水电装机容量3474万千瓦，居全国大江大河的第二位。在黄河的上游，从青海省的龙羊峡到宁夏回族自治区的青铜峡，黄河一直穿行在峡谷与川地相间的河道里，全长918千米，坡陡流急，峡谷险滩众多。较大的峡谷有龙羊峡、李家峡、刘家峡、盐锅峡、八盘峡、黑山峡、青铜峡等20多个，占这段河道总长度的40%以上。这里有发展水利事业极为优越的条件：一是水量较为丰富，而且泥沙较少。黄河在兰州以上的流域面积仅占全流域面积的1/3，水量却占到黄河水量的 61%。实际上，黄河水能够奔流到海不复回，大部分是靠兰州以上的来水维持的。同时，黄河在龙羊峡以上流经高山草原，河水清洌，泥沙含量较低。到兰州时，黄河水每立方米平均含沙量只有 3 千克，即使到达内蒙古的托克托也只有 6 千克。二是峡谷两岸大部分由坚硬的花岗岩和古老的变质岩组成，防渗抗压能力强，适合建设重型大坝。三是水流不仅湍急，而且落差很大。从龙羊峡到青铜峡，河流上下落差 1300 多米，平均每 100 千米下降 140 多米，急流飞泻，势不可挡。据有关部门考察，黄河蕴藏的总发电能力约有一半来自这段河道。四是在两峡之间有大小、宽窄不等的川地。这种山峡与川地相间的地形利于建造一连串的梯级水电站。

新中国成立后，从 20 世纪 50 年代起，就在黄河上游陆续修建了盐锅峡水电站、青铜峡水利枢纽工程、刘家峡水利枢纽工程、八盘峡水电站和龙羊峡水电站等重点工程，主要对黄河径流进行多年调节，并满足防凌、调水调沙、供电的需求。黄河上游已建工程形成了西北电网的水电基地，为工农业和城乡人民生活提供了稳定、可靠和廉价的电力。目前还有一批在建和待建的水利水电工程。

龙羊峡水电站是万里黄河上的第一座大型水电站，被誉为"龙头电站"。它位于青海省共和县南、贵南县交界的峡谷进口地段，由国家投资近 18 亿元，于 1976 年动工兴建，经过 10 多年的艰苦奋战而竣工。龙羊峡水库坝高 178 米，长 1 226 米，水库面积 380 平方千米，水库最深处 65 米，足有 20 多层楼高，总库容量 247 亿立方米。水电站安装 4 台 32 万千瓦的水轮发电机组，总装机容量 128 万千瓦，年发电量约 60 亿千瓦时。龙羊峡水电站的建成可使其下游的刘家峡、盐锅峡、八盘峡、青铜峡等水电站每年增加发电量 5 亿千瓦，可增加灌溉面积 99 万公顷，增加城市工业供水 4.7 亿立方米，为陕西、甘肃、青海几省电网提供强大的电力，对提高甘肃、宁夏、内蒙古等省区的防洪和防凌水平也有较大作用。

黄河从龙羊峡流经 335 千米，几经曲折，来到甘肃永靖县的刘家峡。这段峡谷长 11 千米多，落差达 18 米。两岸山峰陡峭，一座巍峨的混凝土大坝犹如铜墙铁壁，巍然屹立在滚滚波涛中，这就是名震中外的刘家峡水电站。水电站从 1958 年 9 月开始动工，1974 年底全部建成。刘家峡水库蓄水容量达 57 亿立方米，水域面积 130 多平方公里；大坝高达 147 米，从坝的底部到坝顶相当于爬上一座 40 多层的高楼；主坝长 213 米，坝顶可并排行驶 4 辆卡车；大坝右岸台地上，修建了 80 米宽、700 多米长的溢洪道。水流从闸门喷射而出，在陡坡段急速奔腾，从数十米高处的陡坎跌入河中，如长河倾注，白浪悬空，云蒸霞蔚，气象万千。拦河坝下游是发电站的厂房，安装 5 台大型发电机组，总装机容量 122 万千瓦，年平均发电 60.5 亿千瓦时。刘家峡水电站担负着供给陕西、甘肃、青海几省的用电，兼有防洪、灌溉、防凌、供水等综合利用效益，每年为甘肃、宁夏、内蒙古几省区补充灌溉水量 8 亿立方米。

从刘家峡东行 30 千米，又一大型电站矗立在黄河上，这就是盐锅峡水电站。再往东到兰州之间还有一座八盘峡水电站。盐锅峡和八盘峡这两段峡谷分别长约 4 千米，依靠着刘家峡水库调节水量。盐锅峡水电站是黄河干流上发电最早的一个电站，因此人们称之为黄河的第一颗明珠。它于 1958 年 9 月开始动工，1961 年底就开始发电。装机容量为 47.2 万千瓦，年发电量 22.4 亿千瓦时。

汹涌澎湃的黄河水流经兰州以后，直泻宁夏的银川平原，在流入

盐锅峡水电站（彭山 摄）

八盘峡水电站（彭山 摄）

六十余载建设换新颜

宁夏广武营之后，被两座拔地而起的大山紧紧锁住，形成8千米长峡，这就是被誉为"塞上明珠"的青铜峡。青铜峡水利枢纽工程始建于1958年，国家投资5亿多元，经过9年多的建设完工。大坝高42.7米，全长687.3米，装机总容量32.4万千瓦，年发电量13.7亿千瓦时。从坝口泻出的黄河水流入秦渠、汉渠、东干渠、唐徕渠、汉延渠、惠农渠、清渠、西干渠、太宁渠、跃进渠等十大干渠，构成庞大的灌溉水系，其灌溉可与举世闻名的都江堰媲美。青铜峡水利枢纽不仅担负着黄河上游的灌溉与发电任务，还兼有防洪、防凌、供给城市工业用水的综合效益。

青铜峡水利枢纽工程（董宏征 摄）

黄河穿过内蒙古河套平原，一过内蒙古的托克托县，便开始了它中游的里程。新中国成立后，国家在黄河中游的干支流建有一系列水电站和三门峡、小浪底、陆浑、故县等水利水电工程，构成了中游洪水泥沙调控工程体系的主体，兼顾水力发电、供水和灌溉等综合利用。

　　黄河在托克托县河口镇掉头向南，在晋陕峡谷中飞流直下725千米，抵达禹门口，落差300多米。其中，位于陕北府谷和晋西北保德二县之间的天桥石峡，峡谷长达20千米。两岸山势如屏，绵延起伏；中间河道狭窄，咆哮的黄河水似万马奔腾，飞流直下。1972年，在天桥下游13千米的地方建成一座连接晋陕两地的钢筋混凝土大桥，使天堑变成了通途。1977年，在天桥下游4千米的水寨岛又建成了晋陕峡谷上的第一座水利发电站——天桥水电站。天桥水电站是一座无水库调节的河床式径流电站。峡谷特殊而复杂的自然条件给这座电站的设计带来了很大的困难。夏季，暴涨的洪水挟带着巨量的泥沙奔涌而来，一天的来沙量最高达1亿多吨。混浊的洪水使坝体承受的压力是清水河流的1.5倍。工程设计人员通过大量的科学实验和复杂的计算，精心设计，终于建成这座水电站。水电站坝体设有双层泄洪闸，排泄着洪水、泥沙、冰凌和污物；电站厂房底部设有排沙洞，倾泄泥沙，坝下的承压水被巧妙地导引出来，用于冷却水轮发电机。这座实验性的电站揭开了开发利用晋陕峡谷水力资源的序幕，为这段河流建设电站积累了宝贵的经验。

　　九曲黄河流经潼关后，不远处就是著名的三门峡水利枢纽工程。三门峡是驰名中外的大峡谷，是河南省和山西省的天然分界，又是沟通中国中原与西北、西南腹地的险道要冲。峡谷两岸夹水，峭壁嶙峋。三门峡水利枢纽工程于 1957 年 4 月开工，1958 年 10 月截流，1960 年基本建成并投入蓄水运行。一座 96 米高的混凝土大坝拦腰截断黄河，形成一个超过太湖面积的人工湖泊。它是中国在黄河干流上兴建的第一座大型水利工程，由于缺乏实践经验，设计时对泥沙淤积的严重性估计不足。水库投入使用后，发现泥沙淤积十分严重，后来经过两次改造，将高位泻流改为低位泻流，才基本解决库区的泥沙淤积问题，发电也就由高水发电改为低水发电。1973 年 12 月，第一台 5 万千瓦机组正式发电，到 1996 年底装机容量达到 41 万千瓦，年发电量 12 亿千瓦时。它不仅为河南、河北、山西三省提供电力，而且对河南、山东的防洪起着重大作用。

从三门峡往东，到河南孟津县，是黄河干流的最后一段峡谷，叫晋豫峡谷。这段峡谷全长约 150 千米，河谷底宽 200~800 米，是黄河干流三门峡以下唯一能取得较大库容控制性工程的河段。1994 年 9 月开工兴建的小浪底水利枢纽工程就位于该峡谷的出口处。1997 年 10 月，大河截流；2001 年初，两台机组发电。整个工程完成后，总装机容量 180 万千瓦，年发电 58.5 亿千瓦时，水库总库容 126.5 亿立方米，长期有效库容 51 亿立方米，控制流域面积 69.4 万平方千米。小浪底水利枢纽的建成可使下游河段 20 年不淤积抬高，并使下游防洪标准由当前的 60 年一遇提高到千年一遇。它与三门峡水库共同调蓄凌汛期水量，可基本解除下游地区的凌汛威胁。整个工程兼顾防洪、防凌、减淤、供水、灌溉、发电，成为中国综合效益最高的一项水利工程，对下游两岸的社会经济生活产生着深远的影响。

黄河流过富饶的宁夏平原，由石嘴山急流北上，穿越贺兰山余脉，在浩瀚的乌兰布和沙漠与茫茫的鄂尔多斯草原之间缓缓地流入内蒙古自治区的河套平原，因北受阴山阻挡，转而折向东流。这段九曲黄河给河套平原带来了繁荣富裕。从战国时代起，魏、赵等国和后来的秦、汉、唐王朝均在这里移民屯垦，引渠灌溉。但在过去的年代里，灌渠时兴时废，发展缓慢。直到1949年前，灌溉面积只有13.33万公顷，而且引水没有保证。有些地方有灌无排，不少肥沃的良田变成了白茫茫的盐碱滩。

20世纪60年代初期，在河套平原的西部，内蒙古自治区巴彦淖尔盟磴口附近的黄河干流上建立了三盛公大型水利枢纽工程。2000多米长的拦河大坝把黄河拦腰截断，壅高水位，18座电动节制闸门以每秒500多立方米的速度把黄河水引入干渠，再通过400多千米长的南北总干渠和40多条大小干渠，把水送往各个灌区。不能自流灌溉的地方，沿渠建了许多大小扬水站。一座座节制闸、渡槽和桥梁与1万多条林带掩映的渠道纵横交织，在河套平原上形成了一个比较完整的排灌系统，灌溉着58万公顷土地，成为目前黄河流域最大的引黄灌溉枢纽。

为解决山西等省区引水困难并远距离送水进京，在黄河拐过托克托进入中游不远的干流上又修建了万家寨大型引黄工程。工程设计年引水总量达12亿立方米，引水线路全长452.4千米。其中，地下隧洞长约300千米，最大埋深达430米，被水利专家们称为"天下第一地下长河"。

在黄河下游的河南新乡，则有新中国兴建的第一个引黄灌溉工程——人民胜利渠。人民胜利渠于1950年开工建设，1952年建成放水浇地。它由六条干渠连接着成千上万条支渠、斗渠和农渠，承担着新乡、焦作、安阳3市11个县（市、区）47个乡（镇）的农田灌溉和新乡市城市供水的任务。人民胜利渠建成后，黄河下游又陆续兴建了一批引黄灌溉工程。目前，在西起河南孟津，东到渤海之滨的千里黄河两岸，已建成一大批引黄涵闸、虹吸和万亩以上的引黄灌区。众多的引黄灌区集中连片，农业生产水平较高，河南、山东两省也因此而成为中国重要的粮、棉、油生产基地。

新中国成立以来，黄河水利灌溉建设取得了辉煌的成就。据统计，新中国成立初期，全流域灌溉面积仅有80多万公顷，工程简陋，标准低下。人民共和国成立后，投入大量的人力、物力和财力，

万家寨水利枢纽大坝（张飞天 摄）

兴修了大量的水利灌溉工程，使灌溉面积扩大到约570.4万公顷，约占全流域耕地面积的35%，比新中国成立初期增加了7倍多，在占全流域耕地1/3的灌溉面积生产了全流域2/3的粮食和大部分经济作物。大片灌区主要分布在黄河上游的宁蒙平原、中游的汾渭盆地以及下游的沿黄平原，成为各省区重要的粮棉生产基地。宁夏引黄灌区是宁夏主要的粮棉油产区，也是全国12大商品粮基地之一。陕西关中灌区的耕地面积占全省的40%多，提供的商品粮占全省70%以上。河南人民胜利渠灌区目前粮、棉产量分别是开灌前的10.7倍和5倍。山东省沿黄县市粮、棉总产量分别占到全省粮棉总产量的37%和72.5%。

新中国成立后，在黄河沿岸还建立了大批引黄涵闸，不仅保障两岸的工农业生产，而且为广大居民提供了大量的生活用水。此外，引黄济晋、引黄济青、引黄入卫、引黄入淀、引黄济烟等一系列跨流域引水工程的修建又将黄河水引出以支援流域外的工农业生产，解决当地居民的用水困难。这些引水工程，有的已经完工，有的还在建设中。目前，天津、青岛等城市都已用上了通过引水工程远距离输送来的黄河水。

随着时代的发展，根据国民经济对黄河治理开发的要求，国家进一步规划，在黄河中上游先后建设36座梯级枢纽工程，总库容1007亿立方米，发电装机容量2493万千瓦，年平均发电量862亿千瓦时。梯级工程采用高坝大库电站或壅水枢纽相间布置，形成以龙羊峡、刘家峡、大柳树、碛口、古贤、三门峡和小浪底等7座骨干水利枢纽工程为主体的黄河水沙调控工程体系；在黄河下游，建成以堤防、河道整治、河口治理工程为主的下排工程和配套完善的分滞洪工程；

在干流宁蒙河段、禹门口至潼关的小北干流河段及渭河下游等重点防洪河段，建设标准河防工程。目前，一些工程还在建设中，还有一些工程尚在论证阶段。待这些工程完成后，缀在黄河母亲胸前的明珠将变得更加璀璨，把母亲河装扮得更加娇艳动人。

新中国建立前,黄河流域基本上没有大工业,沿黄河8省区中只有山东的工业基础较好,有一批德、日兴办的企业和少量民族资本的企业,其他省区的工业几乎是一片空白。加之农业生产水平低,铁路里程短,导致经济萧条、交通闭塞、文化落后。新中国成立以来的60多年,黄河流域综合治理的成效显著,水利水电工程大量兴建,社会主义制度优越,社会相对稳定,经济文化便以前所未有的速度向前发展,达到了新的高度。

建国初期,由于国际形势的影响,黄河流域所属的西部各省区成为当时国家建设的重点。20世纪50年代,苏联援助中国建设的156项骨干工程,仅陕西、甘肃两省就占了40项。60年代,中苏关系恶化,中印边境局势一度十分紧张,国家把建设重点主动从"三北"地区移到"三线"地区。国家投巨资在陕西的关中、陕南,甘肃的天水、平凉以及青海、宁夏的部分地区建设了一批能源工业、宇航工业、飞机制造业、电子工业、重型机械制造业、有色金属加工业、核工业与仪器仪表业等。20 世纪 70 年代末期，由于改革开放的需要，国家把建设重点从"三线"地区转移到东部沿海地区。改革开放以后，除山东省有较为快速的发展外，黄河流域其他各省由于地处内陆，经济社会发展相对缓慢，与东部地区相比存在着明显的差距。20 世纪 90 年代末期，党中央和国务院适时调整国家建设重点，作出西部大开发的战略决策，黄河两岸的经济开始提速发展。21 世纪初，国家又提出中部崛起计划，大力促进中部地区的发展。黄河流域地跨我国东、中、西部三个经济地带，其中绝大部分地区位于我国中西部。随着西部大开发、中部崛起等战略的实施，国家政策向中西部倾斜，黄河流域的经济得到快速增长。流域内国民生产总值（GDP）由 1980 年的 916 亿元增加到 2012 年的 16527 亿元。近年，国家主席习近平提出建设"丝绸之路经济带"和"21 世纪海上丝绸之路"的"一带一路"战略规划，黄河流域的几省区均地处丝绸之路经济带的核心区域，战略地位明显。随着"一带一路"规划的启动，黄河流域的经济发展又将迎来新的历史机遇。

综观 60 多年的建设，人民共和国的建设者们首先唤醒了在地下沉睡上亿年的煤炭、石油、天然气和有色金属等矿产资源，并利用这些资源兴办大量的工矿企业，形成了颇具规模的黄河流域产业带。

黄河流域的矿产资源，特别是能源资源十分丰富，被誉为我国的"能源流域"。目前，黄河流域已经探明的矿产有 114 种，在全国已探明的 45 种主要矿产中占有 37 种。其中，稀土储量占到全国的 98%，煤炭保有量占到全国的 50%，铝、钼储量占到全国的 44%，石油储量占到全国的 40%，以煤炭、油气和水电资源总量而言，黄河流域不仅在全国七大江河流域中雄居榜首，在世界上也难有其他江河流域可与之媲美。

黄河流域 8 省区均有相当丰富的煤炭资源，保有储量约 6742.33 亿吨，80% 以上为优质煤。在全国已探明储量超过 100 亿吨储量的 26 个煤田中，黄河流域占有 12 个。其中，鄂尔多斯盆地的煤炭资源约有 5900 亿吨，是世界八大煤田之一。同时，黄河流域的煤炭资源相对集中在黄河中游，山西省更享有"煤海"的美誉。

石油和天然气被誉为"现代工业的血液"，也广泛分布于整个黄河流域，相对集中在下游地区。整个黄河流域已建成胜利、中原、延长、长庆 4 大油田。其中，胜利油田是仅次于大庆油田的中国第二大油田。陕北是世界级的整装天然气田。

以甘肃兰州为中心的黄河沿岸则被称为中国的"黄金走廊"和"冶金谷"，有色金属储量极其丰富，10 种有色金属的产量占全国的 11% 左右。金昌市是中外闻名的"镍都"，白银市是著称于世的"有色城"。

稀土因与超导等高科技产业密切相关，被称为"21 世纪的资源"。内蒙古河套地区的稀土矿储量高达 1 亿吨，占世界总储量的 80%。草原钢城包头是中国最大的稀土工业基地，被誉为"稀土之乡"、中国的"稀土谷"。

黄河流域还有丰富的太阳能、风能、地热等清洁能源资源，组合条件比较好。其中，太阳能、风能、地热是可再生资源，取之不尽，用之不竭。

新中国成立以来，依托丰富的煤炭、电力、石油和天然气等能源资源及有色金属矿产资源，黄河流域建成了一批能源和重化工基地、钢铁生产基地、铝业生产基地、机械制造和冶金工业基地，为流域经济的进一步发展奠定了基础。流域内形成了以山西、内蒙古、宁夏、陕西、河南等省区为主的煤炭重化工生产基地；建成我国著名的中原油田、胜利油田以及长庆和延长油气田，在胜利油田建立了中国第一个石油化工基地——山东胜利石油化工总厂；形成了以包头、太原等城市为中心的全国著名的钢铁生产基地，并在兰州、西安、济南、西宁、呼和浩特、石嘴山、临汾等地兴建了一批中小型钢铁厂；在豫西、晋南等地建立了铝生产基地。西安、太原、兰州、洛阳等城市的机械、冶金工业等也有很大发展；黄河中上游地区的甘肃陇东、宁夏宁东、内蒙古西部、陕西北部、山西离柳及晋南等能源基地也正加速建设。经过新中国成立后 60 多年，特别是改革开放 40 多年的建设，黄河流域已具备特色鲜明且门类比较齐全的工业基础。

由于资源丰富和国家优先在这里发展重工业的整体布局，黄河流域的工业大多是高耗能的重工业。例如，重要的煤炭基地有陇海宁东煤田、蒙南－陕北－山西－豫西煤炭工业基地、平凉－宝鸡－咸阳－渭南煤炭工业基地、豫皖苏鲁煤炭基地。石油有长庆油田、延长油田、中原油田和胜利油田，胜利油田还建立了中国第一个石油化工基地——山东胜利石油化工总厂。电力基地主要有黄河中上游水电基地及待开发的黄河北干流水电基地、兰银火电基地、贺兰山火电基地、蒙西火电基地、渭北火电基地、同雁火电基地、晋东火电基地、晋中火电基地、豫西火电基地。有色金属工业主要分布在以铅、金、钼、铜为主的晋陕豫三角区，以铝、镁、稀土、铜、铅、锌为主的晋陕蒙三角区，以铅、锌、镁、钠为主的黄河上游区，以铅、锌、钛为主的宝鸡区。钢铁工业基地主要在靠近原料产地的包头、太原，同时在兰州、西安、济南、西宁、呼和浩特、石嘴山、临汾等地兴建了一批中小型钢铁厂。

黄河流域还有配套齐全的机械工业基地，为能源和原材料工业提供大型成套设备。主要有兰州、天水、宝鸡、西安、洛阳、济南、太原、呼和浩特等重型机械制造业基地。这些基地主要分布在陇海线，形成了一个机械制造业产业带。

20世纪五六十年代，由于国家"三线"建设的需要，黄河流域的豫西、关中、甘肃东部和中部还聚集着一批"三线"军工企业群，包括西安、咸阳、宝鸡、天水、兰州等电子工业基地，西安、汉中飞机制造工业基地，兰州核工业基地等，从而在黄河流域西南部形成一个高技术产业群。这些"三线"工业建设按照战略后方基地的要求，技术政策高度倾斜，技术结构高度强化，成为中国高科技工业的一支重要力量。

陕西曾是中国航天工业的重点投资省份之一，航天工业已具备相当的基础，运载火箭和星载设备制造技术已跨入世界先进行列，并具有卫星通信转发系统、卫星遥感系统及卫星地面控制系统等多方面的设计、制造能力。中国唯一的飞机试飞中心和中国最大的航空机轮模拟试验中心也设在陕西。西安还设有卫星测控中心。20世纪80年代以后，陕西航空工业按照"军转民"方针，大力发展民用飞机，到20世纪末，仅飞机一项就增加产值10亿元，出口创汇5000万美元左右。甘肃在航天工业的某些方面也有一定的发展基础。如甘肃酒泉卫星发射基地是我国最早的卫星发射中心。1970年4月24日21点48分，被誉为"中华第一星"的中国第一颗人造卫星——"东方红一号"在这里成功发射。当天，这颗卫星向全世界播放了《东方红》乐曲。2003年10月15日，中国第一个载人航天飞行器——"神舟五号"宇宙飞船也是在这里发射升空的。除酒泉外，黄河流域还有山西太原卫星发射中心。

此外，黄河流域的烟台市以苹果和葡萄酒闻名于世，又被称为"果酒之城"。豫西灵宝等地建立了中国第二大黄金生产基地。宁夏建立了中国第一座机械化湖盐场——宁夏吉兰太盐场，总面积120平方千米，于1976年1月建成。在中国8座规模巨大的炼铝厂中，黄河流域就占有4座，分别在河南郑州、内蒙古包头、甘肃兰州和宁夏青铜峡。

在农业方面，由于大量水利灌溉工程的兴建以及在水土保持、防风固沙、植树种草、培肥土壤、作物改良等方面的努力，黄河流域的农业生产也取得了较大的成就。

黄河流域是中国较为重要的粮食产区，盛产小麦、玉米等旱作粮食。产粮区主要分布在黄河干流和支流周围灌溉条件好的平原和河谷盆地上，包括青海省的海东灌区，宁夏的银川平原灌区，甘肃的河西走廊、陇西和陇东高原商品粮基地，内蒙古的河套灌区、土默川平原粮食基地，山西的晋中、晋东南粮食基地，山东的胶东半岛、南四湖沿岸、泰莱平原粮食基地，陕西省的关中平原、汉中盆地粮食基地，河南省的黄淮海平原粮食基地，太行山、伏牛山前沿粮食基地等。其中，最为著名的宁蒙河套平原有"黄河百害，唯富一套"之称；关中平原则享有"八百里秦川"的美誉；黄淮海平原面积达38.7万平方千米，约占全国平原面积的1/3，生产了全国50%的小麦、40%的棉花、30%的玉米、27%的大豆。

黄河流域的经济作物主要有棉花、油料作物、甜菜和烟叶等。黄河中下游地区是中国重要的棉花产区，冀中南、鲁西北和豫中平原以及黄淮海平原是全国重要的商品棉基地。油料作物以山东的花生最为著名，产量占到全国的40%。黄淮海平原的油菜籽和河南的芝麻也是重要的油料作物。青海省东部的化隆县地处黄河北岸，有大片的肥田沃土，是西部最大的油菜生产基地之一，菜籽油大量外销，当地有"化隆的青油满街流"的民谚。甜菜主要分布在内蒙古等地。

黄河流域的畜牧业有较好的基础，在全国畜牧业中占有重要地位。黄河上游的青海和内蒙古有广阔的天然牧场，如青海的青南地区和环青海湖地区以及内蒙古的呼伦贝尔草原等均为大型的天然放牧区，主要出产马、羊及其肉、奶、皮、毛产品。宁夏西海固地区，甘肃甘南高原，陕西关中平原，河南黄淮海平原、太行山、伏牛山区，山东、山西的农区则是羊、牛、猪、兔、禽类等生产基地。其中，宁夏的滩羊、中卫羊为著名的裘皮羊；关中平原的秦川牛、关中驴、关中马，河南的泌阳驴、南阳黄牛、固始鸡，山东的青山羊、鲁西牛，甘肃的河曲马，青海的大通马等，均为全国有名的品种。

黄河流域的林业和渔业也有一定的发展。林业基地主要有青海的青东、青南林业基地，甘肃的陇南山、白龙江、甘南高原、子午岭林业基地，宁夏的贺兰山、六盘山、罗山林业基地，内蒙古的"三北"防护林业基地，陕西的大巴山、秦岭、关山、桥山和黄龙山林业基地，河南的豫北太行山、豫西黄土丘陵、豫东平原、豫西伏牛山防护林、水土保护林、用材林、经济林基地，山东的胶东半岛、鲁西平原、鲁中南山区、丘陵区经济林、水源林、防护林基地。由于水资源的限制，黄河流域的渔业发展一直薄弱，但黄河鲤鱼以肉嫩味美而扬

洛阳牡丹 （陈红宇 摄）

名海内外，黄河三角洲则素有"东方对虾故乡"的美称。

　　黄河流域还有一些富有特色的农副产品。宁夏的枸杞驰誉中外，有"红宝"之称。黄河流域还是中国重要的水果产地，桃、杏、李、梅、枣、梨等水果都源于黄河流域。兰州有"瓜果城"之称，盛产白兰瓜、兰州瓜、苹果、百合、黑瓜子。烟台素有"水果之乡"的美名，产有草莓、杏、桃、李、花生、沙果、茄梨、柿、软枣、葡萄等数十种水果，所产烟台苹果、莱阳梨和福山大樱桃更是名扬天下。黄河流域所产的花卉也极负盛名。沿黄地区有两个牡丹之乡，一是河南洛阳，一是山东菏泽。洛阳从隋代开始种植牡丹，到唐代已誉满全国，有"洛阳牡丹甲天下"之美称。现在，洛阳牡丹已发展到1100多个品种，有姚黄、魏紫、潜溪绯、鹤翔红、洛阳红、苏家红、左花、牛花等数十个名贵品种，100 多万棵植株，品种为新中国成立前的 18.5 倍。1982 年，牡丹被定为洛阳市花。1983 年，洛阳举行首届牡丹花会，此后每年举办，"花开长落二十日，一城之人皆若狂"。菏泽自明嘉靖元年（公元 1522 年）开始栽培牡丹，此后花色品种不断增加，遂有"曹州（菏泽古代为曹州治所）牡丹甲天下"之誉。近年来，菏泽牡丹种植面积不断扩大，并把牡丹定为市花，在每年牡丹盛开之时举行花会，"谷雨三朝看牡丹"，热闹非凡。此外，山东济南的荷花也极负盛名，有粉千叶、红千叶、大洒锦、重心莲、佛见笑、佛莲座、秋水长天、碧血丹心、天高云淡等著名品种。

20 世纪 80 年代以来，黄河流域第三产业发展迅速，特别是交通运输、旅游、服务业发展速度较快，成为推动第三产业快速发展的重要组成部分。

黄河流域的交通运输业在新中国成立前很不发达。除了河南、山东已建有陇海、京汉等铁路外，其他几省的铁路建设缓慢，宁夏、青海省区的铁路几乎是一片空白。新中国成立以后，尤其是改革开放以来，黄河流域铁路建设发展迅速，已初步形成了一个四通八达的铁路交通网。横贯黄河流域的陇海、兰新大铁路作为第二座亚欧大陆桥的东段，从江苏连云港到新疆阿拉山口长达 4123 千米，是中国最长的铁路线，全程复线已经修通。同黄河并行的其他铁路有包兰、同蒲、石（臼所）焦（作）、胶济（南）、济东（营）和西（安）包（头）、西（安）宁（南京）线等。加上南北向的京沪、京九（江）、京广、焦柳（州）等铁路与之交叉，形成蛛网状的铁路轴线辐射圈，并与国际运输线相配套，铺开新的"丝绸之路"。近年，中国大力发展高速铁路，黄河流域已建成通车郑济、郑西、西成、西兰、徐兰等多条高速铁路，大大缩短了行程时间，提高了运送能力，产生了巨大的社会效益，为西部大开发开通了进出西部的通道。现在，黄河经由之地大都有了铁路，黄河上中游各段均有铁路贯穿，改变了黄河流域铁路稀少、分布不均、交通落后的面貌。此外，黄河流域有目前世界上海拔最高的青藏铁路，有中国第一条电气化铁路——从陕西宝鸡到四川成都的宝成铁路，有亚洲最大的铁路货车编组站——郑州北站，有中国最大的零担货物中转站——郑州东站，有中国最大的旅客中转客运站——郑州火车站。

除铁路外，黄河流域的公路、航空、管道等多种运输形式均有较大发展。在公路建设方面，初步建成了以国道为骨架，联系以大城市为中心的重要经济区、粮棉基地和重要旅游区的干支结合、四通八达的公路网，与铁路网互相补充，互相辅助，把很多昔日交通不便的地方与全国交通网紧紧联结在一起。航空运输在现代运输方式中是后起之秀，速度快，效率高。现在，黄河流域的几个重要城市都已通航，大大方便了公务、商务和文化旅游活动的开展。管道运输在黄河流域的油气运输中扮演着重要角色，黄河流域的石油、天然气、煤浆通过管道源源不断地输往北京、天津、重庆、南京、上海等大中城市，大大改善了这些城市的基础设施。

黄河流域有着丰富的旅游资源和博大精深的黄河文化。改革开放以来，黄河流域的旅游业有了很大的发展。甘肃省武威市出土的一件铜器文物——"马踏飞燕"被确定为中国旅游业的标志图案。目前，在国务院批准公布的全国134座历史文化名城中，有27座位于沿黄河各省区，其中黄河流域独占20座。沿黄河省区的太原、大同、呼和浩特、济南、青岛、烟台、郑州、洛阳、西安、兰州等城市已被列为全国重点旅游城市。

黄河流域的自然景观众多，有日月山、积石山、贺兰山、六盘山、太行山、五台山、吕梁山、华山、恒山、嵩山、泰山等名山；有龙羊峡、积石峡、刘家峡、盐锅峡、八盘峡、青铜峡、三门峡等名峡；有扎陵湖、鄂陵湖、乌梁素海、东平湖等名湖；有以神奇、壮观而闻名于世的中国第二大瀑布——黄河壶口瀑布，有腾格里沙漠、毛乌素沙地、鄂尔多斯草原、呼伦贝尔草原等沙漠草原景观，还有青海三江地区、甘肃麦积山地区、宁夏贺兰山脉、山西吕梁山脉等地的各种各样的珍禽异兽、奇花异木。迄今，黄河流域已建立100多处国家级和省、县级自然保护区，重点保护大熊猫、金丝猴、藏羚羊、藏野驴、野牦牛、野骆驼、羚牛、云豹、朱鹮、大鲵、白天鹅、黑颈鹤和梭梭林、胡杨林、杉林、杜松林等珍稀动植物。

黄河流域旅游资源的最大优势在文化方面。这里有民族风情景观，如"回族之乡"宁夏的伊斯兰风情、鄂尔多斯草原、呼伦贝尔草原蒙古族牧民的体育竞技那达慕大会和音乐歌舞、甘肃康乐县莲花山和西宁老爷山多民族花儿对唱会以及陕北的信天游、安塞腰鼓等。更多的是文物古迹景观，如蓝田猿人遗迹、大地湾古人类遗址、半坡遗址、殷墟等闻名世界。中华民族始祖轩辕黄帝陵、孔林中的孔子墓园以及秦始皇陵在全国古墓葬中排名第一、第二、第三号。秦始皇陵兵马俑，被联合国教科文组织列为世界十大古代文化宝库之一。还有甘肃天水的伏羲庙、宁夏贺兰的西夏王陵、内蒙古伊金霍洛旗的成吉思汗陵墓、陕西米脂的李自成行宫、宝鸡的神农祠、西安的碑林、西安附近的汉唐陵墓、临潼的华清池、太原的晋祠、平遥古城、河南登封嵩阳书院、巩义市宋陵、曲阜孔庙和孔府以及

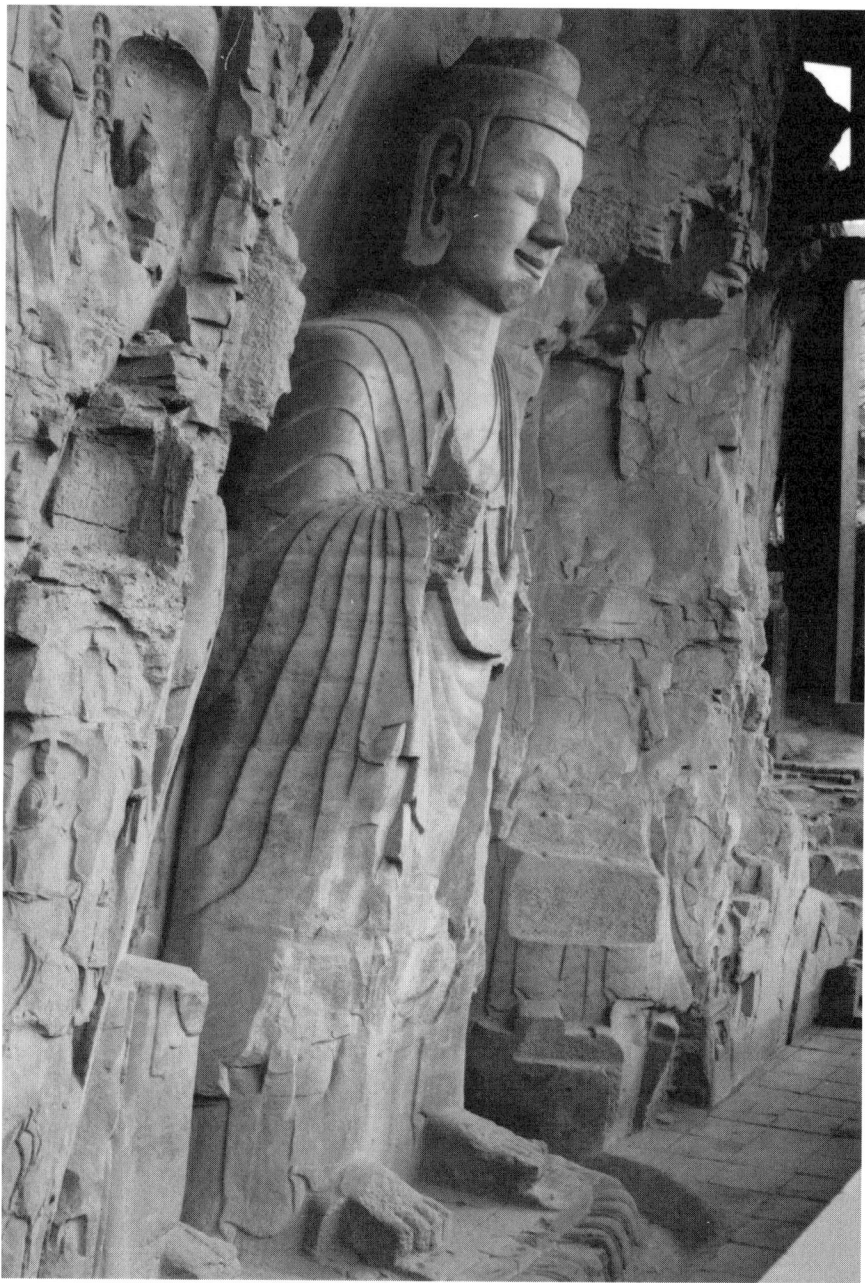

巩义石窟（陈红宇 摄）

华山、泰山、长城等，均闻名于海内外。

此外，黄河流域有举世瞩目的中国革命圣地延安、1923年京汉铁路工人大罢工纪念地"二七"名城郑州、西安事变旧址、山西武乡县八路军总司令部旧址、山西繁峙、灵丘的平型关战役遗址、山西五台白求恩模范病室旧址、刘胡兰故乡山西文水县云周西村等一批革命纪念地。还有一大批历史名人居住、活动的遗址以及宗教圣地，如佛教圣地河南嵩山少林寺、洛阳白马寺、开封相国寺、山西五台山寺院、藏传佛教圣地青海湟中塔尔寺、甘肃夏河拉卜楞寺，道教名观开封市西南为纪念全真派创始人王重阳而建的延庆观，伊斯兰教名刹青海西宁东关大清真寺、宁夏银川的同心大清真寺、兰州桥门寺、西安化觉寺等。中国四大石窟中，云冈石窟、龙门石窟、麦积山石窟均分布在黄河流域。北魏晚期开凿的巩义石窟也很有名。

除了世世代代流传下来的传统文化景观，新中国成立以来的60多年间又产生了一些具有鲜明时代特征的新的文化景观。

1995年6月17日，由旅美艺术家陈强创意策划的黄河水体纪念碑在黄河河口中心城市东营市落成。黄河水体纪念碑是大型观念艺术作品《黄河的渡过》主体部分之一，碑体高2.5米，厚1米，全长790.3米，中段由1093个容积为0.53立方米的钢化玻璃小罐组成，罐内分别注入了从河源到河口每隔5千米为一段所取的1093份水样，并标明取水点的经纬度，从西向东按黄河流程依次排列，构筑成一道举世无双的水墙，形成一条微缩的黄河。这部作品像是一幅黄河的肖像，也是一座关于中华民族、中华文化的纪念碑，一座人类生存、人类文明的纪念碑。现在，这里已成为一个著名的旅游景点，吸引着不少游人。

在宁夏银川西面贺兰山下的镇北堡，有一座华夏西部影视城。镇北堡略呈长方形，东西长 170 米，南北宽 150 米，是古代守卫长城的军队驻扎和储备军需的兵营，现有新堡和旧堡。20 世纪 80 年代初，著名导演谢晋在镇北堡拍摄《牧马人》获得巨大成功。随后十几年，这里拍摄过《黄河谣》《红高粱》《边走边唱》《一个和八个》《老人与狗》《五魁》等几十部影视片，成为中国最著名的影视外景地之一。这座影视城现已对外开放，成为一个有名的旅游景点。

为社会经济发展培养高素质人才、提供科学技术的教育事业，60多年来也取得了很大的成绩。黄河流域聚集了众多的高等院校和科研院所，每年为国家培养大批优秀人才，为流域发展、国家建设奉献智慧和力量。山东大学、山西大学、郑州大学、西北大学、兰州大学都是黄河流域著名的高等学府。西安更是大西北高等院校集中的城市，有西安交通大学、西北工业大学、西北大学、西北农林科技大学、陕西师范大学等知名高校。其中，山东大学、中国海洋大学、郑州大学、河南大学、西北大学、西安交通大学、西北工业大学、西安电子科技大学、西北农林科技大学、陕西师范大学、长安大学、宁夏大学、兰州大学、青海大学等多所院校列入国家"双一流"高校及学科的建设名单。众多的高等院校为黄河流域经济文化的腾飞和西北地区的开发作出了重大的贡献。

随着国家推行西部大开发、促进中部崛起等发展战略的实施，黄河流域近年来的经济增长速度高于国家平均水平，工业发展保持快速增长，尤其是能源、原材料工业的发展更加突出。今后，随着能源基地开发、西气东输、西电东送等重点战略工程的建设，预计在未来相当长的一段时间内，黄河流域，特别是中上游地区的发展进程将明显加快，经济社会仍将以高于全国平均水平的速度持续发展。

　　60 余年在人类历史的长河中只是短暂的一瞬，但人民共和国在短短 60 多年间所取得的成就却在黄河史册上写下了浓墨重彩的一笔。60 多年的发展就像那奔腾不息的黄河水，谱写出最绚丽的时代画卷；60 多年的成就就像那刚猛雄浑的安塞鼓，奏出了最强劲的时代音符。

崛起在黄河两岸的城市家族

　　城市既是人群密集的生产、生活中心，又是物质文明和精神文明发展的缩影。黄河流域是中华民族的摇篮，也是中国城市最早的发祥地。大约在 4 000 多年前，黄河中下游地区已出现城市的萌芽。被考古学家认定为夏朝都城的河南登封县阳城遗址距今约 4200 年；山东省邹平县发现的丁公村古城遗址距今也有 4200 年；分布在河南偃师的商代古城、安阳殷墟和郑州商城距今也有 3000 多年的历史。到春秋战国时期，黄河流域涌现出大批城市。从秦汉至北宋，大多数王朝均在黄河流域建都，咸阳、西安、洛阳、开封等都曾成为一代京都，历时数百年。全国确认的七大古都中有四个在黄河流域。现在的许多重要城市都是由古代的城市延续发展而来的。不过，自北宋灭亡后，由于中国政治中心的南迁，黄河流域的城市开始由兴盛走向衰落。进入近代以后，随着沿海、沿江城市近代工业的发展和铁路的修通，黄河流域的一些古代城市也逐步得到复兴，并出现不少新的工矿城市。新中国成立以后，随着社会主义经济建设的发展，黄河流域的城市在当代经济发展大潮的推动下纷纷崛起。

如果把黄河流域的城市比做一个金字培，其发展程度和城镇密度自东向西呈现逐级降低的趋势，城镇数量逐级减少，基本上与我国东、中、西三大地带的划分相吻合。东部以青岛－济南为轴心，形成相当完善的城镇网络，城市工业和乡镇工业都较为发达，大中型企业较多，对外开放程度较高。中部以郑州－太原为轴心，初步形成城镇网络，有一批大中型企业，乡镇企业发展较快，铁路网络基本形成，对外开放正在扩大。西部以西安－兰州－包头为支点，构成一个三角架，分布着密度不等、较为稀疏的中小城镇。总体上看，东密西疏，东强西弱。

湟水河畔的西宁可以看做是这个金字塔往西延伸的一个支点。这座西陲古城已有 2100 多年的历史，地处黄土高原与青藏高原的结合部，是古丝绸之路的必经之地，自古就是西北交通的要冲。1949 年 9 月 5 日，西宁解放，这座青海省的省会城市开始焕发出青春的光彩而日趋繁华。以前"无风三尺土、下雨一街泥"的街巷土路，现已被沥青路所取代，街道两旁，大厦林立。如今的西宁已形成以机械、轻纺、化工、冶金、建材、皮革皮毛、食品、高技术产业为支柱的工业体系。西宁的交通四通八达，是青海省的交通枢纽，有兰青、青藏铁路，兰新高铁等多条铁路和京藏、兰西等公路通往省内外，已开通国内、国际数条航线。连接东西、通达南北的立体交通网使西宁成为丝绸之路经济带上的重要节点城市，向西开放的桥头堡。西宁市有青海大学、青海师范大学、青海民族学院等高等院校。

西宁的夏季平均气温 17℃~19℃，凉爽宜人，有"西宁无夏日"之说，是理想的避暑胜地，被誉为"中国夏都"。近年来，夏季到西宁旅游的人络绎不绝。著名的旅游景点有东关清真大寺和湟中塔尔寺。花儿是河湟地区最有影响力的一种民歌，其内容以表现男女爱情为主，曲调丰富，歌词浩如烟海，格律严整，语言生动，具有很强的艺术表现力。每年农历六月初六日，在西宁市郊老爷山举行的花儿会远近闻名。参加花儿会的群众中不仅有汉族，还有回族、藏族、裕固族、土族等少数民族，各民族在一起互相对歌，交流感情。在这里，人们可看到不同民族和睦共处、水乳交融的情景。

流经西宁的湟水在甘肃永靖县上车村注入黄河，从这里往东不远就到了甘肃省的省会兰州。兰州位于黄土高原西北部，古称金城，是中国古老的边防重镇，是古代汉族和少数民族的交易中心，古丝绸之路上的枢纽驿站。

兰州是甘肃省的政治、经济、文化和交通中心。它位于南北两山对峙、东西狭长的黄河谷地之中，黄河从城中穿流而过。整个城区宛如飘带，展开在黄河两岸与陇海铁路之间，成线状向东西延伸，长达40余千米，而南北宽仅1~5千米，是中国城区最长的一座城市。古代兰州黄河无桥，1081年架设过一座浮桥，旋即被冲毁。1372年再架，以24只大船串连，冬拆春设，称镇远桥。1907年，清廷聘德商承建"黄河第一桥"，长230米，宽7米，仅能通过5吨车辆。如今，兰州市区黄河上已建有8座铁路、公路大桥，连同各支流洪沟共有大小桥78座，有"多桥城"之称。1986年，由著名女雕塑家何鄂创作完成的大型雕塑《黄河母亲》在兰州黄河之畔落成。雕塑主体由母子二人组成，母亲正仰卧着哺育自己的孩子。母亲端庄美丽，孩子憨态可掬，表现了黄河是中华民族的母亲河这一深刻博大的主题。新中国建立后，经过60多年的建设，现在的兰州已成为西北地区最大的重工业城市、重要的商贸中心和第二个科研教育中心，也是第二条亚欧大陆桥上的重镇。在国家西部开发、"一带一路"大战略的背景下，兰州将发展成为黄河流域的现代化都市。目前，兰州已形成以石油化工、有色冶金、机械、电子、纺织、建材、医疗等为主体的门类齐全的体系。这里有新中国第一个石油化学工业基地兰州化工厂，也有中国最大的炼铝企业之一的兰州铝厂和西部最大的碳素生产基地兰州碳素厂。兰州还是西北最大的交通枢纽，陇海、兰新、包新、兰青4条铁路干线均于兰州交汇。兰州中川国际机场是全国重要的航空港之一。兰州至什川42千米的黄河还可通航船只。兰州的科研教育也很发达，有兰州大学、西北师范大学、西北民族学院等高等院校。

"兰花之州"，名不虚传。兰州市内有家兰花研究开发公司，实行试管苗工厂化大批量生产，正在走向国内外市场。黄河水的滋养使兰州成为闻名全国的"瓜果城"，盛产白兰瓜、兰州瓜、苹果、百合、黑瓜子等。兰州是古丝绸之路重镇，名胜古迹众多，有白塔山和黄河铁桥、五泉山、兰山公园、石佛沟、兴隆山、万眼泉、鲁土司衙门、吐鲁沟、古长城遗址与八路军驻兰办事处旧址等，每年都吸引着大批海内外游客。近年，更有不少游客从兰州出发，沿河西走廊西进，参观古丝绸之路上的武威、张掖、酒泉、嘉峪关、玉门关和驰名世界的敦煌莫高窟。

在兰州东南300多千米处，在西秦岭的北麓、渭河的南岸是甘肃省天水市。它是一座历史悠久的古城，也是一座新兴的工业城市，

六十余载建设换新颜

《黄河母亲》雕塑（田澍 摄）

兰州（彭山 摄）

兰州黄河铁桥 （田澍 摄）

拥有以加工制造为主体，电子电器、机械制造、轻工纺织为主导的区域工业体系。这里是全国十大苹果基地之一。陇海铁路穿境而过，并有国道、省道、县道等公路网与周边地区联系起来。天水市是国家历史文化名城，名胜古迹众多，有麦积山、玉泉观、南宅子、北宅子、伏羲庙、南廓寺、卦台山、仙人崖、李广墓、天水石林、甘泉寺、跑马泉、黄帝出生地街子乡等，其中以天水市东南45千米的麦积山石窟最为著名。

黄河由甘肃向东流淌，进入宁夏境内突然拐向北流，穿过宁夏冲积平原，来到自治区首府银川市。银川是历史悠久的塞上古城，民间又称"凤凰城"。新中国建立以后，银川先是作为宁夏省的省会；1958年10月，宁夏回族自治区成立，遂作为自治区的首府，成为全区的政治、经济、文化和交通中心，逐渐发展成西北的一个新兴工业城市。目前，银川已发展成一个以轻纺工业为主，机械、化工、建材等工业协调发展的综合性工业城市。境内交通四通八达，有包兰、太中银铁路联系西北、华北，有京藏、青银等多条高速公路和国道穿境而过，还开通了多条国内国际航线。当今，银川的城市综合竞争力已跻身全国百强。2016年，银川被国务院列为第三批国家新型城镇化综合试点地区。银川市有宁夏大学、北方民族大学等高等院校。银川历史上曾是西夏故都，因此许多古迹均与西夏有关。号称"东方金字塔"的西夏王陵就坐落在银川市西约30千米的贺兰山麓。老城西南的承天寺有一座高耸入云的古塔，俗称西塔，共11层，高64.5米，始建于西夏初期。另有相传为赫连勃勃所建的海宝塔，俗称北塔。作为回族人民聚居的城市，银川有宁夏最大的清真寺之一的南关清真寺，还有中国唯一的一所正规的伊斯兰高等学校宁夏伊斯兰经学

银川市亲水大街东（彭山 摄）

院。

从银川往北，在巍巍的贺兰山下、滔滔的黄河之滨有一座闻名中外的塞上煤城石嘴山市。这里富有煤炭资源，是我国优质无烟煤的出口基地。拥有煤炭深加工、高科技新材料和电力等工业。有民族化工、恒力集团和东方铝业公司等知名企业。由于地处宁夏引黄灌区与内蒙古牧区的交接点，并有黄河水运之便，它还成为宁夏与内蒙古地区农牧产品的集散中心之一。

黄河流过河套平原后，往东就来到了包头。包头是蒙古语"包克图"的谐音，意为"有鹿的地方"。新中国成立以来，包头逐步建成一座重工业城市。这里的稀土、煤、铁等多种矿藏储量丰富，是我国钢铁和稀土的科研基地，被誉为"稀土之都""草原钢城"。包头拥有全国唯一一个以稀土冠名的国家级高新区——包头稀土高新区。稀土产品远销美、日和部分欧洲国家。白云鄂博铁矿远近闻名。包头钢铁公司是国家钢铁骨干企业之一。这里还有包钢稀土公司、包头铝业（集团）有限公司等知名企业。包头华资实业股份有限公司是国内目前甜菜制糖业内唯一的上市公司。此外，包头还是华北地区牲畜、毛皮、粮食、药材的重要集散地之一，有"水旱码头"之称。包头是连接华北和西北的重要交通枢纽，京包、包兰、包西等铁路，京藏、京新等高速公路在此交汇。包头机场已开通数条国内航线。清代建筑的五当召（藏名巴达嘎尔庙）、昆都仑召等是包头著名的古迹。

从包头往东150千米，在黄河北岸、大青山南麓有一座青色之城呼和浩特。1500年前，这里是一片沼泽遍布的草地，叫敕勒川。明万历九年（公元1581年），蒙古族土默特部的首领俺答汗在这里建成"青色的城"，蒙古语译音便是"呼和浩特"。建城不久，俺答汗去世，他的妻子三娘子在这里住了几十年，坚持蒙汉和好，于是长城沿线的人们又称它为"三娘子城"。

今日的呼和浩特作为内蒙古自治区的首府，是内蒙古的政治、经济、文化和交通中心。已形成以轻纺工业为主、轻重工业协调发展的门类齐全的工业体系，和农林牧副渔各业协调发展的城郊型农村经济体系。电子信息、生物制药及发酵、电力能源、石油化工、光伏材料、乳制品加工业是其支柱产业。呼和浩特有"中国乳都"之称，拥有"伊利""蒙牛"两大国内知名乳业品牌。还有兆君羊绒集团、华能热电公司、仕奇集团等知名企业。呼和浩特是沟通西北各省区与内地的陆路通道，也是连接中国内地与蒙古国、俄罗斯及东欧各国的桥梁。这里交通运输网络发达，京包、集包铁路，呼张高速铁路，呼包高速公路等铁路、公路在此交汇。白塔国际机场国内航线已基本覆盖全国各大省会及中心城市，还有数条国际航线。市里有内蒙古大学等高等院校及科研机构；有五塔寺、大召、小召、席力图召等古迹；东郊还有辽代修建的"万部华严经塔"；南郊大黑河南岸还矗立着一座33米高的青色大墓，这就是著名的昭君墓；北郊有一个32万平方米的内蒙古赛马场，是目前亚洲最大的赛马场。

黄河中游的晋陕峡谷是陕西、山西两省的天然分界线。东边是素有"煤海"之称的山西省。全省的政治、经济、文化和交通中心太原市处于山西省的中央。作为传统工业城市，太原的重工业一直占比突出，是全国重要的能源重化工城市，经过多年来的建设，已形成以能源、冶金、机械、化工为支柱，门类齐全的工业体系。近年来，随着山西省经济转型升级，新能源、新材料、电子信息、节能环保等新兴接替产业正加速成长，成为工业发展的支柱力量。太原有西山煤电集团、太原钢铁集团公司、太原第一热电厂、太原重型机器厂等一批在全国有较大影响力的大中型企业，还有太原比亚迪汽车有限公司等新兴企业和富士康科技工业园落地市内。太原是重要的交通枢纽，是同蒲、石太、京原等铁路干线的中枢，有大运、太旧、太古、青银等多条高速公路经过。武宿机场有航线可直达国内30多个大、中城市，目前还开通了多条国际航线。市里有山西大学、太原理工大学等高等院校和太原卫星发射中心、中国科学院山西煤炭化学研究所等科学研究机构。

太原虽然是一个重工业城市，但也有"小江南"景观的晋祠坐落在市内。晋祠位于太原城西南25千米处的悬瓮山下，汾河支流晋水发源于此，源头温泉翻涌，常年水温17℃，严冬不冻，草木长青，有"华北江南"之称。古柏、难老泉和宋塑侍女像并称为晋祠"三绝"。城东南则有两座高54.7米的砖塔，登上塔顶，全城风光尽收眼底。市郊还有中国现存规模最大、保存最完整的道教石窟——龙山石窟，是中国石刻艺术的瑰宝。

除省会太原外，山西的城市中著名的还有煤炭之都大同、"古城博物馆"平遥等。塞上古城大同已有2300多年的历史，位于山西省北部，山西、河北、内蒙古三省交界处，为历代兵家必争之地，曾是北魏前期的都城，辽、金的陪都。境内煤炭资源丰富，含煤面积1827平方千米，是我国主要煤炭产区之一。除煤炭外，还有石灰石、高岭土、耐火黏土、石墨等矿藏。大同的主要工业有煤炭、机械、建材、化工、电子与粮食加工等。大同是晋北的门户，也是沟通华北与西北省区的桥梁和枢纽，境内有大运、大塘、大张等多条公路干线，京包、同蒲、

太原晋祠（张飞天 摄）

大秦等多条铁路通向全国各地，同时也是北京至莫斯科国际列车的主要联运站。大同是国家历史文化名城，城西的云冈石窟是中国四大石窟之一，北魏时代的杰作。此外，悬空寺、华严寺等也都是驰名中外的名胜古迹。

山西省中部有一座保存完好的明清时期的古城——平遥古城。现存的平遥古城建于明洪武三年（公元 1370 年），是我国现存四座较为完整的古城（其他三座为西安、湖北荆州、辽宁兴城）之一，至今犹完好地保存着许多明清的古建筑，被誉为中国的"古城博物馆"。城西南的双林寺始建于北魏，后经历代修建，现存殿宇多为明清建筑，尤以彩塑成就最高。近年来，许多影视剧都在平遥拍摄，它也越来越

六十余载建设换新颜

为人们所熟知。

黄河纵贯晋陕峡谷，到达潼关后折向东流，黄河最大的支流渭河就在这里汇入黄河。溯渭河西上，在八百里关中平原的中部坐落着陕西省会西安。它在中国历史上曾是建都时间最长的古都，从公元前1134年西周建立镐京开始，西安做过秦、西汉、新莽、西晋、前赵、后秦、西魏、北周、隋、唐等王朝的帝都，累计建都时间1100余年。

西安是世界旅游的热点，是中国内陆拥有国际游客最多的城市。这里分布着历代遗址、陵墓4000多处，已出土文物12万余件，有国家级文物保护单位43处，仅次于北京。这里有号称"世界第八大奇迹"的秦始皇陵兵马俑坑，有闻名遐迩的大雁塔和小雁塔，有中国第一座现代化博物馆——陕西省历史博物馆，有中国古代最大的碑林，有西安名吃羊肉泡馍，再加上方便齐全的旅游设施，四通八达的公路、铁路和航空交通，使西安城成为中外游客最喜欢光临的城市之一。1981年，西安被联合国科教文组织确定为"世界历史名城"。

西安是我国西北重要的工业城市和交通枢纽，是国家实施西部大开发战略的桥头堡，具有极其重要的战略地位。西安产业完备、实力雄厚，拥有汽车、电子信息、高端装备制造、航空航天、医药、食品加工制造、新材料与新能源等支柱产业。近几年来，西安市不断优化区域发展布局，高新技术产业开发区、经济技术开发区、西咸新区、阎良国家航空高技术产业基地、国家航空城实验区、综合保税区等建设成效显著。北郊阎良已建成巨大的"飞机城"，内有制造厂、试飞中心，当地5万人口中有4万人靠飞机为生。中国唯一的国产客机"运七"飞机以及"轰六"轰炸机均诞生在这里。西安还聚集了IBM、三星、可口可乐、施耐德等世界顶尖企业以及华为、中兴、TCL 等众多国内龙头企业。西安地处中国陆地版图中心，是西北通往中原、华北和东北各地的必经之路，有陇海、兰新铁路，郑西、西宝、西成高铁等铁路，还有以西安为中心，贯通陕西省、辐射周边省市的"米"字型辐射状干线公路在此交汇。西安已经开通上百条国内国际航线，成为全国第四大国际航空枢纽城市。西安的科研教育力量雄厚，有众多的科研院所、高等院校，是全国第三大科技教育优势城市，现有西北大学、西安交通大学、西安电子科技大学等高等院校 63 所。

陕西作为西北地区一个历史悠久、经济文化较为发达的省份，城市发育较为完善，不仅有西安这样的国际大都市，也不乏咸阳、韩城、延安、榆林这样的历史文化名城以及机械工业名城宝鸡、煤城铜川这样的工业城市。咸阳是秦朝的都城，北宋以前又一直作为西安的畿辅，有过显赫的历史。北宋以后，都城东移，咸阳随之衰败，到 1949 年已沦为"一条街、一座楼、一个公园、一只猴"的 2 万人小城。经过新中国成立 60 多年的建设，今天的咸阳已发展为西北最大的电子工业基地，陕西重要的能化工业、轻纺工业基地，形成了以能源化工、装备制造、电子、医药、纺织等产业为主体的比较完善的工业体系。韩城是西汉著名史学家、文学家司马迁的故乡，历史悠久，文物古迹众多。现在的韩城交通方便，煤炭资源丰富，能源工业发展迅猛，已成为陕西重要的煤炭、电力工业基地。延安是中国革命的圣地，1935 年至 1947 年的 13 年是中共中央的所在地，毛泽东等共和国的缔造者们在延安的窑洞里指挥着千军万马，领导全国人民的抗日战争和解放战争，奠定了新中国的基石。现在的延安已成为中国优秀的旅游城市，现代工业也已在这里安家落户，石油、煤炭、卷烟、毛纺是延安的四大支柱产业。榆林曾是古长城重镇，城东北7.5千米处的镇北台是明长城最大的砖砌烽火台。新中国成立后，这里发现了国内最大的煤田和气田之一，其东北的神木、府谷县储煤约1 000亿吨，其西南的靖边、横山县储藏天然气约800亿立方米。经过60多年的建设，这座昔日的大漠雄关现已成为中国重要的能源化工基地，形成了以煤、石油、天然气为基础，电力化工为主导的产业体系，成为"西气东输"的源头、"西电东送"的枢纽。

黄河拐过潼关不远，就进入河南境内。作为古代的中原腹地，河南有着悠久的历史和灿烂的文化，洛阳是十三朝古都，开封是七朝古都，安阳是五朝古都，南阳曾为汉之南都，许昌曾为汉之许都，商丘曾为宋金之南京，郑州也是一座历史文化名城。可以说，河南境内的每座城市几乎都有久远的历史和深厚的人文底蕴。经过新中国60多年的发展，有的焕发了新的光彩，有的虽然未能完全恢复往昔的辉煌，但也有长足的发展。

"牡丹城"洛阳不仅有博得古今中外无数游人赞赏和讴歌的牡丹，更有13个朝代千余年的建都历史，为它留下丰富的名胜古迹。从佛教传入中国后最早建立的第一座寺院白马寺到中国四大石窟之一的龙门石窟，从中国最宏伟的关帝庙之一的关林到唐代大诗人白居易、宋代理学家二程的墓地，无一不折射出悠久灿烂的文化内涵。而今日的洛阳已成为工业基础雄厚、科技实力突出的现代化工业城市。先进装备制造、新材料、高端石化、电子信息、旅游业是其主导产业，并积极发展新能源、生物医药、机器人及智能制造等新兴产业。洛阳石化、中信重工、一拖集团、中铝洛铜等大型企业集团都坐落在这座城市。

从洛阳顺着陇海铁路东行124千米，就抵达河南省会郑州。郑州也有着悠久的历史。3500年前的商王仲丁曾在此短暂建都。后来又有一些小国在此建都，但没有形成规模。之后，郑州长期沦为州县小城，直到1906年京汉、陇海铁路在此交会才逐渐繁荣起来。现在的郑州市是中部地区重要的工业城市、中国重要的纺织工业基地和冶金建材工业基地，至今仍是中部地区最大的物资集散地。郑州在纺织、印染、冶金、机械、化工、煤炭、轻工、电子、建材、食品等传统工业上具有明显优势，并积极发展电子信息、汽车及装备制造、生物医药、新材料等新兴主导产业。郑州有全国最大的氧化铝生产基地郑州铝厂，还有白鸽股份有限公司、郑州煤电股份有限公司、河南中原高速公路股份有限公司、河南竹林众生制药股份有限公司等众多企业。郑州是全国最大的铁路枢纽之一，陇海、京广铁路，郑西、郑徐高铁等多条铁路在此交汇，107国道、310国道、京港澳、连霍等高速公路穿境而过，新郑国际机场与国内外数个城市通航。市里有郑州大学、河南医科大学等多所高等院校和科研机构。黄河水利委员会就设在郑州。

"二七"纪念塔是郑州的重要标志。1923年2月4日，京汉铁路工人为反抗封建军阀和帝国主义压迫，举行了政治大罢工，2月7日遭到残酷镇压，发生了震惊中外的"二七惨案"。位于市中心的高63米的"双塔"就是为了纪念这次大罢工而建的。塔内陈列有"二七大罢工"的纪念物。登塔远望，全城风光尽收眼底。以黄河游览区、大河村遗址为主的黄河历史文化旅游群和以少林寺、嵩山国家森林公园为主的嵩山风景名胜区则为郑州增添了无穷的魅力。

从郑州往东，是七朝古都开封。开封是北宋都城，称为东京，历时167年，是开封历史上最辉煌的时代。开封历史上屡次遭黄河水患，河床被泥沙层层淤积，不断抬高，形成了现在位于开封市北 10 千米处的河高于城的"地上悬河"。

现今的开封，工业基础完备，汽车及零部件、化工、新材料、食品、纺织服装、生物医药、电子信息等产业已具规模。开封农产品资源丰富，是全国小麦、花生、棉花的重要产区。这里还是国家的奶山羊基地、细毛羊生产基地和淡水鱼养育基地。黄河横穿开封北部，全年可通机帆船。陇海铁路、郑徐高铁横贯开封全境，京广、京九铁路左右为邻，连霍、大广等高速公路交织，更为其提供对外交通的便利。开封的名胜古迹非常丰富，有铁塔、大相国寺、龙亭、繁塔、开封府、包公祠、岳飞庙、延庆观、禹王台等。改革开放以后，开封市还先后兴建、重建了宋都御街、矾楼、清明上河园、天波杨府、大梁门等一批仿宋景观。新建的清明上河园以繁华的宋代街区市貌、浓郁的汴河沿岸风景再现了《清明上河图》中宋都的繁荣景象。开封的民间艺术也非常著名，有汴绣、官瓷、朱仙镇木版年画等精美工艺品。

从开封沿黄河东下，不久就到了黄河流域最东端的山东省。山东被誉为"齐鲁之邦"，因为春秋战国时期齐国和鲁国这两个文化最发达的国家都坐落在今山东东部。山东人文荟萃，城市众多，有号称"天下第一泉城"的济南，有号称"天下第一圣城"的曲阜，还有"世界风筝之都"潍坊和著名的海滨沿海城市青岛、烟台、威海等。

济南是山东省的省会，因位于黄河北段，古称济水之南而得名，又因泉水众多而号称"泉城"。刘鹗的《老残游记》形容济南"家家泉水，户户垂杨"。据济南市园林管理处 1983 年的调查显示，记录在册的泉眼有 144 处，最后各路泉水都汇聚于大明湖。宋代两位卓越的词人李清照和辛弃疾都是济南人。李清照号"易安"，辛弃疾号"幼

开封包公祠（陈红宇 摄）

安"，在文学史上并称"济南二安"。如今，济南已成为全省的政治、
经济、文化中心，拥有机械、钢铁、电子信息、石油化工、轻工、建材、
生物制药、交通装备、食品、纺织等优势产业，是中国重型汽车、
数控车床和出口车床的生产基地。主要企业有山东鲁能集团、浪潮
集团、小鸭集团有限责任公司、重汽集团、济南钢铁集团等。济南
还是全省的交通枢纽，境内有京沪、胶济铁路和京沪高铁等多条铁路，
还有京沪、青银、青兰等多条高速公路，和已开通数条国内国际的
航空线，以及黄河和小清河两条水路，构成南北上下、出海外运的
交通网络。市里有山东大学、山东工业大学、山东师范大学等著名

六十余载建设换新颜

高等院校及科研机构。济南的名胜古迹繁多，除大明湖和趵突泉、黑虎泉、珍珠泉、五龙潭等泉群外，还有千佛山、四门塔、灵光寺等。千佛山、大明湖和趵突泉号称"济南三胜"。宋代著名诗人曾巩曾作《西湖》二首描写大明湖（即西湖）的优美景色，其二曰："湖面平随苇岸长，碧天垂影入清光。一川风露荷花晓，六月蓬瀛燕坐凉。沧海浮浮成旷荡，明河槎上更微茫。何须辛苦求人外，自有仙乡在水乡。"

　　位于山东半岛南侧胶州湾的青岛市是重点开放的沿海港口城市。这里有长江以北漫长海岸线上难得的天然良港——青岛港。青岛港现在已建成中国第三大集装箱运输港口和中国重要的海军基地，是中国最大的输油码头，是胜利油田和晋中煤炭的主要输出港。市里有家电、石化、服装、食品、机械装备、橡胶、汽车、交通装备、船航海工、电子信息等工业，并在发展新一代信息技术、高端装备制造与新材料、生物等新兴产业。知名的企业有青岛啤酒股份有限公司、海尔集团、海信集团、澳柯玛集团、双星集团等。青岛是一座美丽的滨海城市，是著名的海滨度假旅游胜地，每年夏天海滨浴场都吸引着无数的中外游客。东北郊30公里处的崂山，壁陡岩奇，峡谷幽深，海山相连，雄奇壮阔。山上的太清宫为著名的道观，有"道教全真第二丛林"之称（第一丛林是北京白云观）。崂山有总储量约3.36亿立方米的矿泉，著名的青岛啤酒和崂山矿泉水就是得益于崂山的优质水源而远销国内外的。青岛啤酒厂创建于1903年，多年来规模不断扩大，产量日增，出口量与创汇额高居全国啤酒行业的首位。1991年开始举办"中国青岛国际啤酒节"，更使其声名远播。青岛是著名的海洋科学城，拥有全国最大的海洋研究所和中国重点建设的唯一一所综合性的海洋高等学校——青岛海洋大学以及海洋博物馆等跟海洋有关的机构设施。目前，青岛市正积极融入"一带一路"国家战略，提升产业竞争力，努力打造成为国际海洋名城。

烟台也是一个海滨城市，位于山东半岛东北岸，与辽东半岛南端的大连隔海相望，扼守着渤海门户。这里海洋渔业资源丰富，是全国重要的渔业基地。烟台是中国北方著名的水果产地，烟台苹果、莱阳梨等多种产品久负盛名。这里还是享誉海内外的张裕葡萄酒的产区。在全国18种名贵葡萄酒中，烟台张裕葡萄酿酒公司就占了3种。烟台山海相拥、风光旖旎、景色秀丽，是我国北方著名的旅游避暑和休闲度假胜地，主要的名胜古迹有有近代开埠最早的烟台山领事馆基地遗址、蓬莱阁、长岛、莱州云峰山魏碑刻石等。

潍坊位于山东半岛中部，是山东省东部的重要交通枢纽，胶济、胶新铁路，青银、新潍高速公路等多条线路穿境而过。这里既是山东省农副产品的集中产区之一，又是齐鲁文化和传统技艺的重要发祥地之一，拥有风筝、剪纸、木版年画等众多民间手工艺品牌。自1984年起，因每年举办的潍坊国际风筝节而被誉为"世界风筝之都"。

曲阜地处山东省西南部，是孔子的故乡，被尊为世界三大圣城之一。主要工业有煤炭、电力、机械、电子、纺织、化工、医药、建材、酿造等，名优特产主要有孔府家酒、碑帖、尼山砚、楷雕等。这里拥有世界独一无二的孔子文化品牌，有孔庙、孔府、孔林等文物古迹，还有鲁国故城、少昊陵、梁公林、尼山风景区等旅游景点。

在山东的城市中还有孟子的故乡邹城，传说中武松打虎所在地的聊城，蒲松龄的故乡、中国五大陶瓷产地之一的淄博、泰山所在地泰安等。此外，由于山东经济发达，小城镇也如雨后春笋般地不断涌现，在山东境内遍地开花。

黄河流域在新中国 60 余载的建设中,不仅许多古老的城市重新焕发了青春,还涌现出一批新兴的工业城市。这些城市不仅给古老的黄河增添了一道靓丽的风景线,同时也有力地推动了黄河流域经济文化的发展。

第十一章

再接再厉 谱 新 篇

震撼人心的警钟

探索可持续发展的治黄新路

迈步走向未来

新中国建立以来的 60 多年，黄河实现了岁岁安澜的平安梦，这是人民治黄的伟大成就。但是，数千年来人类给黄河造成的巨大创伤毕竟不是一朝一夕所能治愈的，而 60 多年来由于某些政策失误，加上长期以来在开发利用为主的思想主导下，人们的关注点更多地集中于引多少水、开垦多少土地、发展多少工业、生产多少国内生产总值，把黄河当做"取水池"和"蓄污器"，而往往忽略其最重要的生态功能，"边治理，边破坏"，"一方治理，多方破坏"，甚至"破坏大于治理"，又为黄河增添了新的创伤。旧伤再加新创，使母亲河伤痕累累，到处潜藏着危机。

经过 60 多年的初步治理，黄土高原的生态环境有了一定的改善，每年平均减少入黄泥沙 4 亿吨，但相对于每年 16 亿吨的入黄泥沙量来说，这还远远不够。而且，新的毁林开荒、森林虫害、过度放牧、草场退化、乱挖甘草和发菜等破坏植被的事件仍时有发生，又导致新的水土流失。

新中国建立初期，由于错误地否定和批判马寅初的新人口论，没有实行计划生育，人口数量增长很快。为了解决粮食问题，黄河流域也同全国其他地区一样，很长一段时间内推行"以粮为纲"的方针，大规模地扩大耕地，挤压林业和牧业。后来虽然实行了计划生育，但由于人口基数大，增长速度虽有所减缓，但增长的数量仍很庞大。而且少数民族地区、西部人口较少的省份实行计划生育政策又有某些灵活性，人口增长的速度往往高于全国其他地区。从 1949 年至 1985 年，黄土高原的人口净增 4500 万。加上长期以来黄土高原一直实行广种薄收、粗放耕作的方法，农业生产水平低下，人民生活贫困。所以，尽管"以粮为纲"的方针早已废止，但黄土高原上开垦荒地的势头却迟迟未能得到遏制。20 世纪 50 年代至 70 年代，西北地区先后掀起 3 次大规模的毁林毁草垦荒高潮，共计破坏森林 20 万公顷、草原 667 万多公顷。

除了垦荒扩大耕地面积之外，1958 年全民"大炼钢铁"，乱砍林木作为燃料，也对黄土高原稀少的森林造成惨重的破坏。另外，由于森林保护措施不得力，虫害和火灾对森林的危害也不容忽视。20 世纪 70 年代中期，在宁夏石嘴山等地相继发现天牛瘟虫，到 80 年代末迅速蔓延到宁夏全境。仅仅 10 年之间，宁夏 90% 以上市、县林木受害面积达 10 万公顷。一直被誉为黄河和黄河流域绿色保护屏障的"三北"防护林也面临空前的森林病虫害。从 20 世纪 70 年代后期开始，"三北"防护林陕西段有 4 个地市的 31 个县（市）染上虫害，每年约砍伐被害树木 500 万株。森林火灾也时有发生。据统计，陕西省 1949 年以来共发生森林火灾 1 万余次，损失森林面积 1 580

平方千米，平均每年损失森林面积40平方千米。

黄土高原的大片牧地草场，除受到垦荒的破坏外，又受到采伐薪柴，滥挖草根、甘草、发菜，过度放牧的破坏。黄土高原的广大农村为解决燃料问题往往滥伐薪柴、滥挖草根。据宁夏西吉县调查，1980年该县农村共消耗有机燃料2.5亿千克，其中挖草根1.32亿千克，占52.8%；薪柴0.15亿千克，占16.7%。滥挖甘草、发菜也是破坏草原植被的罪魁祸首。在宁夏，滥挖甘草造成了土壤的大面积沙化。1980年以来，仅盐池、同心两县，直接破坏的草场就达2600~3300平方千米，间接破坏则超过667平方千米，这些土地都已基本沙化。在青海、内蒙古等地，滥挖发菜也对草原造成极大的破坏。据初步测算，内蒙古有126670平方千米草原因挖发菜而遭到严重破坏，占内蒙古大草原总面积的18%左右，其中40000平方千米完全沙化。草原总面积的急剧减少又导致剩余草场超载放牧趋势的加重，有些地区草场牲畜超载率为50%~120%，有的地区甚至高达300%。由于超载放牧，西北地区草地草原退化的比例高达80%~90%，使昔日"风吹草低见牛羊"的景象变成了"老鼠跑过现脊梁"。

此外，黄河流域近年来开采矿产资源，修建公路、铁路、水利工程，发展乡镇企业，也往往忽略自然环境的保护，加重了生态环境的破坏。如山西、陕西和内蒙古黄河流域地区煤炭资源非常丰富，采煤时大多把从山坡剥离的土石弃置于各支流之内。一些乡镇企业为了眼前的私利，更是乱挖滥采，破坏地面的植被，并将土石和矿渣弃置于旁边的沟壑之中。一遇洪水，这些土石和煤渣即被冲入干流之中，增加了黄河的泥沙。当地修建的一些小型水利工程也常因质量未能达到标准，遇到暴雨的冲刷就被毁坏，从而引起新的水土流失。据统计，山西、陕西、内蒙古水土流失的土地之中，煤田面积就占到80%。

　　水土的大量流失不仅使60多年的水土保持工作大打折扣，而且造成干旱频发，小支流干涸断流，湖泊、沼泽、湿地缩减，从而造成大面积土地的沙化和荒漠化。如青海东部的农业区，过去长时期是"三年一旱""五年两旱"，现今已变成"十年八旱"。到20世纪末，湟水河已有30多条小支流干涸断流。青海湖流域的河流径流量骤减，有一半变成季节性河流，入湖的水量因而大减，湖面的下降速度由过去每年4厘米增至近年的13厘米，湖水面积缩小200多平方千米，湖中的岛屿变成与陆地相连的半岛，环湖的沼泽地也减少了100多平方千米。直到青海湖湿地自然保护区成立以后，经过多年的治理，2005年入湖的水量才有所增加，湖面才止住缩减而略有回升。在三江源，黄河源头的4000多个无名湖泊，有2000多个已经干涸。扎陵湖与鄂陵湖之间的河段首次出现了断流。最近几十年来，我国土地的沙化一直呈加速扩展之势，治理赶不上破坏，年均扩展速度从20世纪五六十年代的1560平方千米发展到80年代的2100平方千米、90年代前期的2460平方千米，21世纪初达到3436平方千米。改革开放以来，我国加大了治理力度，全国每年平均治理沙化土地面积达到1.9万平方千米，超过年均沙化扩展面积，特别是实施西部大开发战略以来，国家加大了对黄土高原地区水土保持生态建设的支持力度，先后安排黄河中上游水土保持专项资金14.4亿元，利用外资11.82亿元，在21世纪初的5年里，累计完成水土流失治理面积达到7.8万平方千米。但由于治理水土流失的投入仍显不足，致使治理进度缓慢，至今尚有水土流失面积45.4万平方千米，占该地区总土地面积的70.9%。

黄河源头干枯的湖泊（刘刚 摄）

再接再厉谱新篇

水土流失、土地沙化和荒漠化酿成了许多严重的后果。首先是导致沙尘暴的频繁发生。在20世纪50年代，我国共发生沙尘暴5次，60年代8次，70年代13次，80年代14次，90年代23次，呈现不断上升的趋势。特别是进入90年代以后，沙尘暴天气发生的次数越来越多，影响越来越大。如1995年5月15日发生在甘肃的一场特大沙尘暴，降尘量高达1243.1万吨，相当于甘肃省内最大水泥厂15年的产量。1998年4月，西北12个地州遭受沙尘暴袭击，307平方千米农作物受灾，11.09万头（只）牲畜死亡，156万人受灾，直接经济损失达8亿元。这次沙尘暴影响的地区直至长江下游，实属历史罕见。2000年，鄂尔多斯地区发生沙尘暴18次，其中直接危及京津地区的就有12次。2000年3月27日中午，沙尘暴刮起的狂风将北京一座两层楼楼顶正在施工的工人掀下，导致两人死亡。同日，丽泽桥东一家汽配商店也被大风掀翻，海淀区某饭店5米高的烟囱被刮成"斜塔"。据报道，这次沙尘暴还洗劫了呼和浩特、兰州、银川、西安、石家庄、天津、上海等南北大城市。气象专家指出，北京及其他地区的沙尘暴大部分来自黄土高原。进入21世纪以来，由于加大了生态建设的力度，沙化和荒漠化的土地面积有所减缩，沙尘暴的次数才逐年减少，但是治理的任务依然艰巨。

水土流失、土地沙化和荒漠化的另一个更为严重的后果是加大了黄河下游泥沙的淤积，进一步导致河床的淤高。据统计，1950年至1998年黄河下游河道淤积泥沙98亿吨，河床普遍抬高2~4米。1986年以来，由于龙羊峡、刘家峡水库的联合调蓄作用以及工农业用水的影响，下游来水来沙过程发生了新的变化。汛期的来水量大幅度减少，而每年的泥沙几乎都集中于汛期进入下游，因此造成下游河道水流的输沙动力大大减弱，导致下游主河槽严重淤积。1986 年以来，主河槽的泥沙淤积量高达71%，"二级悬河"险象加剧，滩槽高差日趋减小，河槽的过洪能力大大降低。平滩的流量由过去的每秒 6000 立方米降至现在的每秒 4000 立方米。20 世纪 50 年代，花园口能通过每秒 2.2 万立方米的流量，到 80 年代却只能通过每秒 1.5 万立方米的流量。黄河下游河道由于主槽的不断淤积，中小洪水频繁漫滩形成"小洪水，高水位，大漫滩"的不利局势，给滩区居民的生活和工农业生产造成很大的损害。1998 年 8 月，花园口站洪峰流量为每秒 7600 立方米，其水位竟比 1958 年大洪水时的每秒 22300 立方米还高出 0.91 米，从而造成大面积的漫滩，给滩区居民的生活和工农业生产造成很大的损害。

由于黄河数十年未曾决口，泥沙无从旁泄，河床不断抬升，势必对两岸堤防提出越来越高的要求。经过 60 多年的建设，虽已初步形成堤防工程体系，但还存在许多薄弱环节。下游大堤属沙质土壤，基础条件复杂，险点隐患也较多。据一次汛前调查，黄河下游薄弱堤段和各种险点即有 374 处。1980 年在河南省兰考县堤段发现一处獾洞，深入堤身达 18 米，开挖翻筑土方竟达 1500 立方米。同时，由于历史上遗留下来的隐患不可能全部消除，新的隐患还会继续产生，黄河大堤的险情仍然时有出现。1982 年洪水期间，大堤先后曾出现裂缝、渗水、坝岸坍塌等险情 200 多处。1996 年 8 月大洪水期间，大堤偎水 952 公里，共发生渗水、管涌等各类险情 170 处。目前，下游的标准堤防建设尚未全部完成，隐患仍未解除，如遇中常洪水，也可能会发生溃决。

黄河河道的整治工程目前尚不完善，一些工程不能发挥控导河势的作用，造成河势依然游荡多变。目前，下游尚有多处河段缺少整治工程布点，工程少、不配套，部分河道整治工程稳定性较差，河势未得到有效的控制。如遇到中常洪水，很容易出现"横河""斜河"，一旦发生大洪水，可能会出现"滚河"。黄河下游的防洪形势依然严峻。

另外，滩区和滞洪区经济的发展也给下游的防洪带来新的问题。目前，黄河下游滩区居住人口多达189.5万，拥有耕地2267平方千米。由于漫滩概率的增大，一旦爆发洪灾，淹没损失也将比以前大大增加。1996年8月发生的大洪水即围困了滩区1374个村庄、118.8万人，淹没耕地1647平方千米，倒塌房屋26.54万间，损坏房屋40.96万间，直接经济损失达到40多亿元。北金堤滞洪区总人口178.3万，耕地1600平方千米，中原油田的大部分产油区位于滞洪区内。东平湖滞洪区总人口38.1万，耕地318平方千米。这两个滞洪区一旦用来分洪，不仅损失巨大，而且还会遗留下较多的问题。

因此，黄河洪水的警报依然没有解除，黄河仍然是我们国家的一个心腹大患。黄河防洪，仍然是黄河治理中最核心的问题。

黄河下游泥沙的不断淤积不仅潜藏着洪水的隐患，还导致河口段不断向前延伸，从而引起下游河道的逐渐老化和尾闾段的频繁摆动。据统计，输入黄河的泥沙平均每年16亿吨，约有4亿吨积压在利津以上的河道，约有8亿吨淤积在利津以下的河口三角洲及濒海地区，其余约4亿吨被冲入外海和三角洲两侧的海湾，使三角洲不断向海中扩展。从1855年至1953年，除去在花园口决口改道及河水枯竭的年份，实际行水64年，河口地区共造陆1510平方千米，平均每年造陆23.6平方千米。从1954年至1982年行水的28年间，河口地区造陆1100平方千米，平均每年造陆39平方千米。随着河道的不断延长，泥沙会产生自下而上的溯源堆积，加大河道淤积的速度，使水位日益抬高。由于河道变浅，水位抬升，主河槽在一定条件下就会向距离河口比较近的低洼地区摆动，形成改道。在改道初期，由于流程缩短加大了比降，发生溯源冲刷，河口段的水位会相对下降。但随着河口的淤积延伸，水位逐渐抬高，上述过程又会重现，直到下一次改道的来临。尾闾河段就这样一直处于淤积、延伸、摆动、改道的循环往复状态。1949 年以来，河口段已出现过 3 次改道。现行黄河入海流路为 1976 年人工改道的清水沟流路，至今已有 40 多年的时间。目前流路相对稳定，但黄河多泥沙的特性不会发生根本改变，大量泥沙仍将输入河口，入海流路淤积延伸的状况将会持续下去，摆动分汊仍会发生，洪水威胁依然存在。另外，河口三角洲自 1960 年增置垦利县以来，设有军马场、农场，近年又设置东营市，大规模开发胜利油田，一旦发生尾闾改道，后果将不堪设想。

从 1972 年开始，黄河又面临新的危机——断流。在历史上，黄河从战国开始已出现过断流，不过这些断流绝大多数是由于黄河决口改道，导致原来的河道干涸而造成的，是一种偶然的自然现象。从 1919 年黄河流域有水文观测记录到 1972 年的 53 年间，除了 1938 年在花园口扒口改道、1960 年 6 月花园口枢纽大坝截流以及 1960 年 12 月因三门峡水库关闸蓄水造成下游断流外，其余年份都未曾出现断流。改革开放以来，沿黄河两岸的工农业迅速发展，用水量剧增，使本已紧缺的黄河水资源更为紧张。全河平均引水量从 20 世纪 50 年代的 128 亿立方米增至 90 年代的 298 亿立方米，增长 1.3 倍。其中，黄河下游地区引水量增长速度比中上游更快，90 年代比 50 年代增长了 4 倍。引黄用水最多的是 1989 年，全河引水量高达 334 亿立方米，接近黄河可利用径流量的极限。近年来，黄河水资源的开发率更高达 70% 以上，远远超过国际公认的 40% 的警戒线。黄河两岸用水量最大的农业灌溉仍然主要采用大水漫灌方法，水资源有效利用率低，浪费严重。加上黄河水价过于低廉，"一瓶矿泉水能买 10 吨黄河水"，难以唤醒人们的节水意识。长期以来，对黄河水缺乏统一管理，遇到枯水的年份或季节，上、中、下游地区互相争水，水资源管理混乱，水荒矛盾更加突出。1972 年 4 月 23 日，黄河下游利津河段出现自然断流，从此拉开了连年断流的序幕。90 年代前，断流程度还较轻，平均每年断流不到 10 天，断流河段长度平均不超过 150 千米，断流时间一般发生在五六月份。进入 90 年代以后，黄河不仅年年出现断流，而且平均每年断流时间迅速增加到 100 天左右，时间也大大提前，甚至在春节前后就出现断流。断流河段长度翻了一倍，达到 300 千米。最严重的是 1997 年，山东利津站全年断流 13 次，共 226 天，等于全年近 2/3 的时间不见黄河水。断流河段上延到开封附近，长达 700 千米，河口地区竟有 295 天无水入海，李白笔下的"黄河之水天上来，奔流到海不复回"的壮丽景象不复再现。从 1972 年至 1998 年的 27 年间，黄河下游共有 21 年发生断流，平均 4 年 3 次断流。从 1999 年起，国家利用沿黄河的万家寨水利枢纽、三门峡水库、小浪底水库等调节水量，试验黄河干流水量统一的调度。在严格限制上中游用水的情况下，黄河未再出现断流。目前，虽然黄河下游没有出现断流，但是最小流量也只有每秒十几立方米，远没有达到功能性不断流的要求。

黄河断流给两岸的工农业生产造成的损失很大。黄淮海平原的大片农田都要仰赖黄河水的灌溉。由于黄河断流，许多田地因无水无法播种或播种后缺水灌溉而减产、绝收。据统计，自 1972 年至 1996 年，黄河下游灌区农业累计受旱面积达 46947 平方千米，减产粮食 98.6 亿千克，直接经济损失 122 亿元。工业的损失更为严重。据有关方面统计，黄河下游城镇工业（含油田）因断流缺水造成的直接经济损失，70 年代年均 1.8 亿元，80 年代年均 2.2 亿元，90 年代年均达 20 亿元。胜利油田每开采出一吨石油，就需要注入 50 吨淡水。而油田所处的黄河三角洲是近 100 多年由于黄河泥沙填海造陆形成的，就像是黄河口的一大块海上浮土，无论掘地多少尺，舀出的都是苦涩的海水，既不能吃，也不能用。黄河断流使胜利油田相当一部分油井因注水不足或无水可注而造成原油减产。1996 年的前 7 个月，因黄河断流就造成采油损失 3.1 亿元。于是，胜利油田不得不在黄河三角洲兴建大大小小 100 多座水库，以缓解黄河断流带来的巨大损失。

黄河断流减少了输沙入海量，增加了下游河道泥沙的淤积，对下游防洪造成极其不利的影响。断流使黄河本身的自净能力降低，导致黄河水质恶化，水污染加剧。另外，断流还加剧了土壤的沙漠化和荒漠化，破坏生态平衡；在河口地区导致海水倒灌，加剧土地盐渍化，并因缺少填海造陆泥沙的来源而造成海岸线的蚀退。

近 30 年来，黄河还面临着水污染的困扰。黄河流域的一些大中城市都傍河而立，一些大的工矿企业也多分布在河流的两岸。20 世纪 80 年代以来，黄河流域人口大增，工业发展迅速，乡镇企业大量涌现。到 90 年代初，流域内的城镇人口已达 2000 万，其中 2/3 以上人口集中在沿黄河的大中城市和工矿区，乡镇企业已逾 130 多万家。随着流域经济的快速发展和城市人口的增多，生产和生活用水急剧增加，工业废水和城市生活污水、垃圾排放量也随之增大，造成黄

臭气熏天的河道（刘刚 摄）

河流域水污染逐渐加重。流域长期沿袭粗放型的经济发展模式，造成资源消耗大，污染物排放强度高，大量工业废污水排入河道。同时，沿黄河城镇乱排生活污水入河道，沿河乱堆、乱倒生活垃圾，加剧了黄河的水污染。流域内异军突起的乡镇企业发展很快，但多数设备陈旧、技术落后、污染较重、治污能力差，大量废污水未经处理直接排入河道，加重了对水环境的污染。因一个造纸厂污染一条河的例子屡见不鲜。另外，黄河流域的广大农村过量施用农药、化肥，土壤疏松，水土流失严重，随暴雨径流流入河道的泥沙往往携带大量的氮、磷元素，也造成水源污染，影响河流的水质。而多年以来，黄河流域水污染治理严重滞后，环保投入不足，环保执法不严，缺乏有效监督，使黄河废污水的处理率一直远低于全国平均水平。多种原因造成了黄河水污染日益严重，黄河面临着变成一条"黑河"的危险。

水质监测的结果显示，1998年与1985年相比，四类、五类以及劣于五类水质的河段长度占全部河长的比例增加了39.6%，达到71%。到2005年，黄河水污染更从居全国七大江河的第二位上升到首位，超过了淮河流域。在水资源十分匮乏的黄淮海地区，劣五类水体占到四成至五成。因此，近几十年来污染事故不断发生。例如，黄河上游的甘肃白银地区居民饮用了受污染的黄河水后，癌症和畸形儿的发病率骤然上升；伊洛河口的河南巩义市李绍村村民曾因饮用受到乡办企业H酸厂（化工产品）污染的黄河水而连续死亡多人；黄河下游的河南新乡市40多万人因为黄河水污染无法饮用，不得不改饮已严重超采的地下水；1986年，河南济源市的上千亩农田因浇灌受到严重污染的蟒河水，农作物减产，甚至绝收。2003年，黄河发生有实测记录以来最严重的污染，三门峡水库蓄水变成"一库污水"，国家紧急启动第 7 次引黄济津被迫中断。日趋严重的黄河水污染严重破坏了黄河的生态系统，导致河道中水生物种群多样性的丧失。据不完全统计，黄河原有鱼类 150 多种，年捕捞量达 70 余万千克。到 90 年代末已有 1/3 的种群灭绝，捕捞量也下降了 40% 左右。河南省境内黄河支流上的洛河鲤鱼和伊河鲂鱼原先享有盛名，曾有"洛鲤伊鲂贵似牛羊"的说法，现今它们都已基本绝迹。近年来，虽然流域水污染防治力度加大，水生态环境得到一定程度的改善，但流域水污染形势依然严峻。

面对黄河天然植被破坏、水土流失、河水断流、水污染严重这样一个严酷的现实，中国科学院、中国工程院 163 位院士忧心如焚，他们于 1998 年初联名海内外炎黄子孙发出了《行动起来，拯救黄河》的呼吁书，高呼："如果您是炎黄子孙，那么，请您投入到这场拯救黄河的行动中来。从自己做起，从一点一滴做起。"

探索可持续发展的治黄新路

新中国成立 60 多年来，人民治黄取得了巨大的成就，使黄河岁岁安澜，充分展示了社会主义制度的优越性。但不可否认的是，长期以来存在的洪水威胁、水土流失和泥沙淤积等问题仍然没有得到有效解决。近年来又出现了缺水断流加剧和水污染等新的问题。旧伤加新创，逐渐形成三个突出问题：一是黄河的洪水威胁依然是中国的一个心腹大患。下游河段成为地上悬河，淤积仍未得到有效控制，防洪体系还不完善，不能达到防御大洪水的要求，严重威胁着人口密集，拥有数条铁路、公路干线和城市工矿企业的黄淮海平原的安全。二是水资源供需失衡，工农业生产、城市生活、生态环境用水之间的矛盾日益尖锐，缺水断流现象严重。三是投入严重不足，治理力度不够，进度缓慢，导致水土流失十分严重，生态环境非常脆弱，水污染问题日益突出，影响沿黄河地区人民群众的生产和生活。这些问题如果不能得到有效的遏制和治理，将会对流域经济、社会的发展产生严重的负面影响。因此，治理好黄河水害，利用好黄河水资源，建设好黄河生态环境，对黄河流域乃至全国经济、社会的发展，对实现中国现代化建设的宏伟蓝图，具有十分重要的战略意义。

面对新的形势、新的情况，人们都在进行反思，并且逐渐取得一个共识，即黄河的治理开发不能只顾眼前和局部的利益，贪一时一地之功，而必须着眼于长远和全局的利益，图整个中华民族的万世之利，因此必须贯彻科学发展观，走可持续发展之路。在取得这个共识的基础上，中国科学界和工程界的专家、学者们对黄河的水文、泥沙、地质特点以及生态环境、水污染状况作了更加深入细致的调查研究，对黄河的治理开发提出了种种新的方案和对策。

有的专家主张继续加高下游的堤防。他们认为，在目前黄土高原的水土流失尚未得到有效控制、下游河道继续淤高的情况下，现有花园口区段每秒 2.2 万立方米的防洪标准显然不够。如果黄河流域的三门峡、花园口站出现 1975 年 8 月淮河流域那样的特大暴雨，即使利用三门峡控制中上游来水，花园口站也将达到每秒 4.6 万立方米的洪峰流量。因此，这些专家主张将黄河下游现有堤防再加高 4~6 米，使大堤高达 12~17 米，可以预防每秒 4 万立方米的特大洪水。不过，很多人还是认为，堤防固然是黄河下游防洪的重要手段，但是只加高堤防并不是好办法，因为堤防建得这么高，一旦出事，危害更为严重，而且在 1371.2 千米长的堤防上再往上加高 4~6 米，工程量实在惊人，耗资也过于庞大。

面对悬河的严重威胁，有学者曾提出在黄河下游进行人工改道的设想，主张在京广线以西改道，顺着今长垣、封丘黄河北堤以北、北金堤以南，从张秋镇以下走徒骇河入海，全长 600 千米。以今黄河北堤作为新河道的南堤，不另加筑南堤，而在徒骇河北边再建一道北堤，形成"三堤两河"的局面。黄河平水时仍走老河，洪水时则走新河。这一设想颇为大胆，但权威人士认为，人工改道只是一种暂时缓解的办法，并不是长治久安的方略，而且要付出巨大的代价。除修筑北堤费用外，还需迁移人口 100 多万，占用土地 4333 平方千米，并且重建黄河下游的几座铁桥，所费不赀。况且，改走徒骇河之后，徒骇河河口三角洲必然向东北延伸，按照 1954 年至 1982 年平均每年造陆 39 平方千米的速度推算，50 年左右的时间就将把天津港全部淤封，使之变成一个内陆城市，这实在是得不偿失。

控制泥沙是治理黄河的关键，加高大堤总有一定的极限，人工改道也有淤满的时候，修建水库来拦沙同样面临泥沙淤积的问题，三门峡水库就是明证。1960 年建成的三门峡水库原设计库容足以控制三门峡以上河段千年一遇的大洪水，但不到一年时间水库就几乎被泥沙淤满，后来不得不做了两次"大手术"。因此，许多专家、学者主张并大声疾呼，要在黄土高原大规模地退耕还林、还草，搞好水土保持，加强生态环境建设，减少进入黄河的泥沙。中国工程院院士、著名水利专家张光斗即反复强调，解决黄河泥沙问题，水土保持是唯一合理的办法。

许多专家、学者指出，水利部已于 1997 年 9 月在国务院批准的《全国水土保持规划纲要》的基础上重新编制《全国水土保持生态环境建设规划》，黄河水利委员会又据此编制了《黄河流域黄土高原地区水土保持建设规划》，沿黄河各省区也都制定了相应的水土保持、生态环境建设规划，并启动了一系列生态环境治理工程，加上开发西部的战役又已打响，这都为黄河中上游的生态环境建设提供了良好条件。当前的重点应是以保护和恢复草地森林为目标，大力开展天然林保护建设工程，在宜林地区进行水源涵养林的建设，发展人工种草，改造"黑土滩"，建设草场围栏，灭鼠灭虫，灭除毒杂草，推广优良牧草及合理放牧的草地保护与改良技术；配套建设水利设施，使用人工降雨措施，优化牧草生长环境；加强水源地和生物多样性保护；加快建立自然生态环境保护区，全方位落实强制性和抢救性保护措施，整体推进生态环境的保护，维护生态的良性循环。

有些专家、学者还强调，在治理水土流失、加强生态环境的建设中尤其要突出抓好青海江河源头的治理。青海省是黄河、长江和澜沧江的发源地，黄河总水量的 49.2% 来自这一地区，它的生态环境对整个黄河流域的生态环境状况具有深刻的影响。青海处于干旱、高寒地区，多戈壁、沙漠、冰川、雪山，森林覆盖率低，只有 2.5%，主要分布在江河流域的高山峡谷之中，自然条件比较严酷，生态环境脆弱。新中国成立以来，此地长期过量采伐、毁林开荒，自然因素与不合理人类活动的双重作用使原本就很脆弱的江河源头生态环境进一步恶化，草场严重退化，水土流失加剧，土地沙化面积扩大，生物多样性锐减。据统计，青海省水土流失面积达 334000 平方千米，占全省土地面积的 46%。由于森林植被的破坏，水涵养功能急剧衰退，水土流失加剧。另外，近几十年来，由于气候变化的原因，流入青海的黄河水量已减少了 23.2%。青海生态环境的恶化不仅导致青海自然灾害频繁发生，也成为黄河下游及周边旱涝灾害频发的心腹之患。因此，改善青海的生态环境已成为当务之急，国家必须提供更加优惠的政策，加大资金的投入。

20 世纪末，根据许多专家、学者的建议，党中央和国务院决定加强领导，加大生态环境建设资金投入的力度，开展一系列全国性的生态环境建设工程。沿黄河各省，特别是中上游地区诸省区，都积极行动起来，开展大规模的治理水土流失、改善生态环境的系统工程。青海在"十五"期间突出抓好三大区域的生态环境建设和治理工作：一是江河源头和环青海湖地区的草地保护与治理，建立特殊自然生态保护治理区，坚决停止天然林砍伐和天然草地开垦，禁止滥捕滥猎。二是在黄河上游东部农业区，重点治理黄土丘陵的水土流失、龙羊峡地区周围风沙与水土流失。对坡耕地，坚决退耕还林还草。大力营造水土保护林、水源涵养用林。三是柴达木盆地荒漠化治理，围绕重要城镇、绿洲农业区和重点基础设施，大力造林种草，搞好防风固沙工程建设。争取到 2015 年，基本遏制住全省水土流失、草原退化和荒漠化扩大的势头。甘肃中部水土流失严重、生态环境恶劣的定西县坚持"水电路先行、粮林草间作、种养相结合、产供销配套"的原则，重点落实"两个配套，一个结合"：一是实行山水田林草路电综合配套。即农户配套农电，田间配套农路，梯田配套水窖，山坡配套林带，种草配套养畜，提高基础治理水平。二是实行各项新技术综合组装配套，使治理基础上的开发达到一个新水平。三是治理与开发相结合，根据当地实际开发畜禽、洋芋、果菜等支柱产业，走产供销一体化的路子。宁夏在 2000 年退耕还林、还草 133 平方千米，并计划以后每年退耕还林、还草 267~400 平方千米，10 年内退耕还林、还草 3333 多平方千米。陕西提出全省生态环境建设阶段性目标，即近期用大约 12 年时间，遏制住生态环境恶化的趋势；中期大约用 20 年时间，力争使全省生态环境明显改观，开始走上良性循

水土治理后的定西 （曹绪贤 摄）

环轨道；远期计划再奋斗20年，全省建立起适应国民经济可持续发展的良性生态系统。内蒙古自治区规划了黄河中上游及黄土高原等5个重点区域，实施农区退耕还林还草和牧区种草恢复草原植被工程等7项重点工程，力争5年初见成效、15年大见成效，到21世纪中叶基本实现山川秀美。

对于水资源的合理利用及水污染的防治等问题，专家、学者们也纷纷献计献策。他们建议，把坚持水资源的合理开发和有效利用放到突出的地位，坚持经济效益、社会效益和生态效益的统一；开源、节流和保持三者并重。要综合运用经济的、技术的、行政的措施，打破行政区域、部门划分的局限性，按流域水系实行上中下游水资源的统一规划、合理调配，做到统筹兼顾，实现水资源的永续利用。要把节水放到优先的地位，建立节水型的用水模式。在水污染的防治方面，建议加快水资源保护的立法和执法步伐，健全水资源的执法体系，建立起协调一致的黄河水资源保护网络和一支高素质的水资源保护执法队伍。在监督管理方面，要加强排污和取水口的管理，严格执行国家产业政策，严禁"五小"企业的发展。有的还建议，可借鉴国外的经验，开征环境污染税，完善资源税和加大税收优惠，扶植绿色产业相配合，形成一个有利于环保的税收体系，以推动环保事业的发展，达到最终消除水污染的目标。20世纪末，由中国工程院组织、钱正英和张光斗两位院士主持、43位院士和300位专家参与的"21世纪中国可持续发展水资源战略研究"咨询项目。专家们提出，要实现中国水资源的可持续发展，必须实施八大战略性转变：防洪减灾，要从无序、无节制地与洪水争地转变为有序、可持续地与洪水协调共处的战略，从以建设防洪工程体系为主的战略转变为在防洪工程体系的基础上建成全面的防洪减灾工作体系；农业方面，要从传统的粗放型灌溉农业和旱地雨养农业转变为以建设节水高效的现代灌溉农业和现代旱地农业为目标的农业用水战略；城市和工业用水，要从不重视节水、治污和开发传统水资源转变为节流优先、治污为本、多渠道开源的城市水资源可持续利用战略；防污减灾，要从末端治理为主转变为源头控制为主的综合治污战略；生态环境建设，要从不重视生态环境用水转变为保证生态环境用水的水资源配置战略；水资源的供需平衡方面，要从单纯地以需定供转变为在加强需水管理基础上的水资源供需平衡战略；关于北方水资源问题，要从以超采地下水和利用未经处理的污水维持经济增长转变为在大力节水治污和合理利用当地水资源的基础上采取南水北调的战略措施，保证北方地区社会经济的可持续增长；关于西北地区水资源问题，要从缺乏生态环境意识的低水平开发转变为与生态环境建设相协调的水资源开发利用战略。为了实现上述战略转变，专家们认为必须进行水资源管理体制、水资源投资机制和水价政策三项改革。

针对黄河断流的威胁和黄河水资源日益枯竭的危险，广大专家呼吁尽快建立一部符合黄河特点、行之有效的《黄河法》，用法律的手段来促进黄河的统一管理、统一调度。1995 年，国务院曾通过《淮河流域水污染防治暂行条例》，它对治理淮河水污染正在起着积极的作用。《黄河法》也应加紧制定，尽早出台。

但黄河流域水量本来就少，年径流量仅 580 亿立方米，仅占全国的 2%，只及长江的 1/20，珠江的 1/7。流域内人均水量 473 立方米，为全国人均水量的 23%。随着流域经济的发展，黄河的供水量不断增加。1950 年，黄河流域供水量约 120 亿立方米，近年流域内总供水量达到 422.7 亿立方米，其中农林牧用水量约占 74%，工业用水量占 16%，生活用水占 7%。在水资源总量严重不足的情况下，黄河还要向河南、山东、山西、甘肃的流域外地区以及河北、天津供水约100 亿立方米，加剧了水资源短缺的局面。黄河供水量已超过黄河水资源的承载能力，缺水问题异常严重。1999 年，黄河水利委员会对黄河实施了水量统一调度，使有限的水资源得到充分合理的利用。同时还采取节水措施，城乡人们生活用水及工农业用水保障度显著提高。但随着西部大开发、中部崛起等国家发展战略的实施，"西气东输""西电东送"能源重化工基地等重点工程的建设，未来黄河流域经济社会呈快速发展态势，对水资源的需求日益增加，水资源的供需矛盾将更加尖锐。目前，黄河实际缺水 95 亿立方米。据预测，在正常年份，至 2020 年，在考虑强化节水、严格管理等措施的情况下，黄河流域仍将缺水 106.5 亿立方米，到 2030 年，即使采取强化节水措施，缺水量也将达到 138.4 亿立方米。因此，实行统一管理、节水等措施只能起到缓解的作用，要想从根本上解决黄河缺水的问题，只能实施跨流域的南水北调工程。工程方案构想始于 1952 年毛泽东主席对黄河的视察。毛主席在视察黄河时提出"南方水多，北方水少，如有可能，借点水来也是可以的"。由于当时国家经济困难，这一工程没能上马。到 20 世纪 80 年代，国家经济情况好转，南水北调工程又被列入国民经济工作计划。1995 年 6 月，国务院召开总理办公会议，专门研究了南水北调工程问题。经过 50 多年的研究和论证，2002 年水利部编制了《南水北调工程总体规划》，并经过国务院批准，南水北调工程正式开工。工程分东、中、西三条调水线路，将长江、黄河、淮河和海河四大江河相互联通，构成以"四横三纵"

为主体的总体布局。南水北调工程规划最终调水规模为 448 亿立方米，建设时间约需 40~50 年。

南水北调西线工程：在长江上游通天河、支流雅砻江和大渡河上游筑坝建库，开凿输水隧洞穿过长江与黄河的分水岭巴颜喀拉山，调水进入黄河上中游青海、甘肃、宁夏、内蒙古、陕西、山西等省区，解决黄河流域及西北地区干旱缺水的问题。三条河总调水规模为 170 亿立方米。

南水北调中线工程：从长江支流汉江干流上的丹江口水库引水，沿唐白河平原北部与黄淮海平原西部边缘开渠输水，跨长江、淮河、黄河、海河四大流域，全线自流，在郑州西穿过黄河，输水到北京、天津。重点解决湖北、河南、河北、北京及天津等城市的用水，并兼顾农业和其他用水。工程总调水规模为 130 亿立方米。

南水北调东线工程：从长江下游扬州附近抽水，利用京杭大运河及其平行河道逐级提水北送，经洪泽湖、骆马湖、南四湖、东平湖，在位山附近穿过黄河后可自流，终点是天津。主要解决苏北、山东和河北东部的农业用水，津浦铁路沿线及胶东的城市缺水问题。工程总调水规模为 148 亿立方米。

南水北调三条线路中，中线和东线工程虽然引水工程都跨越黄河，但没有向黄河供水的任务，对增加黄河供水能力的作用十分有限，只有西线调水是直接输入黄河。西线工程调水进入黄河后，可全面缓解黄河水资源供需矛盾，2050 年前后基本上能够解决黄河上中游地区的缺水，对促进流域经济社会的可持续发展，保障流域乃至全国供水安全、能源安全、粮食安全、生态安全等均有重要的作用。目前，南水北调工程东线工程（一期）、中线工程（一期）已完工并向北方地区调水。西线处于前期规划阶段，尚未开工建设。

21 世纪初，黄河水利委员会遵照党中央、国务院领导的重要批示和视察时的指示精神，在水利部的领导下，就黄河的重大问题及其对策进行深入的研究，在 2004 年提出了《黄河的重大问题及其对策》的研究报告。根据这个报告，黄委会对解决黄河三个重大问题已形成了一个清晰的基本思路，即黄河的治理开发要兼顾防洪、水资源合理利用和生态环境建设三个方面，要把防洪作为黄河治理开发的一项长期而艰巨的任务，把水资源的开发利用和保护摆到突出位置，把水土保持作为改善农业生产条件、生态环境和治理黄河的一项根本措施，持之以恒地抓紧、抓好。2012 年，黄河水利委员会在水利部统一部署和指挥下，在流域内各省（区）积极配合下，在各个专业规划、专项规划、支流规划的基础上，经过长期的调查、研究、论证和协调工作，制订了《黄河流域综合规划（2012—2030 年）》。这个规划在深入分析黄河之开发保护与管理工作面临的新形势、新情况和新要求的基础上，统筹考虑保持黄河健康生命和流域经济社会可持续发展的需要，针对黄河治理、开发、保护与管理所存在的主要问题，明确了今后一个时期开发、利用、节约、保护水资源和防治水旱灾害的目标、任务和总体布局，研究确定了防洪（防凌）、水资源管理、河流生态环境等方面的控制性指标，对黄河流域水旱灾害防治、节水型社会建设和水资源配置与保护、水土流失综合治理、水生态环境保护与修复、流域综合管理等做了全面部署，研究提出加强流域综合管理的政策措施。国务院原则上同意这个综合规划，要求流域内各省（区）人民政府和国务院有关部门加强领导，密切配合，认真落实，以切实保障流域的防洪安全、供水安全、粮食安全和生态安全。

迈步走向未来

　　跨入新世纪之后，一系列黄河治理开发保护工程正在展开，西部大开发战略、中部崛起计划正在实施，西线的南水北调工程正在论证与筹划，黄河母亲正沿着社会主义现代化的大道，昂首奔向更加辉煌的明天。

　　可以预见，不久的将来，黄河上游河源地区将出现经济与环境比翼齐飞的良好态势。河源地区的草场草地将重现"天苍苍，野茫茫，风吹草低见牛羊"的草原美景；鄂陵湖和扎陵湖这对姊妹湖将变得更蓝、更深；祁连山等连绵起伏的山脉将是蓝天映着白雪，绿草伴着清泉；这里的城市将呈现碧水蓝天、绿树翠草与现代化的城市建筑群交相辉映的未来生态城市风光；来黄河源头探险、旅游、避暑，来青海、甘肃洽谈商务的人越来越多；亚欧大陆桥的开通使这里成为对外开放的前沿阵地，欧洲和中亚各国的商人、游客络绎不绝，这里将重现古丝绸之路的辉煌。

到 21 世纪中叶，从龙羊峡到青铜峡的一系列梯级电站将并网发电，形成强大的电力网，为西北的青海、甘肃、宁夏、陕西等省区以及内蒙古西部经济的腾飞输送源源不断的廉价电力。各个电站大坝下泻的条条白练成为壮观瑰丽的人造瀑布，与峡谷风光、高峡平湖交织成独具特色的黄河上游峡谷风光。各少数民族奇异的民风民俗更为这里增添了人文景观，每到民族节日，这里是花的世界、歌舞的海洋。自然风光和人文景观相映成趣，吸引各地游客纷沓而至，旅游业将成为这里的支柱产业之一。

黄河上游充沛的水源和廉价的电力为整治黄土高原提供了更为便利的条件。随着国家对黄土高原水土保持工作的日益重视，这里的人民将按照在实践中摸索出的"山顶退田还林戴帽子，山坡退田还草挂毯子，山腰建设高标准梯田系带子，山底建设塑料温棚、地膜覆盖穿裙子，沟底打坝蓄水穿靴子"等一系列行之有效的模式，对黄土高原进行综合治理。21 世纪的黄土高原，丘陵将建成花果山，平地将建成绿草原，沟壑将建好拦泥坝，山腰将建成高产梯田，野生动物又重新回到这里安营扎寨。21 世纪的黄土高原将焕发出勃勃生机。

黄土高原丰富的煤炭资源和油气资源将为黄河中上游地区经济腾飞插上一对强有力的翅膀，滔滔不息的黄河水将为发展工业提供充足的水源，广阔的土地又使这里的空气容易净化，从而使这里适合发展能源化工等工业，这是人口稠密的东部地区所不具备的。估计在不久的将来，这里将成为中国最重要的能源化工基地，生产的高级化工产品将远销国内外。尖端的航天工业又将使这里的高新技术飞速发展。又有谁敢否认，今日贫瘠落后的黄土高原地区明日不能成为中国经济最具活力的地区之一？

黄河下游的河南是我国的农业大省，地处中原，承东启西，东西纽带的作用非常明显。自1999年河南确定了"东引西进"的发展战略以来，先后与珠江流域的广东和长江流域的上海建立经济合作关系，签约多个经济合作项目，同时利用国家西部大开发的良好机遇，开拓西部市场，频繁进军新疆、甘肃、宁夏等省区，在水电、石油天然气下游产品的开发、棉纺、医药、农业、畜牧业、农副产品精深加工、城建和旅游等方面显示其机械手的强烈愿望。河南著名的双汇集团是一个以肉类加工为主的国家大型企业，1997年以来先后收购了内蒙古集宁市等地亏损严重的肉联厂，使这些亏损企业短期内就焕发出生机和活力。河南在"东引西进"的战略中，不仅国内贸易收获颇丰，还在与中亚五国的交往中显示优势。据了解，河南南阳红棉天使纺织有限公司在乌兹别克斯坦经营一家纺织厂；灵宝黄金与中国路桥公司在塔吉克斯坦进行地矿开采；尤其是商丘河南贵友实业集团依托吉尔吉斯斯坦优越的地理条件和自然资源，在吉尔吉斯斯坦成立了亚洲之星有限责任公司和凯撒鸡场有限公司，目前是中亚地区最大的肉鸡养殖和屠宰加工企业。河南在西部大开发中找到了自己的位置，在"丝绸之路经济带""海上丝绸之路"建设中形成了全方位开放的新格局，正在有声有色地唱响新世纪的进行曲。

　　山东是带动黄河流域经济腾飞的龙头省份，境内交通便利，工业基础好，近年来崛起的海尔、海信、双星等大型企业集团正在争取发展为世界级的跨国公司。位于山东半岛东部的黄河三角洲是世界上资源最丰富的大河三角洲：一是土地资源丰富，黄河三角洲的中心城市东营市土地总面积8243平方千米，人均占有土地4300平方米，目前尚有待开发的荒碱地4000多平方千米，黄河口每年还增加新淤地 2000 万平方米，是中国东部沿海土地后备资源最多的地区。二是石油天然气资源丰富，黄河三角洲天然气储量为中国沿海之最，居世界河口三角洲之冠。胜利油田的主战场集中在东营市境内，累计探明石油地质储量 54.83 亿吨，已建成年产原油 3355 万吨生产能力的油田。三是盐卤资源丰富，有建成年产 600 万吨原盐生产能力的资源潜力，新探明的巨型地下盐矿储量达 5800 亿吨。四是浅海滩涂资源丰富，全市海岸线长 590 千米，10 米以内浅海面积 4800 平方千米，滩涂面积 11.53 亿平方米，占山东省浅海滩涂资源的 26%，水产资源十分丰富。五是淡水资源丰富，黄河流经境内 128 千米，年径流量 317 亿立方米，一般年引水 135 天，引水量可达 97 亿立方米。六是旅游资源丰富，黄河口、大油田是祖国最年轻的土地，而古代伟大军事家孙武的故里也在这里，粗犷与雄奇并存，新奇与古老辉映。黄河三角洲还具有明显的地理优势，它位于山东半岛与辽东半岛环抱的中心位置，是环渤海经济区与黄河经济带的交汇点，是京津唐经济区与山东半岛经济区的结合部，又与日本列岛和朝鲜半岛隔海相望，具有广阔的发展前景。

1992 年，党中央提出，要把环渤海地区作为我国加快对外开放的重点地区之一。1996 年，有关部门着手编制《环渤海地区经济发展规划》。《中共中央关于制定国民经济和社会发展第十一个五年规划的建议》把环渤海地区与珠江三角洲、长江三角洲相提并论，要求这三个地区继续发挥对内地经济的带动和促进作用，环渤海经济圈正在逐渐形成。在 2008 年北京奥运会举办前夕，京津高速公路、津蓟高速公路延长线、京津城际高速铁路已建成通车，加上目前运行的京津塘高速公路、京沪高速公路正线，五条交通大动脉对加速

东营市（彭山 摄）

黄河三角洲上的采油船 （宋新刚 摄）

京津冀地区的一体化进程、促进环渤海地区经济快速协调发展将起到重要的促进作用。从国际环境看，当前世界范围内出现了新一轮的产业结构调整和升级浪潮，国际产业转移不断加快。从国内环境看，近年来外商在华投资出现了由南向北转移的新趋势，即由珠三角为核心的南部沿海地区向以长三角和环渤海湾地区为核心的中部和北部沿海地区转移，环渤海地区的开放和开发正面临着良好的发展机遇。目前，山东省正抓住这个大好时机，加强与渤海周围的北京、天津、河北与辽宁等省市的协调与合作，大力完善区域合作共赢机制，进一步促进资源整合，提高经济合作成就，推动黄河三角洲和全省的经济发展，以期发挥其带动黄河流域经济腾飞的龙头作用。

山东省是海洋大省，海洋产业优势明显，具有得天独厚的海洋科技力量。国家为了实现陆域经济向海洋经济的延伸，推进海陆统筹，为黄河流域打造出海通道的经济引擎，2011年设立山东半岛蓝色经济区。这是我国第一个以海洋为主题的区域发展战略。随着蓝色经济区的提出，将西部大开发、中部崛起等战略贯穿一体，为黄河流域内陆各省区打开了东出大海的门户，也为整个流域经济的开放架起了桥梁。

1988年5月，由新疆、青海、甘肃、宁夏、内蒙古、陕西、山西、河南、山东9省区和水利部黄河水利委员会及新疆建设兵团共同组建了中国跨度最大的经济协作区——黄河经济协作区。黄河经济协作区是古丝绸之路的主体，多个省区是"一带一路"规划明确的重点省份，协作区将在建设生态黄河、加快基础设施互联互通、推进文化旅游一体发展、扩大对内对外开放、推进联席会议创新机制等6大领域开展合作，为省际间全方位沟通提供了坚固的桥梁和纽带。

党的十八大以来，以习近平总书记为核心的党中央把生态文明

建设作为统筹推进经济、政治、文化、社会、生态文明"五位一体"
总体布局和协调推进全面建成小康社会、全面深化改革、全面依法
治国、全面从严治党"四个全面"战略布局的重要内容。习近平总
书记多次就黄河保护治理作出重要指示，要求沿河各省区都要自觉
承担起保护黄河的重要责任，坚决杜绝污染黄河行为，让母亲河永
远健康。在习近平新时代中国特色社会主义思想的指导下，黄河必
将得到进一步的治理，黄河流域生态环境的质量必将持续好转，实

黄河三角洲的水鸟（宋新刚 摄）

现人与自然的和谐共处，推动社会经济的快速腾飞，为中华民族的振兴，为中国全面现代化强国的建设作出更大的贡献。黄河和长江、珠江三大流域连同沿海和西部地区携手并进，将使整个中国的经济发展呈现"心"字形的发展态势，成为世界经济发展史上的奇观而被载入人类史册。

再接再厉谱新篇

主要参考论著及网站

[1]　阮元校刻：《十三经注疏》，中华书局，1980 年。

[2]　〔汉〕司马迁等：《点校本二十四史》，中华书局，2011 年。

[3]　赵尔巽等：《清史稿》，中华书局，1977 年。

[4]　〔汉〕司马光：《资治通鉴》，中华书局，1956 年。

[5]　文物编辑委员会：《文物考古工作三十年（1949—1979）》，文物出版社，
　　　1979 年。

[6]　文物编辑委员会：《文物考古工作十年（1979—1989）》，文物出版社，
　　　1991 年。

[7]　〔清〕刘鹗：《黄河变迁图考（一至四卷）》，袖海山房，1910 年。

[8]　岑仲勉：《黄河变迁史》，人民出版社，1957 年。

[9]　吴忱：《华北平原古河道研究》，中国科学技术出版社，1991 年。

[10]　谭其骧主编：《黄河史论丛》，复旦大学出版社，1986 年。

[11]　谭其骧：《长水集》，人民出版社，1987 年。

[12]　谭其骧：《长水集续编》，人民出版社，1994 年。

[13]　史念海：《河山集》，三联书店，1963 年。

[14]　史念海：《河山集二集》，三联书店，1981 年。

[15]　侯仁之主编：《黄河文化》，华艺出版社，1994 年。

[16]　李学勤主编：《中国古代文明与国家形成研究》，云南人民出版社，1997 年。

[17]　王玉哲主编：《中国古代物质文化》，高等教育出版社，1990 年。

[18]　郑师渠总主编：《中国文化通史》，中共中央党校出版社，2000 年。

[19]　冯天瑜等：《中华文明史》，上海人民出版社，1990 年。

[20]　赵吉惠、郭厚安主编：《中国儒学史》，中州古籍出版社，1991 年。

[21]　任继愈主编：《中国佛教史》，中国社会科学出版社，1993 年。

[22]　卿希泰主编：《中国道教史》，四川人民出版社，1988 年。

[23]　林庚：《中国文学简史》，北京大学出版社，1995 年。

[24]　周一良主编：《中外文化交流史》，河南人民出版社，1987 年。

[25] 沈福伟：《中西文化交流史》，上海人民出版社，1985 年。

[26] 竺可桢：《竺可桢文集》，科学出版社，1990 年。

[27] 邹逸麟：《千古黄河》，中华书局（香港）有限公司，1990 年。

[28] 邹逸麟主编：《黄淮海平原历史地理》，安徽教育出版社，1993 年。

[29] 中国科学院中国自然地理编委会：《中国自然地理》，科学出版社，1979 年。

[30] 王育民：《中国历史地理概论》，人民教育出版社，1987 年、1990 年。

[31] 华东师范大学等编：《中国经济地理》，华东师范大学出版社，1983 年。

[32] 葛剑雄：《中国人口发展史》，福建人民出版社，1991 年。

[33] 安芷生主编：《黄土·黄河·黄河文化》，黄河水利出版社，1998 年。

[34] 黄河水利委员会黄河志总编辑室编:《黄河志(共 10 卷)》,河南人民出版社，1996 年。

[35] 杨承训等主编：《黄河流域经济》，河南人民出版社，1995 年。

[36] 李殿魁：《黄河三角洲开发：中国重大的科技经济课题》，人民出版社，1995 年。

[37] 张含英：《历代治河略探讨》，水利出版社，1982 年。

[38] 水利部黄河水利委员会《黄河水利史述要》编写组：《黄河水利史述要》，水利电力出版社，1984 年。

[39] 水利水电科学研究院：《中国水利史稿》，水利电力出版社，1989 年。

[40] 水利电力部黄河水利委员会治黄研究组：《黄河的治理与开发》，上海教育出版社，1984 年。

[41] 国家环境保护局自然保护司编：《黄河断流与流域可持续发展——黄河断流生态环境影响及对策研讨会论文集》，中国环境科学出版社，1997 年。

[42] 水利部水政水资源司:《黄河断流及其对策》,中国水利水电出版社,1997 年。

[43] 《黄土高原地区水资源问题及其对策》，中国科学技术出版社，1991 年。

[44] 王铃等：《黄河水沙变化对河流系统的影响》，黄河水利出版社，1998 年。

[45] 叶青超主编：《黄河流域环境演变与水沙运行规律研究》，山东科学技术出版社，1994 年。

[46] 胡一三等主编：《黄河水利科学技术丛书（共 6 册）》，黄河水利出版社，

1996 年。

[47] 宋正海主编:《中国古代重大自然灾害和异常年表总集》,广东教育出版社,
1992 年。

[48] 水利部黄河水利委员会编:《黄河流域综合规划(2012—2030 年)》,
黄河水利出版社,2013 年。

[49] 袁广阔:《〈禹贡〉黄河下游河道走向及改道原因》,载《光明日报》,
2018 年 7 月 23 日。

[50] 黄河网。

[51] 中国南水北调网。

[52] 河南省人民胜利渠管理网。

[53] 中国三北防护林体系建设网。

除上列诸书,本书还参考了大量方志和论文,限于篇幅,未逐一列出。

　　本书由我与我的学生陈名杰共同写作完成。我设计总体写作框架与章节目录，撰写前七章，陈明杰同志撰写后四章，最后再由我进行统稿，删去重复部分，统一文字风格，并重写了第九章。如有错误，概由我负责。

　　本书的写作，参考、吸收了许多专家、学者的研究成果。在书末附上主要参考论著和网站。书中的图片，有的是由我熟知的朋友直接提供的，有的则是由这些朋友请人帮忙拍摄的。其中，国防大学影视中心主任彭山提供的图片，有部分是他的老朋友宁夏回族自治区银川市摄影家协会主席葛世卿拍摄的，但彭先生没有逐张注明拍摄者的姓名，书中只能统统标注为彭先生所摄，这是需要加以说明，并向葛先生致歉的。临交稿前，为了保证书稿的质量，我请原地图出版社副编审郑琪对第九、十章作了修改补充，使之更臻充实、完善。在此，谨对所有图片的拍摄者、提供者及郑琪女士表示衷心的感谢。

　　由于作者所知不多，水平有限，书中难免会有不妥甚至讹误之处，欢迎广大读者批评指正。

陈梧桐

2018 年 2 月 4 日

于北京海淀区民族大学西路书斋

图书在版编目（CIP）数据

万里入胸怀：黄河史传／陈梧桐，陈名杰著．--
上海：华东师范大学出版社，2019
（中外著名江河史传丛书）
ISBN 978-7-5675-8821-9

Ⅰ．①万… Ⅱ．①陈… ②陈… Ⅲ．①黄河－历史
Ⅳ．① K928.42
中国版本图书馆 CIP 数据核字 (2019) 第 034508 号

中外著名江河史传丛书
万里入胸怀——黄河史传

著　　者　陈梧桐　陈名杰
策划编辑　王　焰　张俊玲
项目编辑　黄诗韵
审读编辑　杨浩明
责任校对　邱红穗
装帧设计　高　山　陈燕静　张晶灵

出版发行　华东师范大学出版社
社　　址　上海市中山北路 3663 号　邮编 200062
网　　址　www.ecnupress.com.cn
电　　话　021-60821666　行政传真　021-62572105
客服电话　021-62865537　门市（邮购）电话　021-62869887
地　　址　上海市中山北路 3663 号华东师范大学校内先锋路口
网　　店　http://hdsdcbs.tmall.com

印 刷 者　上海昌鑫龙印务有限公司
开　　本　787×1092　16 开
印　　张　30
字　　数　314 千字
版　　次　2019 年 4 月第 1 版
印　　次　2019 年 4 月第 1 次
书　　号　ISBN 978-7-5675-8821-9/K·527
定　　价　98.00 元

出 版 人　王　焰

（如发现本版图书有印订质量问题，请寄回本社客服中心调换或电话 021-62865537 联系）